智元微库
OPEN MIND

成 长 也 是 一 种 美 好

Empathic Dialogue

共情式对话

揭示人际关系的底层逻辑

曲丽 著

人民邮电出版社

北京

图书在版编目（ＣＩＰ）数据

共情式对话：揭示人际关系的底层逻辑 / 曲丽著
. -- 北京 : 人民邮电出版社，2024.4
ISBN 978-7-115-61655-5

Ⅰ．①共… Ⅱ．①曲… Ⅲ．①人际关系－研究 Ⅳ.
①C912.11

中国国家版本馆CIP数据核字(2023)第069522号

◆ 著 曲 丽
  责任编辑 张渝涓
  责任印制 周昇亮

◆人民邮电出版社出版发行　　　北京市丰台区成寿寺路 11 号
邮编 100164　电子邮件 315@ptpress.com.cn
网址 https://www.ptpress.com.cn
天津千鹤文化传播有限公司印刷

◆ 开本：720×960　1/16
印张：17.75　　　　　　　　　2024 年 4 月第 1 版
字数：300 千字　　　　　　　 2024 年 4 月天津第 1 次印刷

定　价：79.00 元
读者服务热线：（010）67630125　印装质量热线：（010）81055316
反盗版热线：（010）81055315
广告经营许可证：京东市监广登字 20170147号

愿你在真实的情感连接中，坦然做自己

致读者

无论是何种类型的人际关系，如伴侣关系、亲子关系、上下级关系，

可能都避免不了各种人际冲突，如对抗、回避、让步、施压，

因此让双方都会有不好的情绪体验，如愤怒、委屈、压抑、孤独、伤心等。

这些体验和我们的需要有关，但是，我们通常对欲望有很多误解——

是欲望带来冲突，冲突带来痛苦，所以应该改变自己？

并非如此。

痛苦是关系出了问题，而不是欲望出了问题。

关系的核心是情感连接，失去了情感连接才是痛苦的根源。

欲望是需要被满足的，没有人愿意满足别人，所以应该降低欲望？

并非如此。

欲望不是需要被满足的，而是需要被理解的，

人们真正需要的是，不用担心自己的需要不被理解和遭受拒绝。

对欲望的误读带来了两个困境：两难与双盲

人们陷入"要"与"怕"的纠缠中，无法清晰表达自己，也无法知道对方的内在是怎样的。

要想穿透痛苦，需要在互动中识别情绪，体验感受，领悟感受代表的意义。

如果你满足于"假性亲密关系","习惯性逃避"关系和情感中的冲突，

那么，本书不适合你。

如果你渴望了解人际关系的底层逻辑，建立真实的情感连接，坦然做自己，

那么，本书就是为你而写的。

　　双元视角，将带你看见人类关系的本质，

　　用体验替代防御，发现与面对彼此的渴望与恐惧，

　　共情式对话，提供了一种改进人际关系、加强与重要他人情感连接的可行途径，

　　用主体间的对话方式，让你有机会获得解决人际关系困境的终极对策。

推荐序一

曲丽撰写了一本对个人、父母、家庭以及员工都很重要的书。她让复杂的心理学理论可以被普通的读者理解。这不是一本教科书，而是一本理解和改进人际关系的指南。她对伴侣关系、亲子关系、上下级关系中的问题进行了探究，并强调了对他人的情感和动机同调的重要性。这本书提供了改进人际关系和加强与重要他人的情感连接的一种可行的途径。

曲丽描述了一个人因为情感被忽略和拒绝所产生的恐惧和羞耻。她陈述了来自健康、良性关系的共情同调的重要性。共情同调意味着理解一个人的情感。同调不是去满足另一个人的需要或者认可他的情感，它意味着与他人以一种接纳和理解的方式连接，对其情感不做评判和责备。它仅仅意味着理解对方的感受，并将这种理解传达给他们。这对亲子关系尤其重要，父母的同调给孩子传递了自尊和自我价值感，这种感觉可以持续一生。不同调的关系会导致孩子产生一种感觉，觉得自己根本没有价值，也不可爱。孩子内在糟糕的情感会持续一生，导致他们接受怠慢甚至虐待，觉得他们就应该承受这一切。

本书的重要价值之一是作者提供了一些重要的、清晰的案例，说明了发生在夫妻、亲子、上下级之间的有害的不同调关系。这些案例说明了否定他人的感受会对他们的自尊和自我价值产生有害和破坏性的影响。这些不同调关系会导致恐惧感和羞耻感，这些感觉来自对伴侣、孩子或员工的伤害性的、批判性的误解。因为不同调或不接受他人的感受而否定他人的感受，是伤害关系的主要方式。对于伴侣、孩子或员工来讲，这种有伤害性的互动可能会让他们觉得自己毫无价值、不可爱和被忽视。这些负面情绪可能会持续终生。

这种有伤害性的互动可能会导致伴侣有很少的选择余地，对于那些一直没有得到理解性回应的人而言，他们甚至觉得这是合理的。他们会用重要他人看待他们的方式重复地体验自己。

这本书被命名为《共情式对话：揭示人际关系的底层逻辑》，这正是读者沉浸在作者的智慧和对人际关系的深刻理解中所能获得的体会。

彼得·博斯克（Peter Buirski）

《主体间性心理治疗——当代精神分析的新成就》作者

推荐序二

作为一名时常浸泡在当代自体心理学体系中的人,我非常欣喜地看到曲丽老师基于自己的专业储备和丰富经验为大众写了这样一本书。作为当代著名自体心理学家彼得·博斯克的学生,曲丽老师一直在自体心理学发展的最前沿探究当代人的诸多心理议题,如需要和满足、欲望和冲突、焦虑和抑郁,以及各种复杂的情绪困境和人际关系困境等。

借由自体心理学中的"共情"和"同调"等概念,这本书为困顿于情绪和关系的人,提供了一套科学且有深度的指导方法,更重要的是,这些方法并非干涩的理论,而是基于体验过程的。它首先让我们试着去感受自己和他人,然后才转向具体的策略方法,这也体现了自体心理学最为看重的从经验贴近到经验远离的精神要旨。

如同这本书的名字《共情式对话》,这本书将关注的焦点放置在以共情为核心的交互层面上,这也是当代人缺失最多的部分。不仅如此,共情还常常被误认为一种软弱和情感泛滥,其原本科学和克制的部分也因此被忽视了。作为连接人类情感的纽带,共情一旦缺失,人与人之间就会产生疏离和误解,衍生出戒备和敌意。

人始终是交互意义上的产物,当我们说一个人是谁时,一定还关联着潜在的他人,这意味着一个人的人格面貌,必然浮现于一种潜在的主体间情境,这也意味着所有的关系行动都是一种双人间的无意识协商。本书非常务实地切入当代人最为关注的关系难题，很好地反映了这一观察视角，并且给出了具备现实意义的解决方案。

崔庆龙

二级心理咨询师

国际自体心理学学会会员

心理咨询独立执业者

前言

人们对欲望一直存在着误读，认为欲望带来冲突，冲突导致痛苦，因此，总是在自己身上寻找解决之道。这种误读来自生活中的经验：哭闹的孩子和恼怒的父母在一起的生动画面似乎揭示了人类关系的常态，这种互动的失败或许会一直延续到成年人的关系中，演变成隐性的冲突。那些各自陷入困境与苦恼的父母和孩子，更多时候都会选择独自承担而较少向对方表达欲望或寻求帮助。生活在一个屋檐下的伴侣之间也经常会出现这样的画面：争吵过后，一个在无奈中叹息，另一个在委屈无助中独自落泪。

对欲望的误读让人与人之间的关系处于困境之中。一方无法表达真实需要，另一方觉得再努力也无法让对方满意。其实不难发现，人们表达的通常是一大堆想法和观点，以及一些不舒服的感受（身体或心理的反应），却很难真正说清楚自己的需要——即使能听见自己内心的呼救，也无法将之清晰表述。之所以会这样，是因为表达者陷于两难和双盲的困境，在表达需要时会遇到某种障碍，却不知道障碍是什么，更不知道导致对方无法理解自己的障碍又是什么。

人类心理的确复杂而纠结，我们被告知人类心理中无法理解的部分与无意识有关，以及无意识就像水面下的一座巨大冰山，意识只是冰山的一角，这更让我们对理解自己和他人感到无助。但这座巨大的冰山并非人类那无休止的欲望，而是种种令人困惑的感受，它们来自附着在欲望上的糟糕感觉——恐惧和羞耻。影响我们表达欲望的是对欲望被拒绝和嘲笑的担心，这才是无意识里可怕的东西。当我们要处理恐惧和羞耻时，那些表达的需要就会被一起压抑到无意识当中。

这种无意识的形成原因并不是一个人的内在世界出了问题，而是孩子早年和父母互动的失败。当表达的需要遭受拒绝时，孩子会感觉自己是不受欢迎的、不被喜欢的。为了维持与父母的情感连接，孩子会修正自己的认知，认为自己提出的要求是过分的。这种认知会影响人的一生，让他们在往后的关系里一直受到欲望和不安的纠缠。**但人们真正需要的并不是满足所有需要的理想关系，而是不用再担心自己的表达不被理解和遭受拒绝。**

对欲望的最大误读即欲望是需要被满足的。实际上只有那些关乎生存的欲望才需要获得满足，而其他欲望需要的是理解性的回应，即承认、允许或认同。所有欲望的存在都基于它们带来的愉悦体验，而不是向对方无止境地索求。愉悦体验被无端地终止才会形成冲突。人类关系的冲突大都不是欲望无法得到满足带来的无解的冲突，而是既渴望被理解又害怕遭受拒绝和嘲笑带来的冲突。

理解和满足不同，你可以不认同一个人，但应当允许他有不同的想法和喜好，而不是去干预、嘲笑、否定或制止他，他会自行寻求满足欲望的空间和可能，并认识和调整自己的欲望。但人的理解来自通过自身经历形成的感知，他人与我们感知的差异会动摇我们的稳定感，进而导致我们可能做出拒绝的反应。例如人类普遍存在的焦虑感恰恰是抵御不确定感所引发的恐惧，因此父母会限制探索未知的孩子的想法和行为，而孩子在未获得父母有效的解释时无法明白自己感到愉悦的事为什么会被制止。

父母的内在世界发生了什么？如果不触及他们的无意识，我们便无法理解这一点。因此，很多时候人们感受到的是关系中的敌对，并对关系持悲观的态度。产生这种敌对的原因是，互动双方交流的是想法而不是感受。而彼此的需要恰恰隐含在感受当中，尽管人们的想法各异，感受却是相通的。很多人都缺乏交流感受的经验，在父母发怒时，孩子只感受到可怕的情绪而完全不知道父母的情绪背后有什么糟糕的感受，父母通常也很难向孩子真诚地承认他们也有挫败、茫然、无助等糟糕的感受，于是，孩子习得的就只能是一团混杂着委屈、害怕、愤怒的、难以表述的情绪——孩子和父母都不知道在情绪背后各自的需要是什么。

虽然失败的关系中呈现的大多是冲突、对抗甚至决裂，但最终你会从中看到彼此对连接的渴望。理解的前提在于人类有共同的渴望以及共同的恐惧和羞耻，那个让你受伤的人也只是另一个需要获得理解但未能获得的人，比如，发怒的人虽然看起来可怕，但他们心里也在无意识地抗拒自己的恐惧。**对抗是理解失败的结果，而不是关系的本质。**

当潜入彼此的无意识中时，我们会找到一条理解的路径——共情。我们不是在"岸上"告诉一个在"水里"挣扎的人应该如何做，而是去体验在"水里"的人正在经历什么。痛苦的困境本质上是关系的困境，而关系的核心是理解。理解会让一个人明白为什么自己总是陷入某种重复的模式，明白自己到底渴望什么。**理解提供了一种新的情境，在这种情境中，欲望、恐惧和羞耻不再被压抑在无意识当中，而是可以在意识里进进出出，我们可以觉察到它们的存在并渐渐理解发生了什么。**此刻，我们就有了一个可以对话的人来一起看见这些欲望、恐惧和羞耻，一起承认和面对它们，一起理解它们的意义。

这种新的理解思路始于 20 世纪 70 年代。心理学家在构建科学大厦般的心理学体系时，遭遇了类似量子力学对经典物理学的冲击。精神世界同微观世界一样，并不适合用静态的方式描述各种瞬息万变的形态。最初，心理学家像科学家一样观察人们的症状并总结规律，建立各种解释心理现象的假说。但在心理学实践中，他们发现有些人并不认同所谓的"精神分析"，而是设法把分析师拉到他们的主观世界中。治疗者无法再作为观察者置身事外，而是成为治疗情境的一部分。

精神世界中的一些互动像微观世界中的量子纠缠，心理学家发现这种超越时空的关系里有一条情感线索——情感依恋，它贯穿一个人生命的始终。一个人追求的不是彼此不相干的独立，而是可以被理解、被认可、被支持的环境，在这种环境中，他们才可以安宁地生存并在保持动力的状态下获得发展。心理学家将这种环境称为"人类精神存活的氧气"。心理学家在**理解的过程中不再关注表面的症状，而是通过症状的线索了解背后根本的动机——那些痛苦背后真正要表达的部分——一个人生存与发展的各种心理需要。**这些心理学的成就来自美国心理学家科胡特于

20 世纪 70 年代创立的自体心理学，该理论在此后 40 多年间的实践中得到发展和广泛应用。

完成共情需要进入情境与体验当中，这一思路得益于当代哲学的发展对心理学实践的启发。胡塞尔的现象学中提出的"回到事情本身"的观点以及伽达默尔提出的"视域融合"理论，为人类理解自身提供了一种新思路，这就是处在当代精神分析前沿的主体间性系统理论。简单地说，**人的痛苦形成于关系的错位之处，要想理解人的痛苦，就要回到那些未获得理解性回应的关系当中。**

所有未被理解的部分都是那些早年未获得回应的表达，它们潜藏在无意识中。如果我们在交流中不去触碰这部分，理解就无从发生。我们并不拥有任何理论、智慧或经验上的优势去解读另一个人，而是要承认每个人都拥有我们还未了解但一直存在并发挥作用的主观现实。我们需要先去体验他是怎样感受、解读并适应他的生活的，再去和他一起理解他的世界为什么是那个样子的。

换句话说，理解一个人就是和他的无意识对话。我们无法用理性和逻辑去靠近另一个人的精神世界，包括我们自己的精神世界。每个人熟悉的都是头脑中确认过的东西，它们安全可靠，但远离感觉。而我们之所以觉得一些东西很可怕，是因为我们缺乏一段关系，缺少一个和你一起鼓起勇气来体验发生了什么的人。当我们不断地触碰恐惧和羞耻时，会发现它们恰恰来自人本身。很多人都担心自己的与众不同或不够优秀会招致抛弃，但随着关系的深入，你会越来越熟悉这些无意识的感受，越来越有力量去面对它们。

与无意识的对话需要一种不同的倾听方式，心有所感才能听见无意识。当你明白无意识中的渴望与恐惧和羞耻存在冲突时，你会发现表达者可能正因你的存在而无意识地处理自己的这种冲突。这不再是一个人的阻抗，而是一种主体间互动中的重要表达。

理解恰恰发生在彼此碰撞的交错时刻，这些时刻正是以往无法被理解且无法被清晰表达的一个个结点，它们不是需要解决的问题，而是某些强烈的表达欲。对话每时每刻都在进行，当你的感受变得敏锐，你就会体验到互动中传递着什么——

渴望与害怕交替着，但**对话最终总是指向渴望**。这些渴望位于无意识的最深处，在不断地表达和回应中，它们不再是令人不安的欲望，而是每个人都需要得到满足的、关乎存在与价值的基本需求。

是否有终极方案可以消除人的痛苦？作为一名心理咨询师，这是我一直在思考并寻找答案的问题。最初，我试图积累知识和技能来武装自己，但焦虑感和不胜任感时常困扰着我，因为我发现，有时，即使以往的知识和分析在结论上是对的，我也无法打动来访者。我无法让他们相信即使没有和他们共同体验某些事，我也能理解他们的需要；他们也无法相信我会明白当下在我们的关系中存在着重复的恐惧和羞耻。直到我开始运用主体间性自体心理学，即以体验的方式与一个个痛苦思索和挣扎的人碰撞、交错、相遇，并且穿过恐惧和羞耻，与他们一起看见在心底掩埋已久的渴望——那些尘封的希望，那些痛苦纠缠里的等待，以及被理解的光照见的生命发生的改变。

我希望这种共情式对话的心理学实践可以给读者带来一定的启发和实践性指导，让读者有机会在与他人不断深入的关系和持续的互动中看见彼此的需要并达成理解，重新体验早年经历过的相遇时刻，找回彼此都需要的情感连接。

目 录

第一部分

揭开精神痛苦的秘密

第一章
关系的困境

如果你喜欢读心理学方面的文章，那么相信你常会看到类似的标题："要为自己的情绪负责""一个人的拯救者只能是他自己""在意别人的看法无法让你快乐""容易引发抑郁的十种思维方式，如果有一定要改变"，等等。有时，这些文章会让你学到知识并自我反思，甚至你会尝试通过改变自己来减轻痛苦。不过，对自己的情绪负责这种从单人视角出发的建议往往会让人陷入更深的困惑，忽视自己对别人看法的方法也几乎行不通。这种绕开关系的视角恰恰说明人与人的关系中存在着普遍的困境——靠近彼此会带来问题，保持距离会减少冲突，但痛苦也会一直留存。

痛苦久了我们可能会反思，但反思很难引导我们向更深的感受行进。一旦伤痛被触碰，人们就会逃离，于是我们很容易想方设法去处理那些表面的情绪，比如解决自己的愤怒——所谓的"坏脾气"，把它当成"症状"来消除，却很少认为坏脾气是一种理解他人的线索。以消除"症状"为目的，就像让一个因发炎而发烧的病人快点退烧，却对炎症置之不理。这往往是因为与看得见的"发烧"症状相比，看不见的炎症显得没那么可怕。但显然，"症状"消除并不代表身体的问题得到了解决。

我们对下面的困境应该不陌生。

我很不舒服，但我不应该这样。

我表达了，但更痛苦。

有人安慰我、劝我，我应该想通。

我的情绪让别人为难，我也讨厌自己这样……

于是，我们在看到那些文章标题时会渴望有人帮我们消除自己的问题。事实上，我们努力消除的只是自己的情绪，因为情绪不稳定会显得自己没有控制能力，让自己在别人眼里是个心理不健康或不受欢迎的人，而其他人看上去都情绪稳定，这样会显得自己更没用，我们会为自己的表现感到羞愧，而这种羞愧会掩盖内心真实的痛苦。

你是否会好奇，那些看上去情绪稳定的人是否真的没有痛苦；那些告诉你应该为自己的情绪负责的人是否做到了在自己身上找原因就能消除情绪、没有痛苦？我的经验告诉我，以为自己可以掌控情绪的人只是用了更有效的防御方法让自己暂时感受不到痛苦而已。他们相信使用理性思考、改变认知等策略可以更有效地消除痛苦，而这很可能意味着他们曾经在关系里做出的表达尝试失败了，所以他们用"想通"或隔离情感的策略来减轻痛苦的感觉。然而，人们每天都处于各种真实的关系中，情绪无时无刻不在你言我语中发生变化。无论人们是否理解这些情绪，他们的心情都会被不同程度地侵扰。那么，关系里到底发生了什么，为什么人们会感觉关系总是带来各种情感纠葛，却不得不去找自己的原因呢？

第一节

在关系中各种失败的尝试

想象一下你是一个五岁的小孩，去和自己的爸爸说"我饿了"，他却说"忍着"。如果他并不解释为什么，而且态度严厉、冷漠，你将不得不保持沉默，因为你需要处理两个糟糕的感觉——饥饿和害怕，前者来自自己，后者来自关系。相对于缓解饥饿，你更需要爸爸——一段稳定安全的关系，于是你会更接受由自己解决问题的策略。

难道爸爸不知道挨饿的感觉很难受吗？有几种可能：他觉得你让他为难，因为他也弄不到食物；他的经验就是忍着，因为他认为越想越饿，要食物也得不到；他可能有过更糟糕的体验，就是必须忍着，否则会受到惩罚，因为他曾经因此被打，他觉得被打比挨饿更可怕。也许他也讨厌你表达需要的样子，因为他曾经因为表达需要而被嘲笑，你激活了他那种糟糕的感觉。

可你就是饿了，你并没有什么过分的要求，但就结果而言，你在爸爸眼里是个令人厌烦的孩子，你不得不承受另一个人的冷言恶语，而他只是在处理自己的糟糕感觉。但是，他多半不会告诉你这些，因为他无法意识到这背后的逻辑，也不知道自己在处理那些糟糕的感觉，比如弄不到食物的无能感、曾经不被关注的孤独感及被惩罚的恐惧感和羞耻感。

这个模拟的场景展示了一种人类的困境——**两个人同时处在各自的困扰之中，但各自都只能穿着自己的"外衣"来抵御内在痛苦的侵扰，而彼此也只能看到穿着"外衣"的彼此。**每个人都更熟悉从外面能看到的那部分——彼此的各种想法和情绪，真正带来困扰的部分却始终隐藏在"外衣"下面。"外衣"起到了保护作用，但也让彼此无法获知各自的真实感受和需要。我们可以从下面的介绍中看到人们在无法交流真实感受时所做的各种失败的尝试。

假性亲密关系

我经常会接待这样的来访者，他们在亲密关系中与伴侣相处的常见模式就是表面上温和平静，两个人几乎从未有过真正的交锋。如果让他们评价彼此，他们基本会说对方没有优点也没有缺点，他们对彼此没有满意也没有不满意。他们通常看上去工作稳定，有确定的伴侣关系，和父母或子女的关系也不错。但随着咨询的深入，我会渐渐看到风平浪静下的暗流涌动，这种**假性的亲密关系可能维系很多年，也可能在暗涌积久之后，于不经意间掀起轩然大波。**

最初，他们往往会像下面这样描述自己的生活。

"我觉得还好吧。"

"人生都差不多，应该知足。"

"我觉得他这个人还行，你还能要求什么呢？"

当被问及为什么来咨询时，他们可能会说："也没什么，知道朋友在做咨询，自己也想看看是怎么回事。"有的人会聊一些生活中的事情，但也会解释说没什么大问题。他们喜欢陈述事情和想法，让你很难感到他们真的有什么苦恼。有时，他们也会谈论一些时事新闻，或转述他们最近看的书里的内容。往往到了咨询快结束时，他们会以提问题的方式问我对某个问题怎么看，好像需要我做的事情就是和他们讨论观点，顺便解决一些问题。

晓晴是一位10岁男孩的妈妈，她和丈夫都有稳定的工作。受一位朋友的影响，她喜欢上了心理学，会经常看些书和文章，并正在参加冥想的培训。她说她的婚姻和生活一切正常，没有什么可聊的，下班后她做饭，一家人吃了饭就各忙各的，老公去找网友下棋，儿子写作业，她看书。我问她他们平时会交流些什么，她说一家人都很安静，好像彼此没什么可说的。

之后，她和我谈起了冥想，问我怎样消除自己的杂念。她说以前觉得自己的内心很平静，不知为什么练习了冥想之后反倒有许多不好的念头冒出来。比如，她发现自己会嫉妒别人，甚至偶尔会因此感到愤怒，这在以前从来没有过。

　　我问她在什么时候会有这些感觉，让她举例子。她说她发现去超市采购完总是自己拎东西，而丈夫只管付钱，以前她并未意识到有什么问题，现在却会对此感到些许不爽。还有，每天下班回家都是她做饭，丈夫就算先回来也是去网上下棋或玩其他游戏，从来不会帮她择菜、洗菜，多年来一直都是如此。本来她觉得这也没什么，丈夫老实可靠，下班就回家，自己也从来没觉得需要他做什么，直到最近和她一起学心理学的朋友到家里做客。那位朋友羡慕她把家里打理得很好，尤其是她做的菜很好吃，还说自己至今都不太会做饭，一直是自己的丈夫做饭。这位朋友性格开朗，很大方地与她的丈夫和孩子聊天，而她自己却一个人在厨房里忙这忙那，于是隐隐地感到有些嫉妒。她的丈夫看上去很喜欢和她的朋友交流，他们谈起了最近很流行的网络游戏，而她不喜欢玩，她的丈夫也从来没有和她谈起过这些。她发现自己的朋友的确是一位有魅力的女性，不仅谈吐大方，看上去也比实际年龄年轻，而她自己则很少打扮和保养皮肤。她说自己感到有些自卑，但她完全不知道丈夫是怎么想的，她说一直觉得丈夫根本就不关心她的容貌。

　　后来她告诉我，在她五岁的时候，妈妈得病去世，爸爸独自把她抚养长大，没有再婚，她总觉得爸爸为自己付出了太多，所以她很听爸爸的话，现在的丈夫也是爸爸选的。她在很小的时候就学会了做饭和其他家务，婚后做这些对她而言都是天经地义的事。她的丈夫是家中的独子，他的妈妈对他特别照顾，婆婆和自己的关系也不错，她们经常一起聊美食和养生的食谱，她觉得婆婆对自己很满意。

　　她说自从妈妈去世，她就很少看到过爸爸的笑容，因此也很少向爸爸提要求，而是尽可能地分担家务。可以想见，由于很小就失去了母亲，她缺乏很多女孩本该拥有的体验。她本来可以告诉爸爸的需要包括：累了需要休息、辛苦时需要帮助、像其他的女孩子那样学着打扮、像其他孩子那样玩各种游戏。爸爸没有再恋爱，也让她很难体验到家庭本可以提供的更丰富的内容。她没有体验过"有魅力"是一种怎样的感觉，因为爸爸的情绪总是很低落，他无法关注到女儿成长中的需要，他能做的就是尽力去养大这个女儿。她也很难体会到玩耍带来的快乐，她说小时候邻居总夸她懂事，像个小大人。的确，她很早就结束了童年应有的生活。而一直被自己的妈妈照顾得很好的丈夫，也很少体会过别人的需要，他们都习以为常。

你可能会想，如果晓晴不接触心理学，不去练习冥想，就一直生活在平静中不是很好吗？

在晓晴的记忆中，表达需要就是增加爸爸的负担。她有很强的内疚感，觉得爸爸没有再婚是因为自己拖累了他，她几乎无法意识到自己可以有什么要求。虽然她的生活很平静，但这种平静是以她牺牲自我为代价的。她的朋友就像一面镜子，让她看见了自己缺失的重要的东西，比如享受丈夫做饭的权利、被喜欢的魅力、一起玩游戏的快乐。我们知道这些正是让一个人拥有存在的实感、体会到人生价值的东西，是一个人快乐的来源。晓晴对它们的需要一直都在，只是这些需要被留在了她的童年，被压抑到了无意识中。平静不等于幸福，她的家庭缺乏的正是她的朋友带来的新气象：彼此交流一些有趣的东西、喜欢的东西、想要的东西。

各种失败的对话尝试

处于假性亲密关系中的人们，彼此几乎没有真正的对话，**那些时常被痛苦困扰的人很想从亲密关系中被解救出来，他们既期待维持这份关系，又往往被这份关系所伤**。彼此虽有对话，但往往是无效的。我们知道当一个人用情绪化的语言表达时，对方或因难以招架而逃避，或情绪被点燃——那些出于自我保护的解释、对抗便会随之而来。

逃避式对话

在一些看上去波澜不惊的关系里，大家维持着表面的和气，沉静中带着不易察觉的张力——只有维持最小的张力，关系才是安全的。这样的关系即使有什么起伏，起伏也会很快消退，但张力却一直暗暗存在，还会在之后的不经意间再次浮现。**他们在对话中总是尽量地息事宁人，但平息的仅仅是一些表面的情绪，仍然无法触及真正的痛苦。**有些伴侣相伴一生，却从未走近彼此。表 1-1 列出了这种关系的典型对话方式：让步式对话、掩饰式对话、回避式对话。在下面的案例里，我们可以同时看到这三种方式。

表 1-1　以逃避为特征的三种对话方式

对话方式	常用的语言形式	
让步式对话	A：（生气或哭泣）	B：都是我的错，我道歉
掩饰式对话	A：你怎么了？有什么不满意你就说	B：没事，我没什么不满意的
回避式对话	A：算了，别说了，就这样吧	B：唉，搞不懂你在想什么

婉婷说她的丈夫可以被称为模范丈夫，既赚钱养家，又没有不良嗜好，每个周末会买回一周的菜和生活用品，还给了她一张信用卡让她随便消费。她觉得丈夫很爱自己，但自己有时还是会因为一些小事心情不好，向丈夫抱怨。丈夫从来都不责备她，通常采取的方式就是劝她。比如，当她和丈夫说家里的电器需要找人维修时，丈夫会说"修太麻烦了，换一个就是了"；当她回娘家遇到一些不高兴的事儿时，丈夫会说："你别和老人计较，等周末我买点儿东西过去看看你爸妈。"（**回避**）丈夫应酬回来晚了，

看见她一个人在家不高兴，会很快来哄她，说："是我错了，别哭了。"（**让步**）而她对此的感受和反应是："我好像还有些东西堵在那儿，我不知道是什么，也不好意思再说了（**让步**），他的道歉让我觉得自己好像有点儿小题大做，但我一个人的时候还是会感到难过。"

婉婷今年 53 岁，是一名公司文员，即将退休，她的丈夫在企业做高管，离退休还有好几年。她常常因为丈夫有应酬回来晚而心生怨气。她知道丈夫的工作有压力，有一次她听见他在电话里和人说后悔选择进了企业打拼，不如留在大学搞科研、教书省心，但她丈夫从来没有和她深谈过这些（**回避**），跟她说的都是"男人不就得承担家庭责任"之类的话（**掩饰**），劝她别想太多。（**回避**）虽然物质生活优渥，丈夫也很宠她，但婉婷的内心是孤独的。她有一个哥哥，父母和哥嫂一家住在一起，她总感觉他们才是一家人。尽管自己做了很多事情想让父母满意，但他们眼里似乎只有儿子。有时她和母亲说自己生病了，听到的总是母亲的过度担忧和"提前退休算了"的劝说，她得不到想要的安慰，反而觉得自己在给父母添麻烦。

婉婷处在一个无人承接其情绪的环境中，看似有人关心她，但很少有人询问和体会她的真实感受——她刚一表达，就被劝慰给制止了，她的痛苦被这些表面的安抚所掩盖。事实上，她的内心不仅体验着强烈的不安，还承受着愧疚的折磨。娘家带给她的感受是被排斥在外，她记得小时候爸爸对自己和哥哥的教育方式不同，哥哥总挨打，自己却总被夸是个乖孩子；哥哥的所有表现都被爸爸盯着，而自己却没有被那么严格地要求。在她 27 岁那年，她听到爸爸和妈妈念叨："再大就嫁不出去了，女大不中留。"很快，她与丈夫在认识 8 个月后就结了婚。后来，她时常感觉自己在娘家只是一个过客，而哥哥才是始终被关注和期待的成员，她感觉与父母的情感在结婚后就似有若无了。一想到退休后可能面临的孤独生活，她就会产生一种类似"和哥哥相比自己毫无价值"的感觉；丈夫的安抚也未让她感到踏实，她知道丈夫喜欢向他的红颜知己倾诉，这让她感到嫉妒。在丈夫眼里，自己是个只会哭诉的小女人。她的丈夫把重心都放在了工作上，习惯用钱来摆平事情，感觉自己尽管压力很大却也在扛着，因此面对妻子的眼泪他一面困惑，一面厌烦。他不相信妻子可以安慰自己，也从未看到过妻子的抱怨背后流露出的担忧和孤独。实际上，他也在压抑自己的情绪，无法向妻子袒露，妻子的抱怨也常常激活类似工作压力带给他的不胜任感，他每次承认错误只是为了快点息事宁人。

在这种表面的对话中，彼此都无法更深入地理解对方，那些糟糕的感受只能通过情绪表达一部分，在彼此都不够自信的情况下无法一起触碰它们。婉婷曾经用情绪（哭泣）、身体状态（生病）告诉周围的人她的感受，但她的表达被另一种难以面对的感受挡住——我带给别人麻烦，没有人愿意听我怎么了——这让她不得不退回到压抑的位置上，在那个位置上她是沉闷而忧郁的。丈夫以理性的方式解决问题，压抑了自己对妻子有需要或不满的表达，以避免体会无能带来的羞耻感。

妻子：表达需要 → 担心被拒绝 → 我是个给人添麻烦的人 → 羞耻感

丈夫：表达需要 → 担心给对方压力 → 我是个无能的人 → 羞耻感

攻击式对话

在攻击式对话中，彼此看上去有更多的交流，但双方常常陷入激烈的对抗，一方表达，另一方辩解，双方都无法听懂彼此的需要，在互伤的旋涡中纠缠得越来越深。典型的方式有：互怼式对话、施压式对话、自虐式对话，如表1–2所示。

在**互怼式对话**中，双方都以攻势为主，互不让步，彼此都在指出对方的问题，然后为自己辩护，同时再次指出对方的问题来反击，冲突就这样不断升级。这种短兵相接的方式很容易伤到彼此。在**施压式对话**中，一方总是占据着制高点，而另一方始终处于弱势并承受着巨大的压力。指责的一方往往令对方无力辩解，只能以认同对方的方式来回应。在**自虐式对话**中，一方在被指责的过程中变得越来越弱，并以自我攻击的方式来减少对方的进一步指责，让对方感觉自己太过分而暂时收手。

表 1-2　以攻击为特征的三种对话方式

对话方式	常用的语言形式	
互怼式对话	A：你心里根本就没有我	B：你先问问你自己，你心里有我吗
施压式对话	妈妈：再考不好就别上学了，上街要饭去	孩子：我下次好好考，再给我一次机会吧
自虐式对话	A：我错了，我混蛋，你打我两巴掌吧	B：你为什么这样说？这还怎么聊啊

　　无论哪种对话，双方都会被激烈的情绪激活各种糟糕的感受，彼此都被强烈的张力逼得没有退路。在最开始的交锋中，他们还会纠结于引发冲突的导火索，而后来会越来越难弄清彼此产生冲突的原因。**他们已被愤怒、激动的情绪淹没，而藏在这些情绪背后的那些无法面对的糟糕感觉，正灼伤和侵蚀着两个已经非常脆弱的人。**

互怼式对话的案例

　　一对夫妇，为了他们 8 岁儿子的事情经常发生争吵。一次，孩子和小区的小朋友一起玩耍，在追逐打闹中摔倒，受了些皮外伤。听到儿子说自己是被某个孩子推倒的，妻子顿时气愤至极，要求丈夫马上联系那个孩子的家长。丈夫一向对妻子"一点就着"的性格感到厌烦，就说"孩子打闹受点伤没什么，不要因此和邻居伤了和气"。这句话让妻子感到被指责，好像她是一个很爱争吵的人，"战火"很快燃烧了起来。

妻子："到了关键时刻你永远都不出头。"

丈夫："这么点儿小事至于这么计较吗？"

妻子：（大声）"怎么是小事！孩子受伤了你怎么不心疼！"

丈夫："你和我嚷嚷算什么本事，有能耐你自己去说！"

妻子："你是男人你不说，要你有什么用？！"

在互怼式对话中，双方的情绪之下往往都隐藏着难以面对的东西。在看到孩子受伤后，妻子小时候受人欺负的糟糕体验被激活了。七岁前，她在农村长大，后来和父母去了县城上小学，常常因为讲话有口音被同学嘲笑。父母都比较木讷，也不知道怎样安抚她。她的丈夫性格相对内向，小的时候主要和母亲生活在一起，丈夫的父亲是一位军人，直到儿子上中学才和他们母子一起生活。丈夫常常被父亲责备性格懦弱，不像个男子汉。妻子希望丈夫可以保护自己和儿子，而丈夫对于要和其他孩子家长交涉感到为难。妻子的糟糕体验来自不被在乎，丈夫则被激活了类似于被父亲贬低的羞耻，但两个人都只会指责对方，而无法直接表达自己的需要和难处。妻子在被忽略的体验（"我的感觉很糟糕，没有人在乎我"）中指责丈夫不能承担责任，而丈夫通过指责妻子太计较来逃避自己的懦弱带来的羞耻（"我不像个男人"），并在感到被贬低后转而指责对方的懦弱，这对于从小被欺负的妻子而言是另一个痛处——"我在被欺负的时候是个无能的人"，这导致她需要通过进一步贬低丈夫（没用的男人）来从无能感中逃出来。

发生互怼式对话时，两个人都陷在自己的糟糕体验中，他们的争吵因触及了一方的痛点而愈演愈烈。一个希望被在乎的人对被忽略的体验十分敏感，比如聊天时对方的一个哈欠可能都会让他觉得对方对自己毫无兴趣，瞬间的忽略都可能动摇他的存在感。面对这样的人，如果你恰好又是一个缺乏对方认可的人，就很容易被各种指责击中，你会觉得在对方眼里自己总在犯错，对方从来都没有对自己满意过。生活里的导火索随处可见，互怼之战随时都可能爆发。

施压式对话的案例

小欢是一名初三的女生，中考的临近让她感受到巨大的压力，她喜欢语文、英语，但数学让她很头疼，严重的偏科让她的成绩很不理想，她很可能考不上高中。她有一个小她四岁的妹妹，父母很喜欢妹妹，因为妹妹看上去比她聪明，学习成绩也好，和妹妹相比，她常常感到自卑。近来，妈妈对她的态度越来越严厉，她玩会儿手机，妈妈就会大声地吼她；她想买件新衣服，妈妈更会斥责她，这让她感到恐惧，产生了极强的危机感。

妈妈："都什么时候了，你还有闲心玩手机，昨天卷子上的错题改了吗？"

小欢："一会儿改。"

妈妈："一会儿？！你要拖到几点啊？把手机给我！"

小欢：（把手机放在身后）"我正在和同学聊天呢。"

妈妈：（愈加愤怒）"同学能考上高中，你能吗？你现在的成绩根本就考不上高中，以后上不了大学你能干什么？卖菜去吗？"

小欢：（低下了头，把手机放在了桌子上，开始流泪）

妈妈：（高声）"哭有什么用？你看你妹妹，学习从来不用催。你再不努力我看也别参加中考了，明天就去卖菜！"

小欢："妈，我不玩了，我现在就改。"

妈妈：（依旧愤然地）"考不上高中，就别和人说你是我的孩子！"

小欢一岁时就被送到了农村的爷爷奶奶家，父母在城里工作，直到她上学才把她接到身边，那时妹妹已经三岁了，她并没有像妹妹那样上过幼儿园，上小学的时候就觉得学习比不上别人。她总感觉妹妹才是这个家的孩子，对这个家始终感到陌生。她的确学习成绩不够理想，妈妈给她的压力让她格外恐惧，如果考不上高中，她似乎将被这个家抛弃，被社会抛弃。她不习惯表达自己的需求，因此面对学习困难，她一直都很无助，而妈妈则觉得就是她太笨了。对于这个不在身边长大的大女儿，妈妈始终觉得她和自己不亲，觉得她不听话也不努力。再加上小欢的班主任最近经常给她留言，说小欢的数学作业经常完不成，这让她感到很没面子，因此小欢的妈妈越来越担忧孩子的未来。然而，在和女儿分离六年之后，母女感情始终没有得到修复，妈妈感觉不到孩子对自己的依赖和信任，看到孩子玩手机的那一刻，她所有累积的情绪都被点燃，所有的无力、沮丧、失落、担忧，瞬间汇聚成强烈的恼怒。当妈妈将所有的糟糕感觉投射在女儿身上时，女儿的羞耻和恐慌也被激活，她在高压下不再反抗，用退让的方式挡住来自妈妈的令她感到恐惧的威胁。

施压式对话往往看上去暂时有用。事实上，两个人都在面对某些难以承受的压力，通常是其中一方遇到了问题，比如失败、犯错误或难以改变某种局面，而另一方往往感到很糟糕，认为问题很严重。大部分情况是施压的一方与另一方相比具有身份上的优势，比如父母对孩子，上级对下属，或者性格强势的一方对性格弱势的一方。具有身份优势的一方会采取强硬的态度向另一方施压，通过放大问题的严重性改变对方的态度，但双方都没有办法面对真正的问题。

这类对话也常发生在父母和子女因其他问题产生的冲突中，比如子女推迟婚姻，犹豫要不要生孩子、要不要辞职、要不要不上班待在家里、要不要离婚等。子女或许是有自己的想法，或许是遇到了难处，但在有些父母眼里，这些行为都是难以接受的。他们的糟糕感觉中除了有对孩子的担忧，往往还有无法忍受的某些与无能、失败相关的羞耻感。这类父母习惯通过超越别人来保持某种优势以抵御自卑，因而"我怎么有一个这样的孩子"的想法就会激活他们自己的糟糕感受，这让他们难以接受进而向孩子施压，通常"我都是为你好"的"大旗"让他们意识不到自己真正的意图。子女会在道理上部分认同父母的好意，但他们的情感体验往往很糟糕。一开始，他们可能会采用互怼的方式，但在父母的施压下，如果他们对于未来也没有足够的信心，就会陷入内疚和焦虑，一方面觉得自己做得不好让父母失望了，另一方面在父母的高压下怀疑自己的想法，并担心失去支持及无法保持彼此关系的稳定。在子女面临重大抉择时，如果父母采用的是这种施压式对话，那无论子女选择反抗父母还是听从父母，抑或回避退缩，都无法理解和表达自己真正的需要，只能先应对眼前关系中的强大张力。这种高压的方式也有可能压垮孩子，让他们感到无处逃离进而引发悲剧。

自虐式对话的案例

伊娜和我说她打算离婚，她与丈夫的争吵就像一部重复播放的电影，几乎每次都是同样的剧情，吵架的开始、过程、结束都是一样的，她对此感到厌倦。她说他们总是掉到同样的坑里，从没有真正爬出来过。吵架的开始是互怼，然后她受不了了就开始指责丈夫的短处，而丈夫到最后总是说："我就是个一无是处、糟糕透顶的人，行了吧！"对此，伊娜认为："每次到这里我就觉得太没意思了。吵架也吵不明白，算了。"

伊娜是家中的长女，她有一个弟弟。她说在她的记忆中，自从有了弟弟，她仿佛就变成了爷爷奶奶的孩子，再也没有机会住回父母的屋子里。她说即使自己很努力，父母也很少关注到她，父母把所有的注意力都放在了弟弟身上。她觉得丈夫只关注他自己的事情，很少看见她的需要。伊娜是一位能干的女性，她在工作中不断升职，而且擅长投资理财，家里的生活水平明显高于同龄人，而她的丈夫五年前开始投资和创业，回报和成果却始终没有达到预期，这让他感到压力巨大。伊娜一直质疑他的能力和判断，并多次建议他放弃投资项目，将资金撤回交给她来做理财。但每每提及此事二人总是各执一词，伊娜感到自己对家里的贡献从未得到丈夫的承认，而丈夫却坚持要从创业中盈利来证明自己。二人有类似的需要但都未获得彼此的认可，丈夫在每次争吵中都会体验到自己的无能而近于崩溃，他用自我贬低的方式让妻子放手。二人一个失望一个受伤，重复的体验让彼此都感到绝望，他们的婚姻似乎走到了尽头。

自虐式对话往往发生在一方感觉极度糟糕又没有退路的时候，这种自我攻击的方式可以让对方很难再进行指责。其内在的逻辑是："我已经把自己说得一无是处了，你能不能不说了？"这种方式虽然可以缓解表面张力，但由于对方并不理解背后的缘由，反而感觉没有办法进一步交流。自虐的一方在自虐过后往往内伤会加重，还会在下一次的对抗中再次把"伤口"当作保护自己的武器，让对方无从下手。这种对"伤口"不加遮掩的方式往往很难让他们逃过羞耻感——虽然一定程度上削弱了对方的攻击，但常常会令他们感受到对方的鄙视。一旦对方对这种方式不予理睬，比如沉默或走开，这种自我攻击的余波会让他们更加心碎。这是一种令人崩溃的对话方式，要是被频繁地使用，总有一方会选择逃离。

第二节
对欲望的误读

误读一：人的痛苦是欲望带来的。

误读二：人都是自私的，心里只有自己。

误读三：人的欲望是无止境的。

当一个人在关系中无法获得理解时，会转向自身找原因，然后发现痛苦时常来自愿望不被满足，从而容易认为是欲望带来的问题。如果你听到下面的回应，是否感到难以辩解？

你要的谁都没法满足，没有人能做到什么都让你满意。

你没那么多事儿，我们关系不会这样。

你总是挑我的毛病，到底什么样的人才能让你满意？！

误读一：人的痛苦是欲望带来的

当我们还原欲望的本义时就会发现，它是推动每个人发展自我的内在驱动力。它就像种子里本就蕴含的生长动力，在阳光、雨露和泥土的滋养下，推动种子生根发芽、茁壮成长。而人类成长的养分由养育者的情感提供，从婴儿时期妈妈对自己哭声的安抚到第一次尝试迈步得到父母的夸奖，我们得到的滋养无不是来自关系。我们对父母温暖而有力量的眼神充满了渴望，就像生长中的植物总是朝着阳光的方向生长。妈妈的安抚和爸爸的保护，都让我们确认自己在被关注；而父母对我们进步的欣赏和在我们失败时给予的耐心与鼓励，让我们确认自己被认可和接纳。**欲望**

恰恰是连接关系的桥梁，让情感在需要和满足间传递，让我们的内心因为这些确认而获得自我意义。可见欲望是靠关系满足的，但人们往往感到很难从别人那里满足自己的欲望，并为此感到痛苦，于是他们将痛苦归咎于欲望，进而认为减少欲望就能减少痛苦，这里隐藏着一个假设：幸福＝欲望的满足，换言之，欲望不满足＝不幸福，然而心理活动并非如此简单。

我们知道孩子小时候常常会向父母表达自己的各种需求，比如想要好吃的食物、好玩的玩具、更多游戏时间，而父母对其需求的满足是有限制的，这些限制意味着必要的规则，这一点并没有问题。然而，一旦孩子坚持要求而父母坚持规则，双方的情绪就会产生波动，比如孩子会哭闹，父母会烦躁气恼。父母秉持"孩子要什么就给什么"的原则肯定是不行的，孩子必须学会克制才能成长。

然而，问题并不在于是否满足欲望，而在于是否满足欲望所代表的意义，这个意义就是一个人被允许获得欲望满足的开心体验。当父母传达出"我知道你很喜欢吃"或者"我知道你没有玩够"的态度，孩子就会确定"表达需要是被允许的，爸爸妈妈是愿意让我开心的，只是现在我不能再要了，明天我还是可以得到的"。这时，孩子虽然会有些遗憾，但仍然保留期待。相反，如果父母在情感、态度上变得严厉，摆出各种道理拒绝孩子或直接忽略孩子的需要，孩子的体验就变成了提出要求会让父母不高兴，自己也有可能会被惩罚——父母以后可能不会再满足自己的要求——从而认为问题出在自己身上，认为自己的那些欲望是被否定的。这会带来一种冲突的体验，即"我的开心为什么会让父母不开心"。

被拒绝或被否定，会让你不断质疑自己的需求；被嘲笑或被贬低，会让你感到自己不配表达需求。这些对欲望满足带来的开心体验的否定，才是痛苦的根源所在。

误读二：人都是自私的，心里只有自己

萧雷是一位高大帅气的男士，但他总是表情严肃，让人很有距离感。他的言

语中常透露出不屑与傲慢，尤其对于女性，他常用自私、冷漠来形容她们。他已经39 岁，事业有成，但仍未结婚。他经常会和漂亮的女孩约会，但在短暂的相处后他就会以各种理由抛弃对方。他的语气里透着一股冷意。

　　萧雷说："我对婚姻没有信心。我从小看着父母无尽的争吵，只盼着他们快点离婚。我妈永远在斥责我爸，我爸永远在当逃兵。我的相亲对象里，没有人想着让我幸福，她们表面的柔情从未打动过我，每个人都让我看到了我妈的影子，可想而知，未来无数的不满在等着我。"

　　他讲了一些自己的恋爱经历，声称那些女孩"唯利是图"。我仅仅是对此表达了不同看法，就一下子激怒了他，他愤然指责我为什么不站在他的立场上，瞬间我也成了他攻击的对象。他说搞不懂为什么自己的妈妈总是不满意，眼里只有她自己，时时挑剔周围的人，而爸爸则总是躲出去喝酒，让他成了替罪羊。为了少挨骂，即使生病了他也不肯说出来。他说这个世界上没有人保护他，除了他自己。

　　从这个案例中我们看到，萧雷和他的妈妈似乎都是自私的人。妈妈总是关注自己的感觉，通过挑剔周围的人来平衡自己的情绪，而萧雷从未感受到妈妈对自己的关注，在他眼里妈妈永远是一个索要者，这让他确信其他女性也都是自私的，只关注自己的需要。他告诉我唯一的例外是有一次他生病，当时的女友为他买了水果，这段记忆让他久久难忘。被关爱的体验如此匮乏，导致他难以靠近女性，而女性在关系中的正常需求对他而言都可能是一种剥夺。

　　自私的人首先是缺乏关爱的人，他们不再付出以平衡不被关爱的匮乏感，无法相信有人会真的在乎自己，所以**自私是失败关系的产物。你所感受到的他人的自私，多半是他对不友善和冷漠对待的受伤反应；那个看上去自私的人并非不渴望好的关系，而是他遭受的创伤让他丧失了对人的情感信任。**

误读三：人的欲望是无止境的

人们通常认为，可以接受一个人有需求，但其应该克制欲望。我们的确在不断地购买、消费，对物质生活的需求显得永无止境。而和成百上千位来访者交谈的经验告诉我，人们贪恋的是那份求而不得的感觉。换句话说，不是人们贪得无厌，而是这些感觉里蕴含的至关重要的"意义"没有被满足。你之所以能活出自我、活出尊严，是因为作为人的意义带来了满足感，即你觉得这个世界是有人愿意看到你开心，是认可你的，这种感觉主要来自你的重要他人。而当无法在关系中获得情感满足时，人们会选择用物质满足来替代，但它只能带来短暂的满足感，无法替代人类情感表达的关注和在意。在缺乏来自人的情感回馈时，人们会不断地用一些替代品来填充，因而显得贪得无厌。情感匮乏的坑永远无法用物质、权力、性等填满，因为它们都无法替代一个内心在乎你的人的情感。

俪雯是一位漂亮的女性，她说丈夫很爱她，他们已经结婚十年，有两个可爱的孩子。有了孩子之后，她就再没去工作。她说丈夫的收入很高，并不需要她去工作。一直以来，她都以为自己很幸福，有足够的钱买各种奢侈品，家里有保姆照顾孩子和起居，但现在却觉得越来越没有安全感，她发现自己买很多东西并不是因为真的需要它们，而只是在花钱的时候感到满足。她说自己总是会买一些昂贵的东西，吃饭也要去最好的餐厅。近来她时常失眠，觉得自己的生活像一个梦境，拥有的一切都十分虚幻。她突然感到自己一无所有。

在俪雯的童年记忆里，她总是穿姐姐剩下的衣服。因为爸爸有胃病，妈妈总是给他做不一样的饭菜，她很想尝尝，但妈妈总是说她太馋了，从来都没有给她盛过。在婚姻中，丈夫在物质上是满足她的，她的确通过物质生活的满足补偿了童年的缺失，但物质的满足并不能填充情感的空虚。在童年的体验里，她是不重要的、被忽略的，她并非一定要穿新衣服或吃爸爸的饭菜，而只是想确认妈妈是在意她的，是愿意让她开心满足的。很多时候，父母觉得自己付出了很多，也感到委屈，事实上，他们并非不愿在情感上满足自己的孩子，而是童年关爱的缺失让他们自己也无法表达需求——当一个人未获得情感满足时，就很难看到或满足他人的情感需求。在婚姻里，俪雯仍然缺乏存在感和价值感，丈夫并没有关注到她真正的需求，比如可以通过工作获得的价值满足和社交中彼此分享生活所带来的快乐。她的精神生活是匮乏的，她从未听到过有人问她需要什么。

现代生活的物质和娱乐水平超越了以往所有时代，这往往营造出一种假象：如果可以挣越来越多的钱，购买无穷无尽的商品和服务，人就是幸福的。这让人们更不相信自己可以从人的情感中获得满足。

我们可以得出结论：**不是欲望本身有问题，也不是人要得太多，而是欲望背后的情感需要没有获得回应**。减少欲望的想法来自对人际关系的悲观假设，人们的经验是每个人都是自私的，都不愿意满足他人的情感需要，只有减少欲望才能远离痛苦。然而，欲望蕴含的意义一直潜藏在我们的内心深处，并始终对我们的幸福感产生重大的影响。

第三节

人类关系的困境和底层逻辑

　　人类的关系在大部分时间内都可以维持平衡，但当其中一些人陷入痛苦时，平衡就会打破。虽然人们不断寻求解决方案，却时常走进重复的困境中，**即和你关系最亲密的那个人往往也是伤你最深的人。你越是在这段关系里充满渴望，就越有可能感到失望甚至陷入绝望，表达越多反倒让彼此的关系变得越糟**。在无解的关系困境中，一部分人选择远离纷争，另一部分人与欲望和痛苦纠缠不休。我们常常在父母那里看到吵不完的架或两个人形同陌路走完一生，在朋友那里听到各种对伴侣的吐槽。我们在恋爱关系中受伤，婚姻一地鸡毛。人类似乎总是很难和谐相处，远离会孤独，靠近又会互伤。**我们常觉得自己要的不多但就是无法得到，事情不大却总是对其耿耿于怀。**

　　在无数次的表达被误解、拒绝、忽视后，为了避免受伤，我们开始反省痛苦的根源是否就是我们自己，我们可能被对方说不知足、太矫情、幼稚，也可能被说多愁善感、心思太重、自寻烦恼；而检讨自己的结果往往令人悲观，我们似乎总是被一些无法放下的东西困住，也很难获得对方的帮助，因为对方看上去或是情绪太稳定而无法体会到我们的感受，或是也比我们好不到哪儿去，情绪爆发了比我们还让人抓狂。

　　在吵不完的架和流不完的泪中，在无数次的分分合合中，在指责和辩解的对抗中，在相爱与相互伤害的交替中，人们似乎不再相信人与人之间可以和谐共处。以往的经验让他们形成了这种悲观的假设，并认为它很难改变。我们来看看一对伴侣在大吵之后的对话。

　　　　男："对不起，我错了，别哭了。"

　　　　女：（继续哭泣）

　　　　男："刚才我心情也不好。"

　　　　女："我不想听你解释！"

男：（有些没有耐心）"我又不是故意气你的。"

女："你急什么急！"

男："好好好，是我没控制好自己。"

女：（恼火地）"我又没要你怎样，你只要说一句话我就没事儿了。"

男：（愤然地）"我就是不知道那句话是什么啊！"

这个场景你熟悉吗？你在关系里是否也会陷入这种困境呢？为什么这种时候的沟通这么难，问题出在了哪里呢？

人类关系的特质——"外衣"模式

当我听某个人说话听烦了，想要摆脱他时，就装出欣然同意的样子。

——加缪

人在交流的时候，通常只表达在关系中安全的内容，即有效防御后的内容；同样，你听到的也是别人处理过的信息，这就是人类关系的"外衣"模式。例如，一个人会找借口回绝他人，比如"太忙了，改天再约"，事实上，他可能是因为对之前彼此之间发生的某件事感到不舒服而拒绝，但他并未显露出那种隐隐的不快，而是用"外衣"将他还没有准备好面对的感受包裹和盖住。试想他如果没有这个"外衣"而是直接说"那天你让我感到不舒服，我不愿意见你"，就会让自己立即暴露在冲突中。除非他真的想表达他的不舒服，而且他并不需要太担心会引发冲突。

除了满足御寒的需要，外衣也是穿给别人看的，你总需要在别人面前有几件适合自己的外衣，它们可以展示你好的一面，同时也可以遮盖你不想让人看见的部分。我用"外衣"而不是常用的"防御"，是想更形象地说明这个心理过程的核心是与人际环境密切相关的。这两个词的心理内涵一样，但视角不同。"防御"一词有可能带来两种错觉：第一，它是一个人的内在机制——只处理自己内在的冲突；第二，它意味着对他人的防备，是不健康的。但从满足一个人的稳定需要出发，所有的

防御都是必要的，它并不是一个人的问题，而是需要在双人视角下去理解的问题。

借用"外衣"这个词的灵感，来自一次心理咨询培训中发生的有趣的故事。当时我邀请两位咨询师做与防御性来访者共事的练习，她们随即想到了一个医生给病人做胸透检查的场景。她们分别扮演医生和需要检查的病人，医生告诉病人需要脱掉外衣以便检查。当时恰好是北京的初冬，还没有供暖，扮演病人的咨询师一直穿着一件厚外衣。"病人"问："可不可以不脱外衣？""医生"说："不脱外衣没有办法检查，每个人都要脱掉外衣。""病人"却用双臂护住胸口，说："我不想检查了。"第一轮练习让"医生"有些挫败，我请两位咨询师交流一下各自都体验到了什么，"医生"说通常其他病人都很配合，所以她完全无法理解发生了什么，而且讲道理的效果似乎适得其反；而"病人"说有种压迫感，想逃离。之后她们决定再试试，在第二轮练习中，"医生"不再坚持让"病人"脱掉外衣，而换上了一种缓和的语气与之交流。

"医生"："你不太想脱掉外衣？"

"病人"："也不是不可以，就是被要求的感觉很不舒服。"

"医生"："哦，很抱歉，刚刚我的态度让你不舒服了，我习惯了，每天都这样，没有意识到你的感受。实际上，的确是你在帮我的忙。"

"病人"：（释然）"那您检查吧。"（她同意脱去外衣）

我们可以看到，"外衣"模式呈现的是一种对关系的态度或反应，它代表你在某种关系中需要的自我坚持和自我保护；同时它也不是一成不变的，随着关系的改变，你可能加厚你的"外衣"，也可能不再需要一直穿着它。

在从事心理咨询工作的初期，我并没有想过我给对面的来访者带来的是什么感觉；我觉得自己是在认真地工作，没有意识到认真带给人的感觉可能是紧张。

我记得有个初中男生，一开始，他似乎不屑于回答我的问题，并说和我没什么可聊的，在有些尴尬的沉默后，我决定不再问他问题，而是请他随便说，只要他喜欢。于是他给我讲他喜欢的动漫人物、游戏、乐队主唱，这时的我很像一名充满好奇的小学生，因为我的生活里完全没有这些内容，所以他讲得很得意。后来他告诉我，他最初很不喜欢我的样子，太严肃了，像他的班主任。显然我的提问令他感到有压力；相反，在我放弃了一本正经的态度后，他才放松地让我看到他的世界。当我被他的快乐打动而好奇他的生活时，他的"外衣"下面的部分的意义不再是以前的意义，比如贪玩或不务正业，而是他需要被看见和理解的重要部分。

当你和一个人的关系比较亲近时，你会较少使用"外衣"模式，这样势必会袒露自己更真实的一面，这对关系中的两个人都是一种考验。面对一个更袒露自我的人，如果你并未准备敞开心扉到同样程度，那么对方可能会感到不适，并试图让你一起"脱去外衣"，或在尝试失败后自己再次"穿上外衣"。

在咨询过程中，来访者会在信任度增加后把他们更多的想法或经历告诉我，在特别痛苦无助时可能也会直接说出来。有时我无法及时理解并做出回应，这会令他们的渴望、伤痛、羞耻都裸露在外面，只有我靠近他们的体验——承认我的不理解正带给他们糟糕的感觉——他们才不用再次"穿上外衣"。

"外衣"模式的特征

◆ 在"外衣"模式下，人们呈现的都是安全的部分。

◆ 在展露自己的需要时，人们会脱掉"外衣"。

◆ 脱掉"外衣"有可能是危险的，比如被拒绝或嘲笑。

"外衣"模式的原理

外衣遮盖的部分恰恰是未被理解又需要得到理解的部分，但在人们以往的经验中，显露它是令人不安的，因为至今都没有人理解过它。它看上去很像自己不好的部分，在没有人给你新的回应时，你很难做到自己去面对它，因为你无法相信自己是可以坦然面对它的。虽然每个人都有自己的"外衣"，但"外衣"模式并非一种必然的选择，更多时候是一种不得已的策略。

人类关系的两个困境：两难与双盲

困境之一：两难

关系中的自我保护来自我们的内在所处的两难困境：**表达需要很有可能伴随着拒绝和否定，这会让人感到害怕和羞耻；而不表达需要，痛苦就总是存在。亲密需要靠近，靠近可能受伤。**

小时候被忽视的人是很难表达需要的，因为他们早已体会过被拒绝的伤痛。所以在亲密关系中他们非常敏感，既渴望被关注又很容易感受到被冷落或排斥。在这种感受下，"我的意义"——"我是个没人喜欢的人"，会严重侵蚀一个人"存在"的稳定感与完整感，因此他们会在关系中忍不住将这种糟糕的感受表达出来，从而摆脱这种感受。从图 1–1 中可以感受到他们处于一种相互冲突的两难境地中。

A
我期待
被喜欢

B
没人
喜欢我

图 1–1 表达带来的两难境地

这两部分的冲突会让一个人既要表达又要掩饰，因此我们可以看到，第 23 页对话中的"那句话"一定是很重要但又很难被说出的。我将咨询中特别常见的表达方式称为"A–B 式"，A 和表达需要有关，B 是对 A 的掩饰，例如下面几句话。

我的同学总是疏远我，玩的时候总是不带我（A），可能是我自己有问题吧（B）。

我还是把写好的信息发给他了（A），不过我也不指望他会回复我（B）。

在这种表达方式中，A 部分隐含着某种对关系的期待，B 部分却在否定或掩饰这种期待，因为期待可能伴随着拒绝，掩饰会消弭这份可能的羞耻，于是那份期待也降低了。

恐惧、羞耻来自你早年表达需要时所留下的记忆，它们同你的渴望一起被隐藏起来，因为你更需要和父母维持牢固的关系以保全自己，但那些渴望对你如此重要，以至于你总会在日后的关系中试图满足它们，而早年在关系中留下的羞耻与恐惧也会随之涌现。

在图 1–2 中我们可以看到，羞耻和恐惧很像两只"大耳朵"附着在渴望的上面，这意味着我们更难触碰自己的渴望，因为要先体会到这两只"大耳朵"——羞耻和恐惧，它们对人的稳定感具有极大的破坏力且会带来极其糟糕的体验——让人感到无地自容和无法生存。这会让我们收回渴望，连同这两只"大耳朵"一起隐藏起来，这就是我们不得已采用的"外衣"模式。**在无法获得理解前，渴望／欲望总是与羞耻和恐惧紧密地联系在一起的，正是双方的彼此牵制才让我们陷入两难的。**

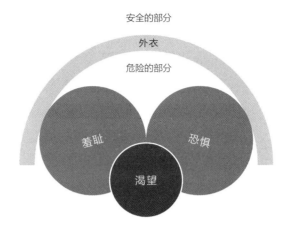

图 1-2　附着在渴望上的羞耻与恐惧

不舒服的感觉不会因为遮盖而消失，痛苦让我们在两难之间不断徘徊。当恐惧和羞耻少了一些，渴望就会涌上来，但羞耻和恐惧也会随之卷土重来，你会再次体验到曾经那糟糕的感觉。如果混杂在其中的两难没有被理解，你就只能再次设法从中逃脱，为了不被嘲笑和拒绝再次将欲望掩埋在内心深处。

如果关系中的两个人都处于两难境地，就会形成一种相互纠缠的状态。你既要摆脱自己的羞耻和恐惧，又要抵御对方为了同样目的而投射过来的攻击，彼此的信任都消磨在对羞耻和恐惧的抵抗中，处在自我保护中的两个人更难表达清楚各自的需要。

我们可以通过下面的案例看到，陷入两难困境的关系中的夫妻是如何纠缠彼此的。

一对夫妻，丈夫出轨了，原因是他认为妻子对他的关心太少，而妻子感到很受伤，根本无法接受丈夫的指责。他们都有各自的渴望：丈夫希望妻子关心自己，在妻子眼中自己是重要的；妻子希望丈夫是认可自己的。同时，他们又难以面对对方的指责，丈夫无法面对自己是一个欺骗者和背叛者的事实，而妻子也无法承认自己的确忽略了丈夫，是个有些自私和情感冷漠的人。他们在激烈的争吵后开始冷战，内心都在纠结是否离婚。丈夫觉得重新选择也许会比现在幸福，但有可能名誉尽失，前途尽毁，这对他而言是极其恐怖的；妻子虽然感到受伤想结束婚姻，但婚后一个人的生活也是她不敢想象的。

问题到底出在哪里？你可能好奇，为什么丈夫不能向妻子表达他的需要，而是从另一个女人那里获得满足？妻子为什么不多关心自己的丈夫，让对方认可自己？这也是他们彼此都不理解的问题。丈夫压抑了对关心的需要，因为他担心被拒绝；而在另一位喜欢他的女性那里，他会更容易表达需求。妻子不确定自己是被喜欢的，因而同丈夫保持距离，她觉得主动靠近会让她感到自己很卑微。然而，丈夫想不到妻子不关心自己是为了逃避卑微的感受，妻子也不明白丈夫喜欢别人而不向自己表达需要是担心自己会拒绝他。

从图 1-3 中我们可以看到，双方都有各自的渴望，但各自的**痛点**，即可能带来羞耻的部分也随之而来，彼此都无意识地隐藏真正要表达的东西，并用隐性或公开的攻击替代表达，用击中对方痛点的方式来掩饰自己无法面对的部分，在一个失败的循环中无限次地重复。

这些问题表面上是被那些欲望——各种各样的需求所引发，但并不是因为他们的需求无止境，而是双双陷入了无法表达和无法听懂的困境当中。

小练习

1. 在重要的亲密关系中，你的渴望是什么？

_____

2. 什么会阻碍你真实地表达，你担心的是什么？

_____

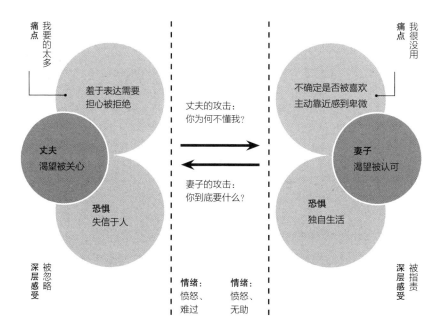

图 1-3　同时陷入两难困境的夫妻二人彼此纠缠

困境之二：双盲

眼睛只能看到心愿意理解的事。

——亨利·柏格森

当我们无法在关系里面对自己的渴望与附着在其上的恐惧和羞耻时，它们就处于盲区之中；如果对方也处于同样的境地，那么我们既看不清自己，也看不清对方，这就是双盲。从图 1-4 中我们可以看到，A 和 B 虽然表达了各自的想法，但都无法意识到下方盲区的存在，**就只能在盲区外打转，无法理解自己，也无法理解对方，更无法理解为什么对方不能理解自己。**

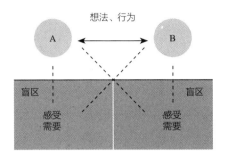

图1-4 双盲

下面我们来看一个处于双盲状态的父子的例子。事件的概况是，上初三的儿子在学习中遇到了困难，数学考试经常不及格，这让他压力很大，他和他的父亲说想休学一年。父亲认为他应该努力克服困难，不应该逃避、放弃。父子二人各执一词，都无法说服对方。我们来看一下他们各自的盲区是什么，为什么无法理解彼此（见图1-5）。

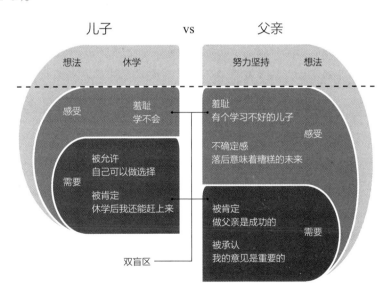

图1-5 处于双盲状态的父子

这对父子各自的观点都来自他们自身的需要及被激活的羞耻，儿子在学校因成绩差而感到自卑，休学可以让他暂时不用面对这个糟糕的感觉，这一想法来自他被尊重的需要；对父亲而言，他无法接受儿子休学，因为这激活了他对未来的不确定感及失败带来的羞耻感，他坚持让儿子努力是希望满足自己的自尊心，维持稳定感。

我们看到，父子二人都在坚持自己的立场，他们并不知道也不理解对方的羞耻和困惑。儿子不明白父亲为什么如此坚持让他去学校面对糟糕的感觉，父亲也不明白为什么明明自己在做正确的选择却得不到儿子的认同。儿子很难告诉父亲他在学校体验到的羞耻，父亲也很难和儿子说出自己内心的不安和沮丧。

小练习

1. 回忆一段令自己感到困扰的关系，你感觉自己的想法或做法与自己的什么感受相关？

---

2. 你是否可以体会到这些想法或做法来自自己无法面对的恐惧和羞耻？

底层逻辑：两个决定论

过去决定现在

在两难与双盲的空间里留存的是不会消失的**过去的痕迹**——你曾经的渴望以及难以应对的恐惧和羞耻。渴望是如此的重要，它总是让你燃起希望；而希望又总是带来不安，被恐惧和羞耻所动摇。

小帆是一名知识女性，她让周围的人很有距离感。她不喜欢分享也不愿意获得帮助，她心里知道自己对人没有恶意，但也无法解释为什么自己很难找到与人相处的快乐。她告诉我，在她很小的时候，她很爱自己的妈妈，直到后来有了弟弟妹妹。她非常纠结地讲述自己和妈妈的关系，不断地说妈妈是位付出型女性，她很钦佩妈妈。在我不断地告诉她有需要很正常，不应该被忽视之后，她的悲伤、委屈和愤怒才一点点流露出来。她说她小时候最开心的事就是妈妈每天早上给她梳辫子。她的头发很长，似乎从来就没剪过，每天早上她都安静地坐在镜子前，享受妈妈专注地为她侍弄头发，她的长辫子一直是她的骄傲。直到有一天，妈妈说带她去单位玩儿，让她洗一下头发，然而她洗完头发却发现，妈妈手里拿的不再是梳子而是一把剪刀。妈妈告诉她："你要上学了，妈妈还要照顾弟弟妹妹，没有时间给你扎辫子了。"她不断地乞求："妈妈，我喜欢扎辫子，求你别剪！"但还是一边流泪一边无奈地看着妈妈剪断了她心爱的长发。她说这件事她几乎从未想起过，甚至怀疑起了自己的记忆，突然产生了十分强烈的被欺骗的感觉：原来妈妈不是想带她去单位玩，而就是想制造机会剪掉她的长发。这种感觉非常真实，然而她从未意识到这一点，她心底一直保留着好妈妈的印记。事实上，她的快乐被剪断了，被替换成了沉寂、孤独。她不愿意表达需要，剪头发的创伤体验让她觉得自己的需要就是别人的麻烦。她关闭了与人深入交流的大门。

我们可以看到，过去的只是那些相对无意义的日常，而**那些有意义的过去永远都不会过去。虽然你无法穿越时间和你的过去相连，但无论你是否意识到，它们都非常确定地影响着你的现在**。过去的经验通常分为两部分：快乐的和不快乐的。它们构成了你的全部，只是快乐的记忆你可以无数次轻易地调出，那份开心和满足历久弥新；而那些不快乐的记忆却潜藏在深处，它们以一种你意识不到的方式影响着你的人生，在每一次伤痛的体验中不断重现。它们组成了你人生中重要的篇章，那些挥之不去的场景里有对你产生重大影响的人物，他们的样貌和身影定格在某个瞬间；你很难解读那些尘封的往事，无法知晓为什么你自己的信念会被某个你亲近的人所动摇。今天留存的是一些被改写过的记忆，它们叠加在曾经的快乐记忆之上，你忘不了的和一直难以实现的期待会成为你人生里反复出现的主题。

> 过去决定你现在的情绪——平静还是愤怒。
>
> 过去决定你现在的期待——值得还是不配。
>
> 过去决定你现在的选择——重复还是突破。

意义决定想法和行为

每一种行为，都是一种意图的实现。

——亨利·柏格森

意义处于心理的核心位置，你所有的想法和行为都来自它。不过，我们并不容易触及这部分，因为我们更熟悉的是自己的情绪，并会在情绪糟糕的时候做出各种行为来应对。我们也会不断地调整自己的想法，试图让自己走出困局。有时我们的行为会让我们暂时远离痛苦，但根本的问题依然存在，并且会在另一段关系、另一个事件中重复出现，只是我们一直无法让自己、让他人明白自己真正的需要，多次的失败尝试让我们更加困惑和悲观。

珍爱是一名31岁的漂亮女士，她有过几段感情经历，过程与结局都很相似，即她总是从一段令她不满意的关系中迅速地进入另一段关系中，她说自己这种无缝衔接的恋爱模式让她觉得有些难堪，她很担心我会嘲笑她。她说自己对每段感情都是认真的，她很希望有好的结局，也因此将关系抓得太紧。她说对方从未像她做的那样，把她当成自己的全部。她总是不能容忍对方的社交生活，她希望男友只和自己吃饭、逛街、看电影。每当男友和朋友聚会，她就会感到不快并催促对方早点回家；如果男友自己玩游戏，她就会感到被冷落。在这些情况下，男友通常要道歉并安抚她，不然她就会闹各种情绪，从轻微不爽到极度委屈。她试图劝自己想通，比如相信男友是爱自己的，自己没必要小题大做；她也试图改变自己的行为，培养自己的兴趣爱好而不是只专注男友，但她始终无法做到。每段关系都是由她来终结的，原因几乎都是一样的，即她在不开心的时候会被身边的另一位男性打动，比如被对方关心照顾或对方迷恋她的容貌。她会很快结束上一段关系，然后又在新的关系里重蹈覆辙。她依然认真地恋爱，珍惜两个人在一起的每时每刻。

对于珍爱而言，她的恋爱经历始终围绕一个重大的主题，即"在亲密关系中我是重要的"。这个主题如此重大，以至于一旦不确定就会动摇她在关系中对自己的信心。"我是重要的"对她而言意味着两点：被喜欢和被在乎。这两个意义对我们每个人都很重要，当你无法在其他的关系中体验到自己的重要性时——比如在工作中被同事认可和喜欢，或被自己的父母牵挂，你将对眼前的这份关系非常地在意，会将全部希望都寄托在这个人身上。当对方无法理解这个意义时，就会认为你所有的情绪都是过于敏感所致，甚至会认为它们不可理喻，因为在他的主观世界里，他对"我是重要的"这个主题是有确定感的，他不需要以闹情绪的方式来确认自己的重要性，因此无法理解你的那些过于糟糕的情绪反应。

是否有跨越两难和穿透双盲的解决之道

10年的心理咨询工作让我每天都目睹陷入痛苦的人们。很多时候，我和他们一起咀嚼苦涩的味道，一起伤心落泪，一起迷茫并陷入沉默。他们在担心或感受到没有被我理解的过程中生气难过或压抑逃避，我在被责备时感到羞愧和沮丧，但他们和我都不愿意放弃努力，我们一起在羞耻的边缘打转，在恐惧的黑暗中挣扎。从寻求消除痛苦的方法开始，到可以慢慢体会那些糟糕的感受、逐渐面对那些恐惧和羞耻，他们最终确认想要的只是被好好地对待、被信任和肯定而已。

那些让我头疼不想见的人，那些在生命的边缘挣扎让我也寝食难安的人，那些起初被我讨厌最终又让我喜欢的人，无非在告诉我一件事：他们想让我知道他们的痛苦。他们在挑战人类的难题——在精神世界的深处理解自己、理解人类。正如加缪所言："没有生活的绝望就没有生活的爱。"[1]他们是那些无法逃避痛苦的人，也是最有勇气尝试解决痛苦的人。

关系的意义

关系的意义之一

让我体验最深切的是咨询关系里的那份情感，那份来访者对我的信任和我对他们的在意。在以往的经验中，尽管我们不确定这份情感，却无法放弃对这份情感的苦苦追求。**在经年累月的对话中，相遇让我们重获理解的希望，同行让我们保存信心，碰撞让我们更加真实。**

关系的意义之二

我们在关系中都曾因不被理解而受伤，但我们从来没有停止过在关系中你来我往。我们不想放弃表达受伤时的感受，也留恋激烈争吵后的和解和那份对彼此的心疼。尽管我们不知道是什么让彼此进入无谓的战斗，但**在撕扯中除了对抗，我们也都能看到彼此的那份对表达和理解的渴望。关系里有人类不想放弃的勇气，我们需要彼此的存在、彼此的勇气、彼此的期待。**

---

[1] 加缪.加缪文集3：反与正·婚礼集·夏天集［M］.郭宏安，译.南京：译林出版社，2011.

第二章
人类的精神痛苦

　　一个人的内在到底发生了什么？是什么让一个人苦苦挣扎无法自拔？在相爱相杀的关系中，为何总是重复上演相似的戏码？一个人渴望或放弃一段关系背后的动机是什么？

　　不难发现，一个人想说清自己怎么了并不容易，而探究自己到底想要什么更像一个深奥的哲学命题。随着人生画卷的展开，每个人都在不断地重绘一些重要的主题。那些让自己不快乐的感受若隐若现又难以言表，自己似乎是被在乎的，但在痛苦时又感到十分孤独。是我们人类缺乏表达情感的语言，还是关系让我们不得以隐去某些重要的东西，在既渴望又害怕的困境中徘徊？

第一节

何为精神之痛

你能说出痛苦的滋味吗？

痛苦已成遥远的过去，还是一直藏在内心深处？

你试过告诉一个人你的痛苦吗？

有人听懂了吗？

精神痛苦是怎样的

虽然说不清，但我能感到它就在我的胸口处。

我感到很憋闷，有一股气下不去也出不来。

它像一团乱麻。

它像散不去的云雾。

它像一口深不见底的井。

它像无尽的黑夜。

它像沼泽，我陷在里边出不来。

它像压在肩头的一块大石头，我不想背，却卸不掉。

这些关于精神痛苦的感受都是我的来访者告诉我的。虽然我无法与他们有完全相同的体验，但我相信，那些深切而持久的痛苦是真实存在的，这令他们非常难受。

在大多数时候，人们会下意识地用某种方式去缓解、隔离或试图忘却如此糟糕的感受。有时痛苦会随着时间慢慢淡化，有时它会长久地存在；有时你以为它过去了，但它依然萦绕在心头。

精神痛苦的核心——关于"我"的意义

我们先来看看下面六个人的故事。

A：我不是不想结婚，但在偌大的城市里，有的只是"熟悉的陌生人"。每当有人走近我的生活，我都很难确定他的那份热情可以持续多久，有多少是出于爱，有多少是为了满足他自己。父母和亲友劝我不要太挑别，他们认为我在失去机会，可我真的不知道婚姻会让我更幸福还是割让更多自我。

B：我是一个活在别人影子里的人，这个"别人"以前是我哥哥，现在是我先生。即使我付出再多，也很少有人看见我的价值，我自己也觉得低人一等是天经地义的。我只能隐身在人群中，落寞地仰慕那些在舞台中央闪闪发光的人。

C：有人说我太"作"了，也许吧。我和男友无数次分手又复合，但我没办法。明明是他不理解我，反倒表现得他很有理的样子，好像我的要求有多过分似的。每次吵架我都会提分手，通常他都会让着我，向我承认错误，但有时他就会不理我，让我很紧张。真的分开我会死掉的。

D：我和她处于一段纠缠已久、爱恨交织的关系中，我在努力地经营这段关系，但她好像总是不满意，我的努力和退让都无济于事。我感到委屈和难过，却没有勇气分手。

E：我很努力地工作，业绩考核结果也不错，但我总觉得自己不够好。每次我期待自己获得晋升机会时就会莫名地紧张，陷于自己不配却又不甘的纠结中。我父母从来没有夸奖过我，我在取得一些成绩时总是被提醒"不要骄傲"。在出错的时候，我会觉得自己是世界上最糟糕的人。

F：我很累，却不能停歇，因为我从小就是那个被期待改变家庭命运的人。我做到了，考上重点大学，赚钱买房，结婚生子。但我感觉很空虚，虽然好像什么都有了，却感觉不到快乐。我也不知道自己到底想要什么。

这些人看上去各有各的痛苦，但他们的痛苦最终都围绕着两个主题：**存在**和**价值**，它们构成了"我"的核心意义（见图 2-1）。**存在**指的是"我"被看见、被承认、被允许，**价值**指的是"我"被认可、被肯定、被欣赏。当获得这些意义时，人就会感到满足和幸福；而当无法获得这些意义时，人就会感到悲伤、委屈、愤怒、孤独、绝望。这些意义关乎一个人对自己的判断，是人幸福或痛苦的重要来源。

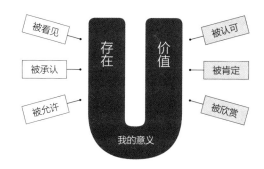

图 2-1　存在与价值构成了"我"的核心意义

我们回到前面的例子，看看这些人在无法获得这些意义时所感受到的痛苦。

当无法获得存在意义时。

A：我感觉不到自己是**重要**的。结婚更像父母交代的任务，没有人在乎我的需要。

B：我找不到自己的**位置**，哥哥和丈夫才是家庭里的主角，而我的存在是可有可无的，没有人承认我的价值。

C：每当他忽略我时，我就觉得像被全世界抛弃了。我只有紧紧地抓住他，才能感到**安全**。

当无法获得价值意义时。

　　D：我怎样努力都不能**令人满意**，我的付出无法换来她的认可。

　　E：我总是觉得自己不够**好**。

　　F：我感受不到自己的**价值**。

　　你可能会觉得痛苦是一种感受，并未想到它和这些意义有什么关系。的确，在被解读出来前，这些意义只会隐蔽在精神世界的深处。相信你在阅读了本书更多的内容后，会通过自己的体验慢慢找到那些对你十分重要的"我"的意义。

精神痛苦的形成——和重要他人有关

　　从表面上看，痛苦的形成很像自己的问题，比如"是我做得不够好""我要的太多""是我自己太没用了""我需要学会放下"。你可能觉得别人不像自己这样，是自己没有能力；或者认为别人没有这么多要求，所以别人也没有这些痛苦。

　　我们可以参见图 2-2，想象一下在下面的场景中，当你表达需求后父母会怎样回应。你放学回家后和妈妈说："妈妈，我想先玩一会儿游戏再写作业。"第一种回应是："你想先玩游戏再写作业，可以啊。"这种回应让我们听到了自己的**回声**，这个声音没有变声，你可以确认妈妈收到了自己的期待，自己是被允许的。第二种回应是"写完作业才可以玩游戏"。我们听到的是一个**变声**，声调有些高，语气也有些生硬，你自己的声音被弱化和替代了，你无法确认自己本来期待的愉悦感是对的。第三种是**无声**的回应，妈妈在忙她自己的事情，你不确定自己的想法是否被允许，也不确定妈妈是否关注到了自己。

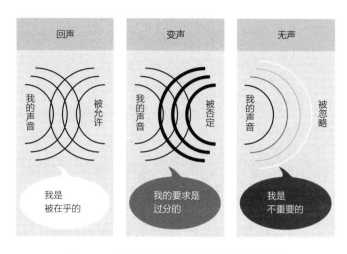

图 2-2　重要他人的三种不同回应方式

我们从这些回应中可能获得好的体验——愉悦感和安全感，也可能获得不好的体验——沮丧和不安，并由此形成最初的自我，比如"我是被在乎的"，或者"我的要求是过分的""我是不重要的"。在日后的关系中，我们一旦遇到类似的回应，就会被激活相应的体验，有时可能会为此感到痛苦。

由此我们可以看出，那些有关"我"的意义是在和父母经年累月的互动中形成的，可能会在某些重要的事件中发生改变。父母的反应就像一面镜子，我们一边成长，一边在"镜子"中确认自己的存在，也通过"镜子"里的样子确认自己是不是被喜欢的。这里的"镜子"指的是父母看我们的眼神，也包括他们的态度、语言和行为。这个"镜子"也可能出自我们的老师和同学，我们需要在"镜子"里确定我们的存在，并找到自己的价值。

我们再来看看下面的例子，进一步了解早年不同的互动关系是如何对日后的生活带来不同影响的，从而意识到，是你为了回避早年受到的某种伤害而不得已做出的努力，塑造了今天令你痛苦又无法突破的行为模式。

晓慧和安安是从小相识的好朋友，现在都已结婚并做了妈妈，两个人有空时会见面聊天，讨论彼此的工作和生活。安安遇到的烦恼是她自从有了孩子就感到非常辛苦，既要工作又要照顾家庭，她近来时常感到情绪崩溃，甚至后悔生了孩子。她不知道自己怎么了，希望得到晓慧的帮助。同样身为妈妈的晓慧，一方面理解安安的辛苦，另一方面也有些诧异她的情绪为什么会这样糟糕。她建议安安多向丈夫表达自己的需要，累的时候就少做些事情，因为她自己就是这样想的——即使做了妈妈，自己也一样需要被照顾。可安安说她不太敢直接说出来，总觉得是自己没有能力兼顾好妻子和妈妈的角色。

为什么在同样的情形下，两个人的想法会如此不同呢？一个认为"我是重要的，我应该被照顾"，另一个却认为"我不够好，感到辛苦是因为我自己很没用"。

在晓慧的童年记忆里，爸爸是她的保护神。小时候她和男同学发生争吵，她感到委屈就去告诉爸爸，她记得爸爸说"不要怕，爸爸会保护你"。她的妈妈很喜欢周末带她去游乐场，她们一起玩得很开心。晓慧是个聪明却有些淘气爱玩的孩子，但父母从未觉得玩耍会耽误学习。在她的记忆里，父母是在意她、喜欢她的，她开心的时候父母也是一样的开心。

安安从小就是一个懂事且努力上进的孩子，她的爸爸在她出生后就一直在外地工作，一个月才回来一次，直到她上小学五年级，因此有很多年安安都是和妈妈一起生活的。妈妈是位很敬业的小学老师，安安觉得妈妈教会了自己很多东西，让自己在人生之路上一直保持着正确的方向。妈妈默默地承担了养育孩子的责任，从未向丈夫表达过自己的辛苦，也牺牲了很多自己的生活乐趣，把精力都投入工作和对孩子的教育中。安安觉得妈妈很了不起也很不容易。她学习成绩不错，但每次考试都很紧张。成绩好的时候妈妈会肯定她，但成绩不够好时她就会感受到妈妈的失望，这让她感到自责，觉得对不起妈妈。她的童年里很少有轻松快乐的记忆，她也不记得自己会向妈妈表达什么需要。

在了解了两位女性成长环境的差别后，我们就更容易理解她们今天的不同。

晓慧的"镜子"是关注和允许，这让她感到自己是重要的、被喜欢的，当下的她就更容易表达需要并获得理解和满足，感到自信和有价值。相比之下，安安只能去看"镜子"里那个让妈妈满意的自己，一旦觉得自己没有让别人满意，她就会感到自卑，担心别人会认为自己没有能力。她觉得她只能像妈妈那样尽力做好自己，从未想过其他的可能性，比如像晓慧那样被人喜欢和坦然地表达需要。

可以看出，有关"我"的意义正是在不同的回应中建立的。肯定的回应让"我"得以建立并巩固自己的想法与感受，而否定的回应让"我"不得不放弃自己的想法并压抑自己的感受，为了获得表面安全的关系而无法体会到真正的快乐——由"我是重要的"和"我是被认可的"产生的存在感与价值感。

第二节

为什么痛苦总是难以言表

你可能看过某些心理学方面的图书或文章，也体会和思考过自己的痛苦，或多或少地明白一些心理现象并尝试过不同的解决方案，比如你发现了自己的人格特质或人际关系模式，似乎比以前理解自己了，但你是否在情绪糟糕的时候仍然困惑不已呢？假设被问到"你的痛苦是什么"的时候，你是否会感觉一时找不到合适的词语，或者从未试过向一个人清楚地表达自己的痛苦。很多人都是如此，因为痛苦的特质就是难以言表，即使我们可以确定无误地知晓它的存在。那么，究竟是我们缺乏描述它的语言，还是我们绕过了什么呢？

人在痛苦中的困境

我们先来看一对夫妻的例子。妻子在一家房地产公司上班，负责与媒体沟通的工作，丈夫是一家上市公司的财务总监。妻子没有及时给有关媒体递交资料，导致项目在开盘时的宣传工作受到了影响，她在被上司批评后回了家。

　　妻子：（在流泪）"我不想上班了。"

　　丈夫："怎么了？"

　　妻子："今天被上司批评了，他太严厉了。"

　　丈夫："工作中出问题是在所难免的，也不至于就辞职啊。"

　　妻子：（大声地）"你根本就不理解我！"

　　丈夫："你不至于发这么大火吧，我也没说什么啊。"

在这个例子中，妻子被上司批评后内心激起了很大的波澜，她不想回忆上司的眼神和批评她时的语气，这让她感觉太糟糕了，她只想从这个感觉里逃离，因而想到了辞职。丈夫并不知道妻子内心的体验，他的经验是犯错误是在所难免的，人应该在犯错误中学习进步而不是逃避，因而他在表述自己的想法时，恰好激怒了很需要帮助的妻子。

很多时候，人们的交流模式和这对夫妻是非常相似的，我们常会看见两个人陷入无解的争吵。一开始，他们好像各自都很有理，但在某个瞬间某种情绪被点燃，彼此的对抗开始升级。他们互相指责，并为自己辩解，但指责和辩解都是无效的交流。他们并不知道自己和对方的内在世界中发生了什么，也不清楚为什么自己觉得很痛苦但对方始终无法理解自己。

在图 2-3 中我们可以看到，一个人的内在世界有不同的层次，由表及里依次是想法、情绪、感受、意义。当一个人感到幸福和没有内在冲突的时候，这些方面都是可以表达的。当一个人感到痛苦和有内在冲突时，通常只有外面的两层**可以表达**，里面的两层却是**难以触碰**的。

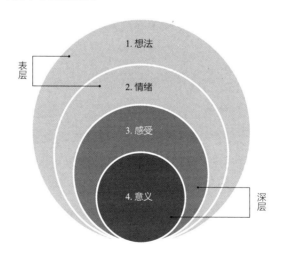

图 2-3　人内在世界的不同层次

我们可以参见表 2-1，对比一下不同人的内在世界具有怎样的不同。当一个人喜欢自己的工作时，他是可以表达感受和意义的，因为工作带给他的是胜任感，他确定自己的意义是"我是个令人信任的人"；而对于一个无法胜任工作的人，他的感受是很糟糕的，一旦被触碰，他就会感到无能，并确定自己是一个"令人失望的人"，进而设法从这些糟糕的感觉和意义中逃离。

表 2-1　不同人的内在世界的对比

位置	内心世界	喜欢工作的人		不胜任工作的人	
表层	想法	我想一直在这里工作	可以表达	我想辞职	可以表达
表层	情绪	愉悦、轻松	可以表达	紧张、压力大	可以表达
深层	感受	胜任的	可以表达	无能感	难以触碰
深层	意义	我令人信任	可以表达	我令人失望	难以触碰

通常，想法是一些理性的思考或判断，比较容易被人们表达出来，且理性意味着表达过程中不会伴随太多情绪的起伏。对于前面例子中的妻子而言，她的想法是"我想辞职"，这个想法是基于一个对事实的判断产生的——"上司太凶了"。情绪通常不易被掩饰，会通过表情、语气、动作无意识地流露出来。从妻子的哭泣和大喊中，我们可以感受到她的委屈和愤怒。

糟糕的情绪是由更深层的难以触碰的感受触发的，这些感受通常给人带来极度不适的体验。感受和情绪不同，它们通常是确定并长久存在的，代表一些明确的意义。比如羞耻和无助的感受代表"我太差了""我真没用"。**羞耻**是一种非常难受的体验，它会让人感到无地自容；**无助**是一种指向害怕的体验，它让人感到非常的不确定，不知道该如何是好。

这些感受来自早年在关系中被责备、嘲笑、否定等糟糕的回应，它们仿佛是永远跳不过去的坑。一旦类似的感受被激活，人就会陷入困境当中，**各种想法和情绪都会提示他正在被这些感受折磨，并试图摆脱它们。**

对于丈夫而言，他无法知晓妻子情绪背后的感受和意义，表达的也只是他的观点和判断，即不该辞职也没有必要发火，这让妻子再次感到被责备——要知道此刻脆弱的她正在设法逃离这些糟糕的感觉。表 2-2 总结了妻子的内在体验。

表 2-2　案例中妻子的内在体验

想法	情绪	感受	意义
可以表达		难以触碰	
上司太凶	委屈	羞耻	我是无能的
我想辞职	愤怒	无助	我是令人失望的

这就是痛苦之人的困境：痛苦恰恰就隐藏在那些难以触碰的感受当中；痛苦由它们引发，但很少有人意识到这些想法和情绪背后那些决定性的感受和意义的存在，只能在无效的想法和难受的情绪中挣扎。

难以触碰的感受：恐惧与羞耻

让我们先看一个案例。

小娟是我多年前的来访者，我现在还记得她第一次来见我时的样子。她当时 30 岁，个子不高，有一双好看的大眼睛。她穿了一件很普通的 T 恤衫和一条牛仔裤，坐在我的对面，一直保持一个姿势：双腿并拢，双手放在腿上，就像一个听话的小学生。她说话的声音有些弱，眼睛一直盯着茶几上的纸杯。她告诉我她已经结婚了，有一个 8 岁的儿子。她婚前在超市做收银员，有了孩子后就不上班了，虽然觉得自己还年轻，但没有信心能再找到工作，所以她每次面试前都十分紧张，总会借故取消面试。近来她开始担心丈夫不喜欢自己，觉得自己配不上他。

　　后来她告诉我，她小时候学习成绩不错，但就是觉得自己和别的孩子不一样，总是一个人孤孤单单的。她说自己的爸爸妈妈好像看不见她一样，从来没有因为她学习好而夸过她。有一个暑假，她独自一人在家，花了整整一天时间把家收拾得非常整洁，期盼着爸妈回家会夸奖她，但他们回来后什么反应都没有。她说自己在父母眼里就是个透明人。

　　家里唯一的女儿被父母如此忽略让我不解，直到她告诉我她觉得这一切都是因为她不是男孩，让父母太失望了。原来她是有一个哥哥的，但不到一岁就夭折了。妈妈总觉得哥哥长得好，继承了父母的优点，而她则刚好相反，皮肤黑，性格也不好，她也觉得自己长得不好看。我记得她总是穿那几件相同的衣服来见我，从来没有穿过裙子。她说她偶尔会给自己买衣服，但非常不好意思穿新衣服。

　　小娟说她很想变得自信一些，问我怎样可以消除自己的紧张和不安。我了解到在她的这些想法的背后，是对被嫌弃的恐惧和无价值感带来的羞耻，她始终没有获得被承认的存在感和被肯定的价值感。在家里有存在感的是已经不在人世的哥哥，而她一直活在哥哥的阴影中，感受到的是"没有人在乎我""我怎么努力也比不上哥哥"，因而她担心丈夫有一天会离开她，觉得自己不配过好的生活，不会有人喜欢自己，也不会有任何公司录用她。我知道在她获得认可之前，她是无法建立自信的，她始终都处在担心被否定甚至被抛弃的紧张情绪中，因而更容易选择逃避，以避免被否定带来的恐惧和羞耻。

　　在小娟的例子中可以看到，如果和"**我**"**的核心意义**有关的两大主题——**存在与价值无法获得满足**，就会给我们带来非常难以触碰的感受，**主要集中为两大类：恐惧与羞耻**（见表 2-3）。紧张、焦虑、害怕都意味着我们被一种可怕的恐惧所扰动，即我们非常担心失去和重要他人的连接，被厌恶、排斥乃至抛弃。为了抵御这种恐惧，我们会寻找各种策略，比如减少对他人的要求，或者讨好、顺从他人。当我们觉得自己怎样做都无法令他人满意时，就会陷入无价值感带来的羞耻

中，觉得无地自容，甚至不配活在这个世上。为了抵御这种糟糕的感受，我们会责
备自己或逃避退缩。

表 2-3　难以触碰的感受：恐惧和羞耻

主题	意义	感受
存在	我是不重要的	恐惧 我将会被这个世界抛弃
	没有人在乎我	
	没有人保护我	
价值	我比谁都差 / 丑 / 笨	羞耻 我不配活在这个世上
	我是令人讨厌的人	
	我没有任何价值	

让我们再通过图 2-4 和图 2-5 来看看，我们熟悉的情绪背后有哪些难以面对
的感受和意义。你可以回忆一下最近是否有类似的情绪，并试试继续向下体验，看
看可以触碰什么。

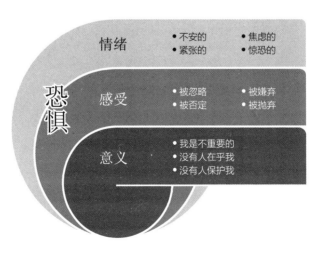

图 2-4　与恐惧相关的情绪、感受和意义

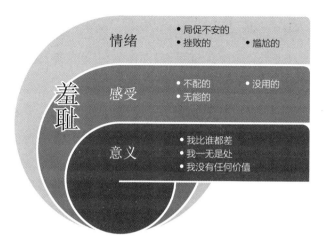

图 2-5　与羞耻相关的情绪、感受和意义

第三章
人们应对痛苦的各种策略

如今，一些文章经常提到各种人格缺陷和心理防御模式，我们也总是倾向对号入座，不难发现它们似乎是自己"顽固的"一部分，很难消除。比如，你可能长期辗转难眠，却始终无法停止胡思乱想；你已经很累了，却无法减少工作和停下来休息；你不开心，却总是对人说"没事儿"；或者你总觉得明明是别人有问题，陷入痛苦的却是自己。事实上，当我们无法解决痛苦时，我们的确需要靠这些我们能找到的方式来应对它们，这些方式是暂时有效的。

当没有机会表达自己的痛苦也无法获得回应时，我们就只能靠这些暂时的策略应对。体会自己和看懂他人的防御，是为了让我们有机会了解防御之下的深层痛苦。

第一节
逃开痛苦的各种策略

满足别人，从来不表达自己的需要

晓彤和丈夫已经结婚10年了，她说自己在别人眼里是一位贤妻良母，但没人意识到实际上她很累很不开心，她很想独自一人去很远的地方待着。她说她小时候很淘气，喜欢走在雨后积水的地方踩水玩儿。妈妈虽然嘴上说她淘气，但并未阻止过她。在她4岁的时候，弟弟出生了。由于爸爸一直在外地工作，妈妈要一个人照顾两个孩子，经常手忙脚乱。有一次，在妈妈照顾弟弟时，她又跑去踩水玩儿，妈妈非常生气地说："你现在是姐姐了，怎么一点儿也不让我省心！"这让她觉得很羞愧，从此再也没有玩过水。她说从那以后自己就变成了一个乖孩子，帮助妈妈做家务，也很少向妈妈提要求。她在婚姻里很少意识到自己可以表达需要，因此也很少感受到快乐。她总觉得自己的要求会让他人不高兴。

最初，踩水玩耍让年幼的晓彤在游戏中获得了快乐和满足，并且一开始她是被允许的，但随着第二个孩子的出生，妈妈不再那么有耐心，这让被训斥的晓彤感到非常不安。她觉得有了弟弟后，妈妈把更多的关注都给了弟弟，自己好像成了一个令妈妈厌烦的孩子。于是她变得懂事起来，而"懂事"及后来成为"贤妻良母"，都是为了避免被责备带来的羞耻和不安。她很怕自己成为一个不讨人喜欢的人，因此就用满足他人来换取关系中的稳定感。表达需要让她担心会再次遭到类似"不懂事"的责备。

用理性解决情感中的痛苦

生活中我们会发现，使用理性的策略是非常常见的。例如，当孩子在外面被欺负，回家倾诉委屈时，父母可能会劝孩子别太当回事儿，告诉他小孩子之间闹矛盾很正常；当妻子担心自己的身体出了问题，希望丈夫可以安慰自己时，丈夫可能说的是"检查结果都正常，你没必要瞎想"；一个刚刚失去亲人的朋友在你面前非常伤心地哭泣，你很可能会说些"人死不能复生，还是要面对未来好好生活"之类的劝慰的话。

我相信每个人都有过类似的应对痛苦的经验，理性的思考让我们尽量不去触碰那些难以面对的情感，比如不安、无能或无助，我们会通过"没必要"或者"不应该"等道理来说服自己。毕竟真的去体验这些感受是非常困难的，想象一下你作为那个丈夫去安抚担忧自己健康的妻子，或者静静地陪伴一个刚刚丧亲的朋友，这些都有可能激活你对生命的不确定感及对丧失的恐惧感，而你还没有准备好面对这些艰难的人生命题。

只能表达情绪或讲道理，陷入情绪缓和与再次痛苦的旋涡

有一对情侣彼此都很喜欢对方，但女生有时会因为男生的一些疏忽大意而不开心，例如男生没有及时回复信息，或者因打球而忘了和她的约会。男生如果解释往往会让女生更加生气，直到男生道歉，承认自己错了，女生的情绪才会缓和。在一个周末的晚上，本来二人约好去看电影，结果男生临时要加班，只能取消约会，女生就在电话里和男友吵了起来，她的声音越来越大，最后痛哭起来。男生觉得她不可理喻、小题大做，始终没有说什么，最后忍无可忍，挂了电话。

有时表达情绪是有效的，比如发火、大声地说话、哭泣，加上向对方讲道理，

能让对方感受到你很不开心或不舒服，而且你看上去是有道理的，于是对方可能会安抚你或向你道歉。但讲道理往往是因为你无法触碰自己潜在的感受，对方也只能通过解释、承认或不承认错误来回应。如果不知道情绪的背后意味着什么，往往只能解决表面的问题。在被忽略、不被重视的体验下面，往往隐藏着对不被喜欢、被嫌弃或抛弃的恐惧，因而案例中的女生总是有些反应过度，她希望一直保持有连接的可靠的状态，以确认关系是安全的。她在意识不到这些背后的意义时，只能用强烈的情绪或讲道理来表达，而讲道理的背后是无法面对由表达需要带来的羞耻，比如"我不配，我是令人厌烦的"。当觉得自己有道理时，比如"你不应该不守承诺"，她就不会觉得自己在向对方表达需求。由于深层的感受无法触及，人在情绪暂时缓和后常常再次陷入痛苦的旋涡。

用表达身体不适来替代表达情感

小汪是一位年轻的创业者，他和几位朋友一起做直播带货，他负责联系货源。由于他们缺乏经验，销售额并不理想。几位朋友一起讨论对策，各自做了检讨，但他总觉得是自己的责任，感到非常焦虑。他每次见我描述的症状都是：失眠、头晕、脱发；他总担心自己会晕倒，多次去医院检查，也吃了很多药，却不见好转，最后他告诉朋友们自己的身体太糟糕了，只能退出这个创业团队。

这是一种特别常见的表达，即用讲述身体的感受来代替表达心理的痛苦。我经常会见到这样的来访者，他们会描述各种身体的感受，比如头痛、失眠、心慌、胃口不好、疲倦、劳累，这些身体问题就像一件遮羞的外衣，隔离了身体不适背后无助带来的失控感和无能引发的羞耻感，即自己是一个没用的人，能力很差的人。表达身体的不适可以将人从无法面对的痛苦中暂时解脱出来。

无声的语言：沉默

有一对老夫妻，他们一辈子很少吵架，因为除了基本的生活外，他们几乎没有交集。妻子喜欢徒步，但丈夫不喜欢也从不参加，妻子也不会和丈夫交流自己的感受，一直是默默地独行。丈夫喜欢钓鱼，也是经常默默地独自坐在湖边。他们像是一起过日子的陌生人，彼此不向对方表达需求，也不会去满足对方。

沉默是一种无声的语言，往往蕴含着更强烈的表达，因为沉默常常意味着否定、拒绝、厌烦甚至放弃，只是这些情感通过另一套表情和肢体语言表达出来。他们都觉得对方是不可能理解自己的感受的。表面上看是彼此互不干涉，但实际上双方都感到很孤独。尽管他们脑子里想的是"我不需要你为我做什么，我一个人也挺好"，可背后往往有一些深层的感受是难以触及的，比如：他们都坚信对方不认可自己，向对方提出需求一定会被拒绝，也不想为对方做出改变。他们也许表达过，但遭到了否定或拒绝。由于更害怕冲突，因此他们选择忍受孤独，通过沉默来保留自己的空间。

在幻想中安抚自己

晓玲是一名初中生，她成绩优秀也很懂事。她告诉我她有一些奇怪的想法，也会做一些令她不安的梦。她问我是否相信"世界末日"，并告诉我她会幻想世界末日的来临。她曾梦到妈妈死去，但她并不感到难过。我问她如果到了世界末日是否会感到害怕，她的答案令我惊讶，她说自己不仅不会害怕反而有些期待，因为在世界末日所有人都会消失，只有她一个人留在世上，她可以自由地去超市，那里有她吃不完的东西。

有一次，晓玲和妈妈一起来见我，她不再像往常一样跟我有眼神交流，而是一直怯怯地看着妈妈。晓玲的妈妈告诉我，她和晓玲爸爸的关系一直很糟糕，她的一切希望就是自己的女儿。晓玲的爸爸每天很晚回家，也不太关心自己的女儿。晓玲知道自己对妈妈很重要，所以一直很听话懂事，即使到了青春期也不能像其他孩子那样张扬个性，衣食住行几乎都要听从妈妈的要求。直到她和我说出她的幻想，我才知道她有很多愿望都被压抑了，只有在幻想中，没有妈妈的约束，她才可以满足自己的愿望。

幻想是一个人无能为力时采取的一种应对痛苦的策略，它可以让人缓解痛苦或暂时远离痛苦。作为咨询师，我听过各种来访者自己也难以理解和接受的幻想，比如对父母或伴侣的幸灾乐祸的想象。他们通过幻想中的报复来缓解自己被贬低所带来的伤痛，他们因无法获得认可而在痛苦中无法自拔，想象伤害自己的人也被伤害可以减轻他们的痛苦。曾经有一个看上去很文静的女士表示她对父亲得了不治之症的幻想感到痛快，我对此很不解，直到她告诉我她父亲曾经背叛过她和妈妈，还从不承认对她们造成了伤害，她只有幻想父亲被惩罚才能让自己的痛苦减轻一些。

用行动替代情感表达

芳芳今年29岁，她给我讲了数段她如出一辙的恋爱经历。每次开始时她都感觉对方很喜欢她，但关系确定后她就会感觉对方变了，比如回信息不再及时，忘记重要的日子，等等。每到这时，她就会独自一人喝酒喝到醉，这常常令男友很不解。她说从来没有人知道她的痛苦，她只能以酒为伴。她无法逃出这个重复的模式。

这种用"行动"来表达感受的情况很常见，拉黑联系方式、分手、离婚等类似的行动常常是某些强烈的情感无法获得有效交流和理解的结果；这些情感常常包含复杂的、难以消化的成分，比如渴望与失望、愤怒与不安，人们既想保留关系又难以表达自己的需要，既想告诉对方自己的不满又担心遭到拒绝。

打游戏、刷手机、购物、酗酒等都是用行动来替代表达，人们退缩到自己的世界里，那里的冲突更少，可以获得暂时的满足。他们往往觉得周围的人是不喜欢自己的，但这种失败沮丧的感受很难表达。由于他们采取的行为看上去很像是对抗或者放弃，因此他们的精神痛苦更令人难以理解。

第二节
用投射的方式把糟糕的感觉"扔出去"

前面那些替代的方式有时可以让你绕开一部分痛苦，但有些糟糕的感觉却绕不开，你只好把它们"扔"给别人。看看你是否会使用下面这种表达方式。

他实在是太过分了。

他怎么这么自私？

我的老板是个特别挑剔的人。

她总是那么自以为是。

他是一个很难满足的人。

她总是惹我生气。

…………

如果你在使用类似的表达方式，说明你很有可能在使用投射的方式。你可能会说"事实就是如此啊"，但如果在体验中继续向内寻找答案，你很有可能无法进行下去并只能继续强调你所说的"事实"。糟糕的感觉通常会让一个人的内在变得脆弱，脆弱到无法承认和面对自己真实的感受，然而，通过投射的方式你只扔出去了表面的想法，也就是我们第一章中讲到的"最外一层"，并未触及内在的感受。在使用这种方式的时候，你会被一些认同你想法的人暂时性地"安抚"。你往往会无意识地与其"共谋"来放大你的想法，让你觉得"好一些"，有时这个帮助你的伙伴就是你心中的自己。

你们会继续让"事实"看上去更有说服力一些。

你没有错啊。

是啊，我已经付出了这么多。

是她总惹你生气。

当然了，我才不会和她一般见识呢。

是他太过分了，不然你不会离开他。

是啊，这么一件小事，他为什么发那么大的火？

但事实上是怎样的呢？那些无法面对的部分，通常会让你继续耿耿于怀。你不相信有人会理解，也无人知道它们来自你小时候形成的自我观念——当然你同样不知道，你无法追溯并改变早年的经历带给你的感受，它们早已被那时父母的回应定格在那里了。我们可以在表 3-1 里看到这些让你只能躲避的痛苦感受。

表 3-1　投射背后的感受和意义

投射	背后的感受	代表的意义
他很自私	表达需要令我感到羞耻	我不重要
老板太挑剔了	挫败感、无能感	我很笨

这些痛苦通常有两种：无法表达需要的痛苦与被否定、被贬低的痛苦。

无法表达需要的痛苦

表达需要时所经历的痛苦有时和被拒绝与嘲笑有关，你会感觉自己不配提出要求，没有人愿意满足你，你的要求既过分又可笑，你让别人厌烦，你在给别人添麻烦。你无法相信你的要求是可能被理解或满足的。你被心怀渴望与害怕拒绝的冲突所折磨，于是使用了投射。"是他太自私了"——这成为一个理由，让你感觉"我并没有什么需要想表达"，于是你躲过了可能被拒绝的羞耻。

下面两种常见的情况，你会选择哪种？

> 你们正处于热恋期，情人节快到了，你很想得到一件心仪已久的礼物，但对他（她）来说有些昂贵。第一种情况是，你会说"记得买给我啊"。第二种情况是，你会默默地等待，却收到了别的礼物。当然，你不太喜欢这个礼物，一想到他（她）好像舍不得买你想要的那个就更是如此了——你并不会告诉对方你的失望，而是和好友吐槽"他（她）太抠门了"。

从第二种情况我们可以看出，你在用投射"他（她）太抠门了"来抵御"我不配拥有那件礼物"的糟糕感觉；而第一种情况中，虽然你直接表达了需要，但后续仍要看你是否能接受对方可能的拒绝，比如"等我以后有钱了再买给你"，你是会理解并接受呢，还是会感到对方抠门呢？当你发现自己在投射时，很有可能是你还无法面对相应的糟糕感觉。这些感觉也许暂时不会破坏你们的关系，但它们仍然以隐形的方式影响着你对关系的判断。有时它们的积累会让你放弃对这段关系的信任，有时这种影响甚至会持续一生，人们只好通过各种防御的方式让自己感觉不到它们的存在，虽然可能要以糟糕的情绪或身体健康为代价。

被否定、被贬低的痛苦

被否定和贬低的体验同样糟糕，你会觉得自己很笨、很蠢、很没用、没有人喜欢你，你无法相信你只是遇到了一些困难或者犯的某个错误是可以被原谅的，那一刻你会觉得被否定和贬低的体验代表了你的全部——一个极其糟糕的人。你既渴望被认可又觉得自己如此令对方失望，只好靠投射把自己解救出来。"是老板太挑剔了"——这可以成为让你躲开糟糕感觉的借口，让你觉得"自己没有错"。

假设你在职场上很努力，但仍免不了在工作中出现失误，上司和你沟通的时候显得有些严厉，你会有下面的反应吗？

　　有必要这么严肃吗？

　　我付出了那么多的努力你没看见吗？

　　假设你的伴侣抱怨你今天的菜做得有些咸了，或者堆了几天的衣服还没有洗，你会觉得对方太矫情、太挑剔吗？

　　如果你觉得是对方有问题，往往是你难以面对自己的问题。尽管是一件很小的事情，但它很可能意味着"我很没用""我很笨或者很懒""他（她）瞧不起我"等等，你会因为被否定和贬低而感到羞耻。

　　如果还原早年经历的创伤，你会更容易理解你采取的应对策略，因为创伤实在太让人难受了，所有的贬低、否定都在打击、剥夺你的存在与价值，让你陷入自卑当中。如果此刻没有人能理解你，那么你能做的就是不要让任何人再次伤害到你——让你再次体验那种糟糕的感觉。

　　晓宁总被丈夫嘲笑，因为她经常忘事，比如找不到眼镜、手机、身份证，对近期刚谈论过的事情完全没有印象，她被丈夫说成大脑内存只相当于1个便签条。她的丈夫和她正相反，他可以背下来家里所有人的身份证号码，每年都记得几个好友的生日，还记得过去了很久的事情发生的具体日期。她说自己小时候做事就总是粗枝大叶的，比如袜子穿反、扣子系错，写作业马虎，连小学都没得过100分。一次妈妈给她5元钱让她去买菜，她玩了一圈忘了，拎了一个空篮子回家，里面的5元钱也不见了。她妈妈经常挂在嘴边的话就是"我怎么生出你这么个傻孩子"。对她而言，"傻""蠢""笨"这些字眼都十分刺耳，丈夫的嘲笑再次戳中了她的痛处。有一次，她花了15 000元买了网上推荐的保健品，为了避免上当，她在付款之前还专门研究了半天，结果买回来之后丈夫还是很肯定地说："你被骗了，包装上没有正式的生产厂家和国家保健食品的批号。"我能看出她很想摆脱"我怎么就这么笨"的糟糕感觉，她不断地向我吐槽她的丈夫："我觉得他这个人活得太累了，什么都记着，难怪头发都白了。心眼儿也太小，总防着别人，觉得别人都在骗他，而且也太抠门了，不就是 15 000 元钱，至于吗？"可以想见，这 15 000 元钱带给她的糟糕感觉和当年丢失 5 元钱是一样的，她在别人眼里是一个"不聪明的人"，这种被贬低的感受会在某些时刻被触发，她在触碰这种感受的时候就会非常难受，因而只能不断地用投射的方式把这些糟糕的感觉"扔"给对方——是他"活得太累、心眼儿太小、太吝啬"。

心理学将个体不愿意成为的东西（不愿意接纳的那部分自我）称为"阴影"，很形象地说明了它是你的一部分，只不过是你无法回头去看的那一部分。很多时候你看的文章或书籍告诉你，需要拿出勇气面对这部分，而且看上去身边的确有人通过反思、修行甚至顿悟打破了阻碍自己整合的屏障，或许你也很渴望突破自己的局限，但我的经验告诉我这不是勇气的问题，也不是改变认知可以解决的问题。如果你能面对你的"阴影"，那一定是它没有让你感觉那么糟糕。或许你能在理性层面"接纳"它，而在体验层面它仍然是无法面对的。这种看似属于自己的部分其实形成于关系，正是以往那些被否定、被嘲笑的部分让人难以面对。

第四章
痛苦的出口——情绪语言

一个人即使采用了各种防御策略来减少痛苦的体验，在很多时候依然会感到非常难受。情绪仿佛是内在感受的"晴雨表"，透露着很多内在体验的线索，周围的人却常常感到不解，无法知晓一个人的情绪为什么起起落落，让人捉摸不透。

焦虑是一种常见的情绪反应，是一系列难以表述的不安状态；抑郁的情绪也越来越常见，人们更难以知晓为何一个抑郁的人无论如何都快乐不起来。情绪是一种心理语言，它是一种特殊的表达而不是需要消除的症状。当可以触碰并体验到一个人的内在状态时，你就会发现情绪正是人们表达感受的特殊语言，而之所以大多数时候人们不愿意听或接受不到其中的信息，很可能是因为那些信息是你正试图摆脱的东西，比如不确定感或无意义感。

有些人却不得不和它们在一起，等待有人来解读其中的痛苦——那些原本需要人类共同面对的东西。

第一节

痛苦的"晴雨表"：焦虑和抑郁

人的情绪就像表面起伏变化的大海：清晨，在微风中波澜起伏，浪花拍打着海岸；午后，在电闪雷鸣中汹涌澎湃，在礁石间激起惊涛骇浪；夜幕降临时，变得黑暗沉静，无法在阴郁中看清它的面容。

我们每个人的情绪在大部分时间是相对稳定的，就像清晨里拍打在海岸上的浪花，有些起伏但都会渐渐散去。有时我们会被一些深层的感受所触动，情绪变得汹涌起伏，难以平复；有时我们又会变得沉重而阴郁，失去了生机。对于身处情绪起伏中的人来讲，不仅自身不胜其扰，还常被他人误解和责备，被指责脾气太差或者性格孤僻，但他们只是不得已才**借用这些情绪语言来表达内在的情感，等待有人可以识别出它们所代表的意义。**

我们先分别来看两个焦虑和抑郁的案例。

焦虑的案例

菲菲是我的来访者，她第一次来见我的那年 37 岁，我可以感受到她讲话时在微微喘息。最初，我很难理解她的姿势——双手交叉在胸前，身体略后仰。后来我发现，每当谈论她遇到的困难而她很不喜欢我问她感受时，她就会不自觉地采用这个姿势。这种防御似乎很有效——尽管她告诉了我她的现状，但更多的时候我听到的是她已经找到了应对策略，看上去她并不想要获得其他人的帮助。

菲菲原本在一家企业的人力资源部负责招聘培训的工作，虽然非常忙碌，但她很少请求别人帮助，有时要加班到很晚。近来她时常感到心慌头晕，担心会在公司晕倒，于是不得不辞去工作。她有一个 8 岁的儿子，活泼好动，她总是担心儿子磕了碰了。一旦儿子感冒，她就会立即带孩子去医院检查，而且会在等待结果时一直发抖，她说她很担心儿子会得肺炎。她告诉我她小时候身体很弱，经常生病，每次妈妈都会显得不耐烦，尽管会带她去医院，但一路上都会唠叨她。后来她再生病就自己忍着，不敢告诉妈妈，她说小时候总担心自己会死。

我和菲菲每周都会见面，一年多后，她告诉我她最初很讨厌我问她的感受，她说感觉那一刻我就像她的妈妈，在让她袒露自己的无能。坐在她对面的我给她的感觉是一个无所不能的人，这就是她妈妈给她的印象，她心里永远都有一个无法超越的妈妈，她做任何事都无法令妈妈满意，从小到大她都没有放松过。

对她而言，"生病"有两个含义：一个是"弱"，代表会被妈妈嫌弃；一个是"危险"，因为可能没有人会救她，所以她得靠自己努力地工作，而不是请求别人帮助。"弱"让她很担心被瞧不起，而她自己的身体出问题和儿子生病又激起了她极大的焦虑感，即她对失控且无人救她的恐惧感。她需要停止工作并去医院获得医生的帮助来消除这种极大的不安。在心理咨询中，同样需要安排一个缓冲的时间让她不要在谈论她的"弱"时再次陷入慌乱，而是允许她先通过其他策略让自己"逃生"。

抑郁的案例

文松是一位私企老板，他有一个可爱又淘气的儿子，今年6岁；妻子安静贤淑，把家打理得很好。他来见我的时候，似乎无法描述他有什么痛苦和困惑，只是问我他是不是有些矫情。他说自己的生意做得不错，也时常和朋友聚会，却感到很孤独。他说自己很喜欢读小说和哲学书籍，尤其喜欢尼采的思想。说到这儿他突然停住了，小声地自言自语："你不会对这些感兴趣的。"我问他为什么会这么想，他说他从未遇到过一个人对他的想法感到好奇，更别说共鸣了。他说妻子和妈妈都是付出型的女性，把他的生活照顾得无微不至，他的爸爸是一位负责制定政策法规的政府官员，对工作和家庭尽职尽责，但平常不大和他交流。他说可能因为生活环境太过正常，反而显得自己的苦恼有些莫名其妙。他说不知道自己到底想要什么，"你想要什么"也是他显得不快乐时他妈妈和妻子问他的问题。他说很羡慕自己淘气的儿子，我问他："如果你是他，你想做什么？"他突然冒出一句"我想去流浪"，然后，这个大男人开始在我面前不断地流泪。也许他还没找到语言来表达他想要什么，但显然他已经憋得太久了。

在日后的咨询里，文松告诉我，家让他感到窒息，无微不至的关心只会加深他的内疚。他说妈妈是五个孩子中的老大，外公身体不好，妈妈从小就帮外婆照顾弟弟妹妹。他说妈妈的确很善良，但他不明白为什么自己小时候会怕妈妈，在他的记忆中，妈妈从来没有笑过。他记得妈妈总是一副非常累的样子，常常莫名地叹息，而爸爸是一个刻板认真的人，喜欢看报和聊新闻，和他说的最多的话就是"人要知足"。他说自己没什么记忆是和快乐有关的，只有读小说可以让他躲进另一个世界。他无数次地想象逃离这个家，正如他所说的"我想去流浪"。

前面两个典型的例子分别体现了焦虑和抑郁。我将各种困扰人类的情绪都归结在焦虑和抑郁这两个维度之间，因为它们基本代表了人们在痛苦中的情绪反应。这些反应意味着人们正在痛苦中饱受煎熬，有时拼命地挣扎，试图摆脱，有时又无力挣扎，只能逃避退缩。显然，在这里我不是用这两个名词来指代人类的精神症状，而是想说，**焦虑、抑郁，以及在这两个维度之间的各种状态代表的都是人们在内在痛苦的影响下显现的各种反应，这些反应不是待消除的症状，而是让他人了解他们内在痛苦的线索。**

第二节

免除恐惧的逃生工具：焦虑

焦虑的特点

焦虑是我们非常熟悉的感觉，我们几乎每天都会体验到类似的情绪，从不安、急躁、不耐烦到胡思乱想、夜不能寐。在这里我用焦虑代表从不安到惊恐的整个维度的统称，而不是一种狭义的状态。焦虑感如影随形，一天里总有些时候，我们的话语、呼吸甚至眼神里，都可能流露出一些内在的情绪，它们意味着我们正在思虑并试图应对某件事，而焦虑显示出解决这件事并不容易。

我们发现被劝说"没必要"或"放下"往往无济于事，因为**焦虑的背后存在着某些动摇稳定感的内在原因**，而焦虑是试图摆脱它们的反应。例如，上高中的时候，临近高考的日子里，我们会紧张、有压力，可能会头痛、失眠、无法集中注意力、记忆力减退。从表面上看是我们主观上太紧张了，但事实是，内在的压力足以自动引发这些反应。比如，你平时是一个成绩不错的学生，父母也对你有较高的期待，这时你对未来会有如下预期：我必须考出好成绩，否则就太令人失望了；如果成绩不好，就只能上普通大学，这意味着我未来很难找到好工作，收入会低，这又意味着我比别人差，我可能不会幸福，我的一生将非常灰暗。

我们可以看到，**焦虑的背后是对未来不确定的恐惧**。要想应对这种恐惧，我们就无法放松下来，这导致我们无法好好休息，从而产生过度的精神消耗。那么，引发焦虑的深层原因究竟是什么呢？明明平时学习成绩不错，考试也只是验证学习的成果，我们担心的到底是考试本身，还是由此带来的一些糟糕的感受呢？那些对未来的过度担心又意味着什么呢？

首先让我们来看看焦虑是怎样形成的。

焦虑的形成

从出生的那一刻起，我们就开启了焦虑之旅，即所谓的"分离焦虑"——要独立成长我们就要先离开熟悉的环境。虽然焦虑让我们感到不适，但它并非仅带来消极的影响，因为**焦虑是一种指向未来的情绪，在未知和不熟悉的情况下，人要提高紧张度和专注度，这种内在动力是积极的，是生命自身的一种内在驱动**。婴儿出生后开始寻求对新环境的适应，比如他们会用哭喊、蹬腿、挥动胳膊的行为来表达情绪，和喂养自己的母亲建立连接，才得以生存和进一步成长。当孩子成长的节奏和父母的期待不一致时，孩子就有可能产生焦虑。那么**成长的节奏**由谁来决定呢？是妈妈更明白孩子需要在什么时候学习站立、行走，或者最快多久可以掌握知识技能，还是孩子更知道自己需要多久才能完成这些成长任务呢？

我们先来看两个例子。

小莉是我的一位小来访者，她才刚上小学一年级，考试时过于紧张导致她成绩排名靠后，她每天早上都躲在被窝里不出来，妈妈越催她，她就越不想出来。最近一周她开始无意识地挤眼睛，妈妈听说这是一种叫抽动症的病，感到很着急，于是找到我。小莉的妈妈是一名知识女性，看上去是个能干又认真的人，她生下女儿后就全职在家照顾女儿，在妈妈眼里女儿的事情就是她自己的事情。小莉告诉我，她妈妈很厉害，什么问题都能解决，而她觉得自己不管干什么都不能让妈妈满意，妈妈总说"你怎么这么笨啊，一点都不像我"。每当写作业遇到困难时，小莉都很担心被妈妈看出来，因此她总是很紧张。后来小莉的妈妈告诉我，她生小莉的时候已经38岁了，经历了多次备孕失败，最终是通过试管婴儿技术生下的她。

小莉很少有机会自己尝试去做什么，因为她的妈妈对于她的一切都非常在意。小莉的妈妈生下这个女儿非常不容易，所以任何不确定的事情都可能令她不安，但她的代劳让女儿没有机会提升自己的胜任感。小莉的焦虑意味着她怕自己是个什么都做不好的人，她的节奏是被打乱的，节奏"慢"意味着自己很糟糕。

天昊今年 10 岁，是一个超喜欢汽车的小男生，他的爸爸经常送他喜欢的汽车乐高模型。有一次，爸爸给他买了一款他特别喜欢的车模当作新年礼物，但天昊发现这款车需要拼插 4000 多个插件，他上次拼的是 400 多个插件的车模，用了 4 个小时，4000 多个插件对他来说的确是有难度的。爸爸发现他有些畏难情绪，说可以帮他一起完成，天昊却说要自己来，但发现光是完成一个底盘就花了很长时间，他急得快哭了，爸爸又过来帮他，这让天昊更加沮丧，最终天昊决定放假了再慢慢拼，爸爸同意了。最终他花了大约 10 天完成任务。

天昊的爸爸在看到孩子无法完成任务时选择让孩子自己尝试完成，这样虽然延迟了孩子获得胜任感的时间，但当孩子被允许独立探索又不会被催促时，他保留了自信，即暂时完不成也不是无能的。天昊并未苛求自己一定要尽快完成让爸爸满意，而是在更充足的时间里寻找办法，这样他就不担心爸爸会责备自己，在遇到困难的时候也可以寻求爸爸的帮助，但如果爸爸看见孩子速度很慢而显得急躁，就会让孩子感到挫败，带着挫败感孩子会更加无法安心探索，他的内在感受就是"怎么办呀？为什么我这么笨啊？"一想到那么多等待完成的任务和爸爸催促的态度，他就会陷入焦虑当中。

父母在孩子完成任务的过程中有不同的参与程度和参与方式（见图 4-1），这个过程是孩子、父母、任务三个要素协调一致才能完成的（见图 4-2），只有每个齿轮转动的速度相互匹配才能协调运作。而且，在任务的不同阶段或对于不同的孩子，父母参与的比重也是不同的。孩子最初需要渐渐熟悉任务，找到一点兴趣和胜任感，这时父母需要有耐心（B）；而在孩子遇到困难时，父母或是分享经验，或是允许孩子多花些时间探索（C）。A 的方式只有在孩子请求父母帮助的时候才可以短暂地使用，父母起一个示范的作用，而 D 的方式往往让孩子不容易有信心完成，即使完成了，他们胜任的喜悦感也无法被父母见证，从而无法转化成自信。

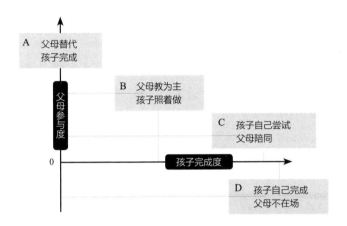

图 4–1　父母在孩子完成任务过程中的四种参与程度

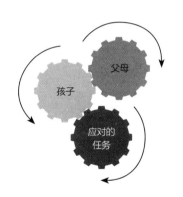

图 4–2　父母、孩子与任务的互动关系

孩子的焦虑来自内外两部分：自己对于完成任务的期待（内）和父母参与的节奏带来的影响（外）。 在孩子掌握知识和技能之初，他们比较需要父母的引领，但胜任感是孩子通过自己的体验获得的，需要一个过程；对于父母而言，他们既要允许孩子在完成任务的过程中进行自我探索，又要在孩子需要时给予指导和支持。

父母如果很想帮助孩子，代替孩子完成，就会干扰孩子自己的节奏，从而令其产生焦虑感。通过图4-2里展示的关系可以看出，只有父母和孩子的节奏是协调的，孩子才能更好地完成任务。

焦虑是为了抵抗被贬低而丧失稳定感才产生的反应。那么丧失稳定感又意味着什么呢？它们是一些很真实且非常有破坏力的体验。当父母对孩子感到失望时，他们的表现尤其是语气和眼神里往往透露出"你怎么这么没用呢？""离我远点儿，我不想看见你"等信息，这些表达会强烈地动摇原来稳定的关系，孩子会觉得是自己不好，不配让父母喜欢，在内心深处生出一种深深的被嫌弃的感觉。"嫌"代表不喜欢，而"弃"代表关系有可能断裂，即"我太差了，他们有可能不想要我了"，**这种可能被抛弃的恐惧，会演化成强烈的焦虑，从而鞭策孩子以非常努力的方式来让父母满意而不被抛弃**。（当然孩子也有可能选择放弃努力，因为这种断裂感可能让人不敢再对关系有渴望，甚至进入另一个极端——抑郁，这个我们后面会讲到。）

现在回到"成长的节奏由谁来决定"的问题。我们看到孩子完成任务是需要父母参与的，而节奏是孩子、父母、任务三个要素互动的结果，**重点在于维持孩子在完成任务中的胜任感**。孩子有自信的时候，父母的鼓励就可以促进节奏的加快，但孩子受挫的时候，父母就应该慢下来。**父母需要做的不是直接告诉孩子他们自己解决当下问题的办法**，而是自己以往遇到困难时的经验，比如告诉孩子失败是在所难免的，面对挫败需要更多的时间和耐心，总会找到办法的。如果父母当下处于缺乏胜任感的脆弱状态，或者他们在自己的成长过程中就被自己焦虑的父母催促过，他们就会通过改变孩子来减少自己的焦虑感。

请思考一下，世界上真有那么多笨小孩吗？当别人都能听懂老师讲的内容，而你有些蒙蒙的，你是否就会认为自己"笨"呢？"笨"到底是别人的评判，还是你自己在学习过程中的体验呢？你是否想过如果给你更多的时间，听懂老师讲的内容可能并不是问题。当一个人被评判为"笨"的时候，他会真的以为是自己的学习能力差，从而紧张感加重，更难进入一个自然的节奏中去学习。

这让我想起了咨询工作中一段难忘的经历。广宇是一个初中生，几年前第一次见到他时，他的头深藏在羽绒服的帽子里，我几乎看不见他的脸。他说他已经多次辍学，完全没有信心上学了。他说他的记忆力很差，不仅记不住英语单词，连数学作业的题目他都无法完整地看完，他说好像任何信息都无法进入他的大脑。

一开始，我们几乎无法谈论有关学习的话题，直到有一次我好奇他的记忆力到底是怎样的。我从书架上顺手拿了一本外国小说，翻到某页，然后让他看其中的一段，让他试试能否在5分钟内记下来。结果果然像他说的，大约150字的内容他只留下一些非常碎片化的记忆，看得出他在这5分钟里是紧张的，告诉我内容时是非常沮丧的。后来我说换一种方式，就是他看多久都行，不限时间，他觉得可以了就告诉我。我看见他开始变得专注，过了大约10分钟，他说可以了，之后他给我讲了一个几乎完整的故事片段，我至今还记得他描述的场景：夜晚，在昏暗的路灯灯光下，有两个人行走在街道上，街道是石头铺砌的，反着光。令我吃惊的是，那是一本外国小说，他竟然还记住了有5个字名字的人物！我说你的记忆力没有问题，他显得很开心，说："我以前似乎被判了死刑，大家都觉得我不适合念书，看来还有希望哦！"他说每次作业写不完，爸爸催，自己也着急，我问他可否先试试由他来衡量他可以写多少，而不是全部完成。他后来回到了学校，考上了高中，后来还考上了大学。我知道他不是一个多优秀的学生，但是他保留了自信，按照他的节奏来，他是可以坚持上学读书的。

你是否也有类似的经历呢？在被比较中丧失了信心，以为是自己的能力出了问题。从上面的案例中可以看到，广宇的记忆力没有问题，只是给予他掌握知识的时间出了问题。这就像一队车辆要驶向同一个目的地，本来到达了目的地就完成了任务，但对于行驶较慢的车而言，尽管到达了目的地，却被告知任务失败了，因为比赛在更早的时间已经结束了。若论驾驶技能，每个到达目的地的人都是合格的，都需要经历同样的路途。那么，**为什么人们会设定速度这个规则来衡量能力呢？** 我们来看一下焦虑的本质到底是什么。

焦虑的本质

在咨询工作中，我见过好多厌学的孩子，他们的父母往往显得急切而恼火，总是在用力地"推"孩子，但父母的"加速"策略反倒让孩子乱了阵脚，无论是父母还是孩子都陷入焦虑和无助当中。不能按时完成作业或者请假、休学，在父母眼里就像孩子被一列不停行驶的列车甩了下来，所有的孩子都在赶往下一站，而自己的孩子却已经看不到未来，将失去能力，没有工作、没有收入。父母常说的"以后你只能'扫大街'或者'卖菜'"不仅意味着对孩子的全然否定，还在暗示孩子可能活得很惨，甚至无法生存。

父母对孩子的责备与催促中隐含着他们极大的焦虑，即对孩子未来生存的不确定感。**不确定感是指对未来无法预期的不安感受，不安的程度从一般的担心到完全的失控。** 当我有机会了解到这些孩子父母的经历时，不难发现焦虑恰恰是他们获得机会和避免危机的积极策略，他们往往是努力上进的获益者，并认为如果不努力他们一定会被淘汰。

前面案例中广宇的父亲，从小在农村长大，家里有五个孩子，他是唯一一个考上大学的。他自己一直非常努力，从普通的小学教师升到教导主任，他告诉我，他就是靠努力才摆脱农村贫困的生活，他无法想象儿子学习不好的可怕未来。

这类父母的生存观让他们一直保持着无法放松的节奏，即时时要回避焦虑中蕴含的对失败的恐惧，无法允许孩子减速或暂停。但学习进步的过程恰恰需要不断地与困难交手，在跌倒的时候休整，在错误中调整策略，在稳定的情绪中发现问题并找到解决方案。你也许会想，难道父母不了解这些吗？如果了解为什么他们不允许孩子有自己的节奏呢？因为父母掉到了由孩子的失败带来的不安体验中，他们只能启动他们熟悉的策略，催促孩子加快脚步，以抵挡糟糕结果的到来。

至此，我们可以看到，**焦虑的本质中包含两个共存的心理意义：渴望前行和害怕失去。前行包括改变、进步，失去包括丧失、失败、失控。**当我们试图完成某个任务时，我们需要不断地前行，在这个过程中是无法避免失败的。如果你可以预期到失败的可能性，但并不为此过于担心，那你最终会找到办法解决问题；或者你可以选择暂时放下，承认自己目前完成它是有困难的。如果你预期必须成功，那么你的焦虑值会非常高。这种预期意味着只有成功才能被接纳，而失败会让自己陷入恐慌的境地，即再也得不到他人的认可和喜欢，被父母、家人、朋友以及社会抛弃。那些感到自卑的孩子会付出更多的努力，因为他们在被责备和贬低的氛围中感受到某种不安全感——父母是嫌弃自己的，即失望的父母会把自己当成包袱，在未来的某一天将自己甩掉。

有些父母常常会在孩子取得好成绩时要求孩子保持谦虚，他们的考虑是人一旦骄傲将失去优势，会被其他人超过，因此他们告诉孩子"你还可以更好"，让孩子保持前行的状态。但这种"激励"的策略往往会让孩子没有喘息的机会，孩子取得成就的愉悦感会大大地降低。孩子不得不为了达到所谓的"足够好"而努力，即只要有比自己更好的人，自己就不能松懈。在他们父母的眼里，只要不是第一就意味着还不够好。在这样的家庭里生活的孩子一直处于紧张状态，尽管他们可能强化了知识与技能，却付出了极大的心理代价。

第三节

一辆停不下来的焦虑列车

在图 4–3 里,我按照焦虑的强度大致列出了 6 个等级,不同的焦虑表现形式意味着个体内在正经历着不同强度的挣扎。来访者在无法了解它们背后的意义时,会误以为这些是需要被治疗或改变的症状,而咨询师也常常被他们糟糕的情绪所扰动,甚至会设法帮助他们。事实上,**症状恰恰是一种表达心理痛苦的语言**,即使来访者向你求助想要消除它们,这种请求也只意味着他们的痛苦从未被真正理解过。

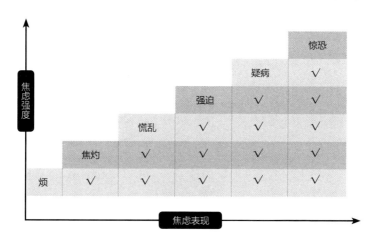

图 4–3　各种强度的焦虑

通过下面五个例子,我们会感受到从微小的"波澜"到"惊涛骇浪"的焦虑,以及焦虑下面可能隐藏着什么。

小事情,大烦恼

我在咨询中发现,来访者经常会表示"我最近很烦",进而各种解释:"我最近总爱和男朋友发火""儿子淘气，我把他训了一顿""最近我很讨厌坐地铁，人多我会很烦"。我想你一定也非常熟悉烦的感受，它似乎就在情绪的表层。但每当我请来访者描述烦的感受时，他们却往往不容易表达清楚。而且，总结一下来访者的烦，其表现规律就是**事情不大，情绪不小**。真的就是眼前的事情让人烦恼，还是它作为情绪的"导火索"引爆了更糟糕的感觉呢？

我们先来看个例子。

　　潇潇是一位年轻的来访者，样子文静，说话的时候脸上带着甜甜的笑，有些令我意外的是，她说她想找我解决自己的情绪问题。她说最近她总爱和周围的人发脾气，自己觉得没必要但是似乎难以克制。比如，她的丈夫问她有没有看见自己的身份证，她会不耐烦地说"你自己不会找啊"，让两个人之间的气氛变得有些尴尬。周末她在收拾屋子时，五岁的儿子在玩游戏，她突然感到游戏的声音很令她厌烦，竟然对儿子嚷了起来。她说自己也知道儿子是无辜的，但自己的情绪似乎就是很容易被点燃。

　　潇潇告诉我，她原来是一位杂志社的编辑，一个月前受聘于一家公司，为其旗下的一个公众号写稿，介绍新书。原来杂志社的工作节奏她是很适应的，而现在每周都要出一篇稿子，这要求她读书的节奏要非常快，在这种快节奏之下，她无法找到对作品的感觉，稿子的立意和深度她都感到不满意，但她从未和任何人说过自己感受到的压力。

事实上，像潇潇这样的来访者非常常见，他们的情绪反应往往显示在一些看上去很不起眼、不固定的小事上，我们称之为"无名火"，心理学称之为"无名焦虑"。这些情绪反应并不是小题大做，而是有些糟糕的体验一直无法消除，借着一些"合理的"理由流露出来。这些情绪背后往往有些难耐的感受在影响着来访者，比如挫败感、无助感，但这些感受是很难直接表达的，而在他们感觉对方不令人满意时会更容易表达，我们知道这种将糟糕的体验投射到他人身上的方式，可以暂时让自己感觉是别人不好，而不是自己有问题。

潇潇直接告诉了我她的压力，让我可以较快地和她讨论挫败的体验，从而理解她情绪背后的感受和意义。事实上，更多的来访者常用的叙事版本是"你不觉得上司很过分吗""我先生什么事都依赖我""我儿子太闹人了"，作为咨询师有时甚至会掉到来访者的"陷阱"里，感觉来访者真的很不容易——是他们周围的环境太糟糕了，不是他们的问题。这正是他们的投射。如果对来访者表示同情，你会发现，他们只是语气里多了一些发火的"底气"，而表情里却从未流露真正的释然。他们只是借着谈论怎样控制自己的情绪，等待有人可以识别出他们正经历着一些无法应对的痛苦。

十字路口的焦灼：前行与害怕的对峙

有一类来访者，他们处于相似的困境，即需要做出选择又无法做出决定，我称其为"站在十字路口的人"，这个称谓来自一位来访者和我之间发生的故事。

晓晨是一位职业发展稳定的年轻人，来找我咨询是因为他本来获得了一个升迁的机会，但需要从熟悉的行政部门调去市场部工作，负责带领团队开拓新的业务，他感到无法做出选择，告诉我他已经三天晚上睡不好觉，感到有些崩溃。他既觉得被上司肯定应该欣然接受，又担心自己无法胜任而失去现在稳定的工作。我们第一次见面他迟到了 10 分钟，他告诉我他本可以按时赶到的，可是快到我的工作室时需要经过一个十字路口，他无法辨认正确的方向，试了几次都错了，往复回到十字路口，于是他迟到了。我好奇地问他为什么没有打电话问我怎么走，他愣了一下，然后说他觉得自己是可以找到的。

在之后的讨论中，我让晓晨想象如果给我打电话会感觉如何，他告诉我那是一种不好的感觉，他不想让其他人告诉他该怎样做，觉得那样显得自己很无能。我又让他讲讲在十字路口往复的感受，他说每选择一个方向他都很不确定，回到十字路口他会停一会儿，他说耽搁的原因就是在十字路口的犹疑。讨论中我们发现，他的困境来自做选择所带来的压力，前行意味着未知，而未知里的不确定性和他预计的失败有关，于是他更多地在无法选择的焦灼里徘徊。

很多时候，来访者的咨询目的表面上看是希望获得帮助来更容易做选择，比如是继续读研还是工作，是留在大城市还是回到家乡的二线城市，是结婚还是继续单身，是离婚还是继续过下去，等等。我发现一旦我被他们的选择问题困扰，就会纠结于哪个是更好的选择，而实际上，他们只是透过这些无法选择的困境来呈现内在的担心，比如他们无法承担选择错误的后果，以及拒绝别人的建议或安排会让对方不满。他们需要的是有"退路"，这意味着不前行并不代表他们是糟糕的失败者，他们需要被允许在"十字路口"徘徊。最初，我也因担心推进不了自己的工作进程而焦虑，比如担心不能"成功地"让来访者做出选择，直到我试着和他们一起停在十字路口，才了解到他们想要我理解他们的需求——不再担心做选择要面对的结果，也包括可以做"暂停"甚至"倒退"的选择。

惊慌的"小兔子"

肖婕是一位漂亮的姑娘，个子不高但身材较好。她最开始见我的几个月里，几乎每次都会迟到，有时坐反了地铁，有时记错了楼层，有时会误进另一栋楼，直到按了门铃才发现走错。每次迟到她都充满歉意，责备自己应该早点出门。她告诉我，她总是很怕迟到，而越紧张就越容易出错，她说她的心里从小就有一种催促的声音。她是家里的独生女，这让父母很失望，他们本以为会生一个男孩。她说自己就像一个"错误"，放在哪里都不合适。她想变得优秀让父母满意，而一旦有期待她就会变得慌乱，与他人交往中格外紧张。她的预期里是没有人喜欢她的，所有人夸她漂亮都会令她感到尴尬，她说"漂亮"就像一件和她不相称的"外衣"，她觉得毫无用处。

我渐渐地了解到肖婕每次来见我时的体验，猜测是她的无意识总让她走反或走错，从而推迟见到我的时间，因为她无法确定我是否愿意见到她，就像她父母给她的印象一样。她既想努力让我觉得她是一个值得信任的来访者，又不断地以"失误"的方式更晚一点见到我。她就像一只惊慌的"小兔子"，没有一份安全的关系可以让她安心地停下来，于是既期待又慌乱，走近又逃离。

记得在咨询工作的早期，我错过了不少来访者，他们仅仅见了我几次就不再来了。他们常常痛苦了许久，所以见到我时并不掩饰他们的经历，可那时作为一名实习咨询师，我一门心思地"努力"弄懂他们和解决问题，我想我认真的样子一定带给他们更多的紧张，不但没有让他们感到被理解，反而加深了他们内心的慌乱，那时我和他们同样处在担心自己不够令人满意的焦虑中。

强迫的红鞋子

强迫是一种独特的体验，它既是焦虑本身，又是消解焦虑的手段。换句话说，强迫是一种持续性的焦虑状态，人们通过强迫自己保持某种相对的确定感来暂时消除焦虑。我们许多人都或多或少地在强迫中生存，比如努力地学习、拼命地工作、让环境永远保持整洁、让身边的人永远满意，就像穿上了安徒生童话里被施了魔法的红鞋子，无法停下来。

让我们先看看红鞋子的故事。卡伦穿着一双被施了魔法的红鞋子参加舞会，而当曲终人散后，红鞋子的魔法却让卡伦一直跳下去，无论多累都不能停歇。是什么原因让卡伦无法停下来？红鞋子的魔法象征着什么呢？舞会中有什么让人迷恋的吗？停下来会怎样呢？

年轻的安然似乎从小就穿上了红鞋子，一直在舞台的中央舞动着，似乎从未停过。她有着令人羡慕的学历，出国深造后又被某世界五百强企业聘用，一路升职。每次咨询她都准时开始，准时结束，语速很快，让我感到有些透不过气。她告诉我，她的睡眠质量一直很差，身体里似乎有一个无法停顿的钟摆，让她无法安歇。最近她感到记忆力出现了问题，工作中频繁失误。她第一次想到了辞职，但这个念头是如此可怕，让她不断地做噩梦，梦见自己从悬崖上掉落，并在掉落的那一刻从梦中惊醒。

被消耗已久的安然的确像被施了魔法一样，这个魔法就是"你要一直做优秀的人"，她感觉只有保持在舞台中央才能令父母满意。她的母亲是一位成功女性，是一所研究院的教授和副院长，每天不是教学就是撰写论文；而父亲虽然早年做生意很成功，但几次投资失败后便不再工作，只保留了参股人的身份赋闲。安然的母亲虽然表面上没说什么，但眼神里透露出对她父亲的鄙视。安然的父母就像两个参照，一个成功，一个失败。安然记得小时候，父母都很忙，她总是在幼儿园里，只有周末才能回家。一开始她总是拼命地哭，但妈妈告诉她哭的样子很丑，让她必须独自面对，只有坚强妈妈才喜欢她。安然只有靠自己不停地努力，她没有退路，像爸爸一样选择退却令她感到羞耻和恐惧，仿佛一旦离开舞台，妈妈眼中的光就会熄灭，她将在妈妈的心目中瞬间消失。停下来意味着失去一切，辞职后等待她的就是梦中的悬崖，她会在停下的那一刻坠下悬崖"死去"。

这种通过某种强迫性的思维和行动保持的确定感，恰恰是为了抵御自己因令人失望而可能被抛弃的恐惧。也许很多人都不得不穿着"红鞋子"一直跳下去，无法停下来，强迫自己早已成为他们的习惯，虽然非常消耗精力，但在累倒的那一刻之前，他们只能依赖这种方式保持自己的确定感。在咨询中很常见的一种情况是，我一边听着来访者抱怨他们的劳累和睡眠质量差，一边又束手无策地看着他们消耗自己。在他们无法相信自己的另一种样子会有人理解和接纳时，停下来对他们而言实在是太可怕了。强迫是一种时刻紧绷的状态，对处于强迫状态的人而言，睡眠实在是太放松的状态了。我无法让他们关注自己身体的疲倦而选择休息，这仿佛在拿走他们的红鞋子，拿走他们抵抗恐惧的唯一法宝。

疑病者：用"病"来留住关系

不知道你周围是否有这样的人，他们总是过度地关注自己的身体，感觉某些部位出现了问题，反复去医院检查。虽然每次检查结果都正常，但他们过些日子就开始絮叨自己的感觉不好，身体一定有什么问题。对他们而言，医生似乎承担着某种安慰者的角色，而家人的关注度似乎是永远不够的。他们觉得自己"病"了，而家人觉得他们的确是"有病"——明明正常却说自己不正常的怪病。

> 大乔看上去是一位身体健康的中年人，见我时却说他总是无法放下对自己身体的担忧。他并不吸烟，却非常担心肺里长东西。最近，他的一位年轻的好友因肺癌故去，这让他的焦虑更加严重，只要体温稍微升高，或者有轻微的咳嗽，他就要去医院检查，确认肺部是否长了东西，但医生并不建议他频繁做检查。他的焦虑让他的妻子不胜其扰，于是建议他来做心理咨询。之后在很长的一段时间里，我成为医生和他妻子的替代者，几乎每次咨询都是在听他不断地和我讲这一周他身体的感觉和各种猜测与担心。我渐渐发现，他似乎需要用"有人听他讲"这种形式来缓解焦虑，而并不介意"疑病症"这个标签，表达"病"恰恰让他可以使用一种能获得关注的特殊语言，"我认真地听"成为他的一种安慰剂。

事实上，疑病症的焦虑感是非常强烈的，通常指向对死亡的恐惧。这种恐惧超过了常人，只是疑病症患者无法表述也并不清楚这种放大的情绪意味着什么。大乔三岁时，母亲因为难产去世，他被爷爷养大，家中有一段时间没有一位女性，直到父亲娶了继母，但后来家里又有了弟弟妹妹，因而他没有获得足够的关注。生病表面引发的是对死亡的恐惧，但内心激活的是他童年失去母亲后恐惧的记忆，那种遇到困难时孤独无助的体验。**恐惧的本质是失去关系——失去在乎自己、帮助自己的人的绝望可怕的感觉。**我作为一位年长的女性咨询师，对他而言意味着可以试着通过表达在我身上找到某种失去多年的连接，那种每个孩子本该拥有，而他几乎遗忘的母亲的感觉，让他可以暂时逃离无助的恐惧。

惊恐发作——在"世界末日"逃生

焦虑的最高等级就是惊恐发作。毫不夸张地说，惊恐发作时人可以真切地体会到濒死感，经历者几乎无一例外地告诉身边的人自己要死了，快来救他；但只要你对他们施救，比如打120，或带他们去医院，大部分人的症状在一小时内都会得到缓解。他们或是拉着你的手，或是仰望着你，确认你在全神贯注地关注他们，他们的症状就会渐渐消失。显然，救治不是靠医生和药物，而是他们紧紧抓住的，不会抛弃他们的身边人。

> 蓓蓓是一位年轻的职业女性，工作非常认真，同事也都很认可她，但她每次在开周例会时都会极度紧张，总担心自己的工作有任何纰漏，担心汇报工作时会被上司训斥，虽然这种事从未发生过。有一天上班的路上，她突然感到心跳飞快，几乎要晕倒，是旁边路过的人帮她打车，把她送到了医院。医生诊断她的身体没有问题，告知她是惊恐发作了。她说家人不理解她，说她太夸张了，这让她更加退缩。她来见我时已经辞职。除了每周打车来见我，她不再出门见任何人。

蓓蓓显然对被批评极度敏感，似乎每周的例会就是她的"世界末日"，她说即使工作没有任何问题，她也觉得像在等待审判一样，内心总有一种声音要毁灭她："你就不该活在世上！"这个嫌弃的声音来自她的童年，她说她从未摆脱过被抛弃的恐惧。蓓蓓有一个比她大 5 岁的哥哥，在她 3 岁时爸妈离婚，之后她就再也没见过爸爸和哥哥。她跟着妈妈生活，但妈妈总是对她充满嫌弃，她最害怕妈妈说："你怎么那么招人烦，滚一边去！"她要十分小心地不惹妈妈生气，那种感觉让她时时处在恐惧的边缘，她觉得一旦自己出错，妈妈就可能不要她了。咨询关系对她来说也是非常有压力的，她会断断续续地来见我，因为她需要时不时地躲起来，减少在我面前体验那些不好的感受的机会。

惊恐发作是一种强烈的呼救，发作时人们真的会觉得糟糕的自己正在陷入即将被抛弃的可怕境地。他们真实地感到身体里的失控，濒死感意味着他们的精神即将与自己的亲人割裂，在下一秒他们就会因无人拯救而死去。恐惧感来自身处无人的境地，这里的"无人"是一种内心世界的感受——当你在痛苦时，感觉周围的人对你熟视无睹甚至厌烦、远离你，你觉得自己太糟糕了，没有人喜欢自己，只能用一种极强的身体信号呼救"我快死了！"才不会被抛弃。

至此，通过前面这些情绪背后的故事，相信你对人的焦虑一定多了一些理解。虽然每个人都希望快乐而平静地生活，远离焦虑的困扰，但焦虑并不是我们需要消除的症状，而是一个人内在体验到的各种程度的不安的表达，它意味着一个人在尽力地挣扎、消耗自我以及不想放弃地呼救。

现在让我们缓口气，从这趟一直行驶的焦虑列车上下来，去情绪的另一端看看。如果说焦虑像火一样炙热难耐，那么抑郁就像冰一样寒冷刺骨。或许你需要暂时降低些活力，但同时保持住好奇，去经历一场也许你并不熟悉的体验，或唤起你曾经有的类似感受。

第四节

停摆的背后：用抑郁保存自我

抑郁的特点：逃避与自我保护

我们知道焦虑是人在不安中呈现的反应，焦虑的人总是试图抓住什么，对未来既期待又担心；而抑郁的人看上去正相反，他们似乎不再抱有希望也不再挣扎，从"不停"转向"不动"，他们感觉不到活力，缺乏存在感和意义感，停摆的同时也关闭了自己。抑郁的人不再相信可以抓住什么，你似乎无法触碰他们的内在，甚至直接被他们推远。他们的语言常常是"没什么""没有什么可说的"。

抑郁的人看上去选择了关闭自己，因而你感受不到他们的生命力，并误以为他们在拒绝你，甚至讨厌你，**但他们的内心非常孤独、寂寞，淡漠的表面下隐藏着很多悲伤**。他们不像焦虑的人会通过烦躁不安甚至紧张害怕向周围的人传递情绪，而是非常地压抑自我，这种压抑会让他们内在的痛苦不断累积，在无法承受的那一刻爆发。如果始终没有人理解他们的内在到底发生了什么，那么无论是压抑还是爆发，抑郁的情绪都是一种侵蚀人心的巨大能量，甚至有一天让人走向毁灭。

你一定好奇或者思考过，为什么如此难受的感觉人会选择压抑？一个人在逃避交流的同时内心又体会着寂寞和悲伤，**他们是放弃了希望还是在保存自我？他们是无谓地自寻烦恼还是在寻找什么对他们极其重要的东西？**

此刻，我想起我的抑郁的来访者，他们经常用灰色的、无法消散的雾来形容他们的情绪，和他们待久了，我甚至不去想漫长忧郁的日子什么时候会结束，而只是更多地陪伴他们。直到某一天，他们带着一丝不易察觉的欣喜，静静地望向窗外，和我说："今天出太阳了""我闻到了春天的味道"。现在回忆起那些瞬间，我仍感动不已。我不知道是什么信念让我相信他们低落消沉的忧郁世界里一直有鲜活的生命存在，也许他们从未真正地放弃，只是在被理解之前他们以此种方式尽力地保护自己。

让我们试试走进抑郁的灰色迷雾当中，看看本来一直都在的阳光为什么在他们心中变得黯淡或消失。

抑郁的形成

我们在第一章里谈到过"我的意义"的两部分——存在和价值，它们一方面让我们确立自己的意义，另一方面也是让我们感受快乐的源泉。一个人如果很少感受到被重视和被喜欢，那他的存在感和价值感就会逐渐动摇，感到被忽略、被嫌弃。也许最初被这样对待时，一个人不会立即放弃对他人的期待，但如果继续表达需要却被不断地拒绝和否定，就会产生"内伤"——"我是不重要的""我是令人讨厌的"。这种内在的否定同时产生两个结果，**一个是让人不再继续表达——减少受伤，一个是让人从此无法快乐——把伤痛留在内心当中。**

被责备和否定常常带来焦虑感，因而你会通过努力和减少犯错来回避，一旦这种方式有效，你就会习惯于以一种紧张、不放松的方式来应对。但某些情况，比如责备性的表达不仅针对事情，还带有对人能力的贬低、嘲笑，就会引发你极强的羞耻感，让你无法相信你的努力会换来肯定，你觉得怎样做都不会被喜欢和肯定，你就是一个让人看不起的人，没人对你有所期待。

我们常常在重男轻女的家庭中看到这种情况，女孩似乎来到世上就是令人不满意的，父母的责备更多的是发泄他们自己的沮丧和怨气，女孩作为一个独立个体的存在感被这种否定严重地剥夺了，她觉得自己就不该来到这个世上，对她而言很难向外渴求什么，只能躲在不容易看见的角落，减少被责备带来的侵蚀感。

而望子成龙的家庭又以另一种方式剥夺了一个男孩的自我。男孩的人生从一开始就承载着家庭甚至家族的期盼，他必须完成某种重要的"使命"——比如光宗耀祖、传宗接代、赡养老人，如果他显得太弱或者喜好些"无用"的东西，就会被拉回既定的轨道。重男轻女家庭的女孩没有存在地位；而在望子成龙的家庭里，男孩的存在感似乎很强，但实际上他的自我被更多地剥夺，他所有的努力表面看似乎被肯定和赋予了价值，但这往往要求他放弃对真实的自我价值的追求。很多时候他——完成了家庭赋予的使命，但抑郁随即袭来，因为他如此地为自己难过，觉得一生没有为自己活过。

有些时候，**过度的关注也是一种变相的忽略**，养育者出于自己的需要——比如"我要做一个好妈妈，孩子不够好意味着我很失败"，事无巨细地要求孩子应该怎样做；而**孩子在"细心"的照顾中无法再伸展自我，他们自己的意志被忽略了。**孩子自己的意愿时常引发养育者的不安或不满，养育者觉得我对你如此之"好"，你怎么还有那么多不满，让孩子产生内疚感，从而压抑自己的想法。这些想法里本蕴含着让他们做自己和发展自己的各种体验，包括拥有自己喜欢的物品，去自己好奇的地方，做一件从未尝试过的事情，等等。孩子不得不把这些愿望深深地埋起来，还怎么在脸上展现笑容？他们已被固有的模式锁住——"我不该有自己的想法"，从而习惯淡漠地与人相处。即使看到周围的人有说有笑，他们也会认为开心与自己无关。他们也会放弃自己的选择，上什么大学，嫁（娶）什么样的人，什么时候结婚，是否要孩子等事情，几乎都由父母决定，他们似乎没有什么反对意见，因为在他们眼里自己的选择只会引发自责和内疚，父母更是无力承受。在孩子不得不放弃自我意愿的过程中，他们的抑郁感不断地累积，在表面的宁静下孤独感也越来越强烈。

那些形成创伤的感受会加深一个人对自我存在的否定，让他在日后缺乏被保护和在意的关系时陷入抑郁。例如，当父母得知自己的孩子被人欺负时，那些内在怯懦的父母会更多选择回避性地淡化处理，比如建议自己的孩子以后不要去危险的地方，或者遇到坏孩子躲远一点；而孩子在被欺负时体验到的无助、屈辱和恐惧无法得到安抚，这些无法消化的糟糕感受，将长久地埋藏在内心深处，让他们失去自己值得保护、值得被好好对待的确定感。一旦日后再次有类似的遭遇，孩子的情绪很容易变得非常糟糕，他们内心里充满了无法消解的冲突："我的感觉太糟了！可我不配被好好地对待！"那些有类似遭遇的来访者，常常是认识我很久以后才告诉我他们曾经屈辱的经历，每次虽令我惊讶但我并不感到意外，他们需要在和我的相处中确定我是真的在乎他们的，才会告诉我他们的遭遇。

分离的创伤也时常成为抑郁的来源。无论是哪种情况导致的分离，是背叛、剥夺、抛弃还是丧失，都无疑会带来极其糟糕的体验。父母离异让孩子在无错的情况下，被动地离开某一方父母，失去完整的家庭。孩子即使知道是父母的原因而不是自己的错，也无法在不再完整的家庭中弥合自己的伤口——"我是一个没有爸爸（或妈妈）的孩子，我的爸爸（或妈妈）抛弃了我"。那些不幸丧亲的家庭中，孩子的孤独感里也会有很多被抛弃的感觉，他们常常带着疑问："为什么妈妈（或爸爸）不要我了？"而对于那些被送养的孩子而言，这种感觉更加强烈，在寄养家庭中他们很难建立存在感，更容易对自己的存在产生排斥，即认为自己不配被好好地对待。

综上所述，**抑郁的形成与无法获得确定的存在感和价值感有关，一个感到抑郁的人很有可能失去了原本对他极其重要的东西**，而这种失去中有种无奈和悲哀，即他无法相信有人了解、有人在乎、有人愿意给他这些重要的东西，只能在自己的世界中孤独地存在。一个抑郁的人，表面看上去是不再对他人寄予希望，实际上是太少有人走进他们的世界。他们世界中的寒冷是本应有的光不再照射那里导致的，他们失去了本来拥有的东西。形成抑郁的相关因素如下：

◆ 被责备——我总是无法令人满意；

◆ 被否定——我做什么都是错的；

◆ 被嫌弃——我是令人讨厌的人；

◆ 被抛弃——这个世界并不需要我；

◆ 被要求——我只能服从；

◆ 被安排——我没有选择；

◆ 被排斥——我是一个不受欢迎的人；

◆ 被漠视——我无足轻重。

抑郁的本质

当"我"变得无足轻重，可有可无，一个人便无法快乐起来，而他仍然要设法活下去，于是就只能选择逃避，从减弱外在的情绪反应到减少与人的接触。因此**抑郁的本质是对糟糕关系的逃避，是减少被忽略、被要求、被否定的自我保护**。

抑郁和焦虑一样，不是等待被消除的症状，而是缺乏被承认和关注的情绪反应。抑郁的人并不愿意待在不快乐当中，但是你也无法硬把他们拉出来，因为他们逃避的也包括人们对他们抑郁情绪的不接纳。相对于焦虑的挣扎，**抑郁是一种隐形却更强烈的抗争，抑郁之人的逃避里有一种不肯放弃，但又被埋得很深的自我认同**。在人前，他们尽量保持自己的尊严；孤独时，他们小心翼翼地躲在某处，独自悲伤。

抑郁常伴随着内疚——自我责备。它很少源于现实错误或失败本身所带来的责备，而是人们在无法承认自己的存在和意义时不得已采用的自我否认方式，更是一种减少被贬低所带来痛苦的先行的自我保护方式。人们通过"都是我不好"的内在语言来抵御外界对他们的存在与价值的否定。

第五节

等待阳光照进的灰色迷雾

抑郁的形式并不是那么界限分明的，从郁郁寡欢到持续悲伤，从缺乏活力到失去行动力，它们都有类似的内核——缺乏自我的存在感和意义，只是程度不同而已，如同灰色的雾，有时薄有时厚。尽管抑郁有让人逃避退缩的特质，但它仍是人们表达痛苦的情绪语言，只是在不了解形成原因的时候往往更难感受和理解它。抑郁也会伴随着其他的情绪语言，比如烦躁、愤怒，但这些情绪语言和焦虑引发的反应有所不同，尽管可能有对关系破裂的恐惧，但更多的是讨厌被责备和排斥的自我保护反应；有时抑郁的人甚至幽默地自嘲，以调侃的方式减弱内疚对他们的侵蚀。按照抑郁的程度，可将其分为忧郁、低落和抑郁三类（见图4-4）。

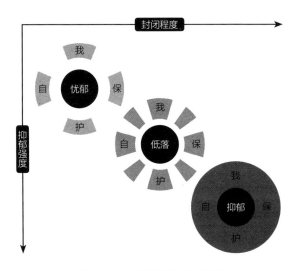

图4-4 不同程度的抑郁

忧郁：不易觉察的孤独

我们周围总有一些看上去内向或者不合群的人，也许碰巧你就是这样的人，你是否会觉得这里存在很深的误解，因为这并不是你的主动选择。在你的内心深处可能至今都保留着某些无法弥合的伤痛，让自己在愉悦或轻松的人群中显得格格不入。你无法调动你的快乐，也说不清有什么让自己不快乐；你也无法理解他人在一起为什么会那么开心，这种轻松的情绪你几乎没有体验过。

惠兰就是一个这样的人。我见到她时，她 47 岁，她的孩子已经长大成人，丈夫是一位企业高管，仍在忙碌地工作，而她已经进入半退休状态，生活优渥，却无法感到快乐。在我们第一年的咨询中，她总是无声地流泪，她说并没有人对她不好，她对生活也没有什么不满意的，就是感到很孤独。她也偶尔和朋友聚会，但没有一个走得近的朋友。她很少直视我，有时会停下来不说话，眼神凝视着远处，好像进入了另一个世界，而那里只有她自己。她告诉我，她是家中最小的孩子，她有两个哥哥和两个姐姐，最大的哥哥比她大 15 岁，最小的姐姐也比她大 8 岁，几乎没有人带她玩。爸爸虽然喜欢她，但更多的时间她是和妈妈在一起的。她说妈妈生她时已经 40多岁了，记得妈妈那时身体总是不好，常和爸爸抱怨为什么要生这么多孩子，她总觉得妈妈就是在说自己，是她让妈妈受苦了，于是她很少表达需要，每天自己默默地起床、吃饭、上学，放学就躲到自己的屋子里静静地写作业，她说希望自己尽量少让妈妈看见，不让妈妈操心。

对惠兰而言，从出生起她就无法在这个家庭里获得和哥哥姐姐一样的存在感，因为她并不被期待来到这个家庭。显然，妈妈的话是有指向的，毕竟那时其他四个孩子仍然需要妈妈操心，再养育一个幼儿让她更加力不从心。她虽然是向丈夫抱怨，但作为最小的孩子，惠兰会解读成"就是在说自己"。她说哥哥姐姐们的性格和她的确有很大不同，他们在这个家里总是很"霸气"，而她就像一只胆小的猫，总是悄无声息地躲在某处。妈妈充满忧愁的脸上似乎总透露着"你真是个麻烦""哪里冒出这么个多余的孩子"。这就是她从小留下的内伤——我是个麻烦、多余的人，这个伤痛在她后来的人生中始终影响着她，她总是尽可能隐去自己的声音和踪影，几乎认为快乐是其他人的事情，她只要不成为别人的麻烦就够了。在别人眼里，她是疏离的，是一个不愿靠近他人的人，然而这并非她真实的意愿，她很羡慕哥哥姐姐们至今都经常走动，而她只有每年过年会礼节性地和他们见一面，她始终无法确认他们是否喜欢自己这个小妹妹。她不得不选择用躲避的方式减少体验"麻烦"和"多余"对她存在的否定。

忧郁看上去是一种相对轻微的抑郁形式，但从体验上讲同样带有抑郁的特征——个体感受不到自己的存在和价值，即使获得其他的满足，也仍然无法填补这部分重要意义的缺失。如果在别人眼里你衣食无忧、家庭美满，这种忧郁就会被更深地误解，你也无法表述清楚自己的不快乐。人们对于体验较少的情感往往说不清楚，但并不代表他们不渴望这些情感，只是长久的缺失让他们感到遥不可及，惠兰每次凝视远处都会让我产生这种感觉。她的世界里一定不只有孤独，一定还有她渴望却从未表达过的东西。她喜欢唱歌吗？她喜欢蹦蹦跳跳吗？她可以和哥哥姐姐们争吵吗？而她本可以有的声音和踪影只能隐藏在她的忧郁里。

低落：无力滑行中的自我保存

低落的情绪使人就像一辆快没油的汽车，内在已无动力，只是由于惯性滑行着。情绪低落的人不仅忧郁、很少快乐，而且很难调动积极的情绪，尽管他们的学习、生活和工作看上去基本正常，但他们的内在早已因这种拼命适应而几近枯竭，长期低落的情绪导致他们疲于应对外部世界的各项任务。他们或许也有其他的调节方式，比如玩游戏、刷手机，或者大量吸烟、喝酒，但这些只能暂时转移注意力，偶尔唤起他们想做些什么的欲望，但之后他们很快会再次陷入无力"运转"的状态。他们传递出来的低气压往往是显而易见的，他们对美食娱乐通常也没多大兴趣，即使参加聚会也多半沉默寡言，显得心事重重。他们更喜欢一个人待着，尽量少与人交流。他们的运动量也相对较小，没事就喜欢赖在床上，睡觉的时间比常人更长；除了必要的事，他们也很少出门。

大鹏是一名软件开发工程师，会有网络游戏公司找他合作，有项目的时候他就很忙，没项目的时候就闲着。他有一位交往了 5 年的女友，可他觉得自己并不想结婚，更不想要孩子。最近半年，二人频繁争吵，分分合合。他觉得女友人不错，就是总抱怨他太懒了，对未来毫无打算。他的休息时间除了睡觉，大部分都耗在电脑游戏上，女友有时会拉着他去看电影、逛街，但他总是觉得一切都很无聊，每次总是勉强出门又扫兴而归。他说他的脾气近来很差，有时会觉得活着没意思，但他说自己也不会真的想不开去轻生，他有些自嘲地说："我没有这个权利吧。"

大鹏出生在北方的一个小城市里。他说自己从小喜欢看动漫和港剧港片，喜欢唱歌，而他的父亲总是鄙视他的这些"无用"的爱好。在他小学毕业那年，父亲把他收集的画册全都当废品卖了，告诉他以后必须把全部精力都投入学习中。他的父亲是家中唯一的男孩，年轻时很喜欢文学，常给当地的杂志社投稿，但爷爷希望父亲能做官，觉得当作家没什么地位。父亲听了爷爷的话，郁郁不得志地做了一辈子普通的政府职员。现在大鹏再次成为家中唯一的男孩，不得不成为"失败"的父亲的替代者，背负这份家庭的使命。他记得爷爷奶奶总是在逢年过节的时候"鼓励"他长大了一定要有出息，他说从未有人问过他喜欢什么，未来想做什么。大学毕业后，他选择远走他乡，但并没有觉得拥有了真正的自由。跟女友结婚是家人规划和期待的他的下一步人生，但对他而言，这不仅不意味着拥有更多的幸福，反而预示着他将失去更多的自我。他似乎永远讲不出他的愿意和不愿意，他的家人和女友一直不懂为什么他年纪轻轻却如此低落消沉。

大鹏以这种看似放弃的方式表达他的抗争，因为他自己的人生几乎从未真正地开启过，他只是拖动着不由自主的身躯被动前行。他曾幻想长大做歌手，但这个愿望在他很小的时候就被压抑了。那些看起来缺乏动力和兴趣爱好的人，事实上他们尘封的记忆里满是美好又带着泪的笑。

在低落中的人们拒绝更多的行动和反应，他们试图停下来或逃走，减少会让他们失去自我的不得已的消耗，他们在无力做自己的时候，只能用这种拒绝被要求和被选择的抵抗来保存自我。

抑郁：在放弃边缘的呼救

和焦虑维度的极端——惊恐发作类似，抑郁是另一种呼救的情绪语言，它以一种特殊的表达——"放弃"，表达不想放弃。他们**想放弃的是这个令他们失望的世界，而不想放弃、设法留住的是完整的自尊**。没有体验过抑郁的人会试图拉住他们，但这种努力往往无效，因为他们内心长久缺乏自我确认感，已经变得非常脆弱，与人的情感连接也变得纤细，时常处在断裂的边缘。

在抑郁的世界里，人会更加孤独，几乎完全失去意义感，也几乎感觉不到希望。这种感觉有时来自糟糕的现实，比如失恋、痛苦的分娩或育儿过程、离婚或丧偶，人在感受到失去情感的关注后就会陷入非常孤独的世界。有些人也可能看上去生活一切如常，但内在已经非常糟糕了，几乎丧失了希望。在这里，"希望"更多地是指活下去的勇气，而这种勇气并非来自解决现实问题的能力，而是来自你心中某一个人的存在，他让你相信，无论你怎样他都愿意与你为伴，而且他不是同情你，而是深知你的苦难，懂得你在无望的边缘挣扎以及你可能选择放弃的无奈。

小建是一位陷入抑郁的年轻人。他一年前大学毕业，有一份不错的工作，但他很想辞职。并非工作不如意，而是他在人群里感到更加孤独。每天他总是要抽空跑到空旷的地方换口气，才能勉强回到工作的环境。他说他不知道辞职了可以去哪里，可以干什么，他对这个世界感到厌倦，他说找我也只是想随便聊聊，也许谈了以后就可以决定是否和这个世界告别。最初，我几乎无法理解他的情绪为何如此糟糕。

他的家乡在四川的某个县城，他一直用方言和我说话而不肯用普通话，开始我只能听懂大约50%，我以为是方言的缘故，后来我发现他的发音似乎有些问题。他告诉我，他的妈妈是听障人士，爸爸常年在外面打工。他说他讨厌人讲话的声音，自己也不喜欢讲话。上小学时，他很少和同学讲话，同学因此给他起了个外号"小哑巴"。他回家也只能无声地流泪，因为出声完全没有意义，妈妈时常察觉不到他的情绪，即使看到他哭也不懂为什么。他说爸爸是因为家里穷才娶的妈妈，爸爸根本就不爱妈妈，爸爸常年在外让他感觉家里异常安静。他说话总是有种含糊的感觉，有时让我觉得他似乎在自言自语，并不指望有人听懂他。

后来，我们在咨询过程中找到了一种他喜欢的交流方式——一起聊音乐，我发现在音乐的世界里他的语言很丰富，包括色彩、动感、四季变化等。咨询前，他把喜欢的音乐提前发给我听，然后我们一起边听边聊，聊在音乐里听到了什么。至今我仍记得我们一起聊乐曲《风居住的街道》时描绘的景象，我说我看见街道两旁是一排排的楼房，他说在楼房的旁边是一排排的大树，我说看见大树在风中舞动着枝叶，他说秋天到了，树叶黄了，掉落了。我说那些树叶也在风中跳舞吧，他说树叶被吹跑了，去了很远的地方，我问是哪里呢，他说大海边，也许回到了大森林里……

我们的咨询并没有持续太久，他和我做了告别，他说他仍然留恋这个世界，但只留恋大自然的部分。我没有再拉住他，他如同那次我们一起"看的"被吹落的树叶，不知道后来飘到了哪里。

我不知道他后来是否遇见一个懂他的人，让他还可以对这个世界抱有期待。他的童年里没有保护，没有回应，缺失了很多重要的东西。他在被忽略、被排斥中孤独地长大，需要很大的勇气才能保留对这个世界的信任和期待。我无法以我自己的经历告诉他这个世界是值得留恋的，当我走进他绝望的心境，看见那里的光景时，才开始听见和听懂他的抑郁背后的孤独。

至此，我们在情绪的体验之旅走了一遭，也许你的经历和这些故事中的片段相似，也可能有的故事中的人就像你身边的某个人。当我们有机会听到一个个情绪背后的故事时，可以了解到的不仅仅是各种起伏变化的心理反应，还有这些反应背后很多重要的、需要被解读的感受和意义。

第二部分

获得疗愈的有效途径

第五章

人类最稀缺的精神活动——理解

人既是痛苦的体验者，又是痛苦的理解者。最初，心理学家更像科学家，他们无数次研究痛苦之人的心理症状规律，解读其无意识里的冲突，并通过将自己的解读告知对方，以及尝试用各种认知和行为层面的干预手段来解决问题，但这种单向的方式似乎并不怎么奏效。于是，心理学家开始选择不再置身事外，而是以情感体验的方式参与进来，**最终他们发现痛苦之人反复倾诉的动力不是等待解读而是渴望回应。**

美国自体心理学家玛丽安·托尔平将人类对自身发展的渴望称为**希望的卷须**。这是一种不易觉察的潜在动量，虽然纤弱，却一直都在，象征着每个生命都不会放弃的生长渴望。在人生的早期，每当你的需要获得理解性回应时，你的想法和感受就会被确认、被允许，随后你的精神世界开始伸展扩充；而当你无法获得理解时，你的生长渴望也不会从此消失，而是蜷缩成一团不易觉察的希望的卷须。

科胡特，自体心理学创始人，**将这种让希望的卷须伸展的回应视为人类精神生存的氧气**，一个人的内在无法完成健康的生长源于早年长期处于"缺氧"的环境中。但即使意识到这一点，提供这种理解性的回应也不容易，因为理解者同时也是氧气的需要者，会遇到两种困难：第一，可能双方同时都需要被理解，当理解者无法处理自己的需要时就无法去理解对方；第二，彼此的需要不同，这让理解变得困难。

当你反复地听见一个人诉说痛苦，你会自问："他怎么了？"当所有的思考和知识都无法给你答案时，你的头脑不转了，但你的身体会不自觉地反应；你不懂，但你也不那么急着解释，你只是和一个痛苦的人浸泡在一起。这种共处的神奇之处是，它让一个人对解决痛苦的期待大过了对关系的绝望，甚至在不易走近且彼此相斥的困局里，两个人也不想就此放弃。

正是在一批心理学家和他们的来访者的共同努力下，心理学家最终发现每个痛苦的人都可以好起来，他们通过不断的对话，渐渐找到人类共通的情感语言，在表达、听见、回应的过程中，解读人类在关系中的共同渴望。

这些渴望简单、清晰、不可或缺。

第一节

人的根本需要是什么

动 机

当我们感到不理解一个人的时候，本质上意味着我们不知道他的动机。比如父母会感到困惑，为什么别人家的孩子都喜欢在一起跑跳、追赶，而自己的孩子只喜欢待在家里一个人摆弄玩具。表面上看，不解是针对行为和想法的，但根本原因是无法理解行为和想法背后的动机。

我们先来看看什么是动机。动机是一个人的根本意愿，所有外在表现的源头都是动机。理解了一个人的动机，就可以解释他的想法和行为。但在理解痛苦和动机的关系时，尽管大家都承认动机是心理之源，是一个人的精神之本，却在看待动机的立场上存在着分歧。

一派是弗洛伊德的观点，他认为动机会带来内心的冲突，人在动机无法被满足时会产生痛苦。当无意识里的动机被解读之后，人们需要获得一种相对的妥协和平衡。换言之，人们需要在与他人的关系中有效地处理这些动机，兼顾他人的需要，并将某些动机转化为工作和创造性的活动。而另一派的观点是，产生痛苦的原因虽然和动机有关，但不是动机本身的问题，而是动机被违背带来了痛苦。也就是说，人们的痛苦来自动机不被允许、不被理解，以至于无法按照自己的意愿思考和做决定。因此，当没有人懂自己而且在乎自己的意愿时，人们有可能在压力下向现实妥协，内心却不会向自己的动机妥协。人们会在未来可能的情况下实现动机，它将推动生命继续前行。

在确认你更支持哪一派前，我们先来了解一下心理学家对动机做的研究。弗洛伊德把人的原初动力称为"力比多"（Libido），它的主要表现形式是性欲与攻击，他的观点来自他对临床的成年病人的观察和对自我的探索。他发现病人的痛苦和力比多有关，因为力比多是被约束和限制的，自我将它们压抑到无意识中，并形成内在冲突，从而带给人很多的不安。他发现当这些无意识的冲突被解读出来，进入意识当中时，人的内在冲突就不再以无意识的形式困扰自己了，而那些原初的动力会转化为工作的动力，同时人们会以"对客体的爱"来处理和他人的关系。简而言之，弗洛伊德的理论认为，每个人的生命都由动机推动，需要某种平衡来减少动机带来的内在的冲突。这种视角对人与人的关系是相对悲观的，它让一个人更多地感到是自己的内在冲突带来了问题。

约瑟夫·利希滕贝格是一位当代的心理学家，与弗洛伊德不同，他不是通过研究临床病人来推断人的动机是什么，而是通过对婴儿的观察研究，发现人的动机是在婴儿期的前语言阶段形成并确立的，并将其汇总为人类的五大动机系统。我们会看到，除了弗洛伊德所说的性驱力，他的动机系统中还多了几项和他人相关的动机。而且据他的观察，这些动机呈现的不是简单的满足，而是更有趣的互动和丰富的情感体验。这部分稍后我会展开说明，我们先来了解一下五大动机系统都是什么：

◆ 基于生理需要的心理调节动机（简称：生理动机）；

◆ 依恋－归属动机；

◆ 探索－坚持动机；

◆ 感官－性欲动机；

◆ 厌恶动机。

基于生理需要的心理调节动机：生理动机是维持有机生命体存活的基本动机，比如喝水、进食、排泄等生理需要，还有温度适宜等对环境舒适的需要。婴儿通常会用哭声和四肢的动作来表达他们的不适感，一旦养育者了解并及时地满足婴儿的需要，婴儿就会获得心理的满足，同时也会用安宁的表情或睡眠回应养育者。

依恋 - 归属动机：随着婴儿的成长，他们和养育者的互动开始增加，对彼此的情感也随之增加。观察发现，在陪伴婴儿玩耍时，养育者和婴儿都会感到开心愉悦；婴儿在感到孤单时会寻找养育者的身影，并在养育者的安抚下恢复安宁，同时养育者在听到婴儿的哭声时会牵挂婴儿，并设法了解婴儿的需要进行安抚。这种依恋关系的核心是彼此的情感连接，当孩子的需要被满足时，彼此都会感到愉悦，依恋动机是人们确认存在和价值的重要驱动力，换句话说，它促使你在他人的回应中获得愉悦感的确认、允许、称赞，并因此放大和保持愉悦的体验。一个人在孩童时代与父母的依恋关系会延续到成年以后的伴侣生活中，他需要在另一个人的陪伴中让自身的感受获得关注。短期的独处会让人感到宁静和不被打扰，但长久的独处会让人产生孤独感，无法获得依恋动机的满足，因为在无回应的环境中愉悦感会减少。

归属动机和依恋动机的相似之处在于，都追求在相互的依恋中获得愉悦感的满足，只是归属动机指向的不是养育者，而是更大的群体，比如家族、一群同龄的伙伴或其他团体组织等。归属动机驱动一个人去认同某些人并与其保持关系密切，从而获得互相分享所带来的愉悦感以及被引领和支持所带来的力量感。

探索 - 坚持动机：随着孩子的身心发育，他们开始对周围的世界产生更多的好奇。孩子最初是靠各种游戏获得愉悦感，同时他们也很需要父母的陪伴和认可。观察发现，当婴儿可以用小手弄响铃铛的时候，他们玩耍的乐趣会因为父母夸奖的语言和笑容而增加。孩子也会在无法完成游戏任务时寻求父母的帮助，而当他们有一定胜任感后，更愿意自己尝试找到解决问题的办法；同时他们希望父母以陪伴的方式在场，既不干扰他们，又能看到他们的需要并提供帮助。孩子完成任务的愉悦感和父母在整个过程中的参与度密切相关，当孩子找到办法或取得进步时，他们很需要从父母的称赞中获得确认，以与自己的满足感进行匹配；当他们遇到困难时，他们也需要父母分享经验或者指导帮助，以解决他们内在的困惑。

探索 - 坚持动机说明每个人的天性里不仅有探索的欲望，也有在探索过程中克服困难，找到办法的欲望，这两个过程是紧密相连的，只有经历坚持的过程，才能让探索的欲望获得满足。虽然这个动机更多是指向任务的，但与父母的表现也密切相关，显然在这个过程中，父母很难协助孩子满足这项动机。父母的参与度过低或过高，都会使孩子的愉悦程度减弱。很多父母会着急帮助孩子，这会剥夺孩子在坚持动机上获得满足的机会；也有些父母在孩子需要帮助时参与度不够，导致孩子感受不到父母对自己的支持而气馁；更糟糕的情况是，父母在孩子需要帮助的时候表现得焦虑并责备孩子，致使孩子的探索动机被压抑。探索 – 坚持动机也是推动整个人类社会发展的重要动机，人的满足感会随着对周围世界的好奇、挑战、创造、征服而提升。

感官 – 性欲动机：感官愉悦是指大部分人都会通过视觉、听觉、嗅觉、味觉、触觉获得满足感，性欲也是感官愉悦的一部分。在观察中发现，婴儿在被爱抚、摇晃、拥抱时感到满足，这种满足是依恋动机的延伸，让婴儿在关系中有更多的自我确定感，是日后婴儿感到被喜欢的基础体验。与生理动机类似，感官 – 性欲动机也是从身体的某种需要出发，但前者更基础，而后者会让一个人的满足感变得丰富和完善。如果感官动机在生命早期获得满足，那人一生中的体验就会获得更多的满足；而如果早期这些动机被抑制或较少有机会被启动，成年后的满足感就会减少，甚至无法获得。感官动机很多时候是在互动中完成的，当你无法了解自己的感官动机时，也会更难理解他人对此的需要，与他人的关系会因此更显疏远。

厌恶动机：厌恶动机是动机里一个很特别的角色。它的内在语言——"我不愿意，我不喜欢"，和其他动机刚好是反的。对厌恶动机的承认有特别的意义，意味着从另一个视角认可了一个发自内心的意愿的存在——我不愿意，并使其拥有一个堂堂正正的地位：厌恶动机系统。以往我们很难理解一个人的逃避、抵抗，会更消极地看待这些行为，然而当我们了解到它们源于一个人的动机时，就会重新审视这些行为，因为既然是动机，那么我们一定也有，所谓"己所不欲，勿施于人"。想象一下，你最开始看一本书时感到很有趣，但当你连续不断地看了半天后，你有些疲倦，肚子也饿了，但被要求不能停下来，必须坚持看完。这时，你的厌恶系统就被激活了。

当一个人的其他动机都被限制或无法实现时，厌恶动机就出场了。最初看书的探索动机不再维持，生理动机也被禁止，厌恶动机就会启动并提示你：你不再感到愉悦。你会因为不愉悦的体验非常难受而设法恢复其他动机的正常运作。厌恶动机会用两种表现形式——敌对和撤退，来呈现其他动机受挫下的反应。当你有力量并倾向于抗争时，你会偏向敌对；当你的力量比较弱，你就会采取撤退的方式。如果厌恶动机驱动下的想法或行为被理解，你就可以再次回到其他动机中；如果不被理解，你就会继续被厌恶动机驱动，通过敌对和撤退来暂时保护自己。厌恶动机让人在无法实现其他动机时有一个缓冲的地带，直到有机会可以再次回到其他动机的驱动状态。

我们如此解读人类的动机，会让人与人之间的对抗多了一个理解的角度，"不愿意"和"愿意"一样，也是一种本能的意愿，敌对和撤回只是其不同的外化表现，虽然它扩大了关系中的张力，但本意并不是破坏关系，而是一种需要的表达。人们会在厌恶动机的驱动下传递出自己因某种需要被打断、忽略或剥夺而产生的感觉，没有人愿意一直处于厌恶动机的驱动状态，人们更希望自己不舒服的感觉被他人收到，被他人理解或被允许自己做判断，或获得帮助，从而修复其他动机的运作。遗憾的是，当两个人同时处于厌恶动机的驱动状态时，敌对感会增强，因为此刻双方都需要对方的理解来修复自己，彼此都没有空间去理解对方的动机。

动机的特征

遵循愉悦法则

动机带来的核心体验是愉悦感。在对婴儿的研究中发现，每种动机的满足都会带来愉悦的体验，而父母的参与会大大地影响婴儿动机系统的发展与平衡。一个会随时被妈妈识别身体饥饿或不适并安抚的婴儿会感到平静而安全（生理动机）；一个被爸爸"举高高"的孩子会体会到依恋的安全和一个有力量的爸爸带来的夸大的满足感（依恋动机）；一个被妈妈拥抱和爱抚的婴儿会感受到温暖和亲近（感官动机和依恋动机）；一个在爸爸的陪伴指导下第一次学会游泳的孩子会感到自己很了不起（探索－坚持动机）；一个吃饱了而且可以表达拒绝进食的孩子会感到被允许和接纳（厌恶动机）。

愉悦感是一种和舒适、快乐有关的连续体验，从安全、平静、舒服到满足、开心、兴奋。相反，不愉悦感从不安全、烦躁、不舒服到厌烦、恼怒。**愉悦感是动机的核心特征，它意味着一个人总是趋向于让自己愉悦和避免不愉悦的发生，这就是愉悦法则。**

弗洛伊德将力比多的特征认定为"快乐法则"，"快乐"本无问题，但将其解读为以满足为目的时，这个法则看起来就成了冲突和痛苦的根源。与快乐法则不同，愉悦法则是一种驱动生命的平衡状态，它既让一个人被动机驱动而前行发展，也让一个人在停滞中平静安定以保存自我。愉悦感就像一个人内在敏感度的调节器，通过改变其想法、行为来设法使其处于愉悦当中，避免不愉悦的发生，或在不愉悦发生时有效地引导个体调整回愉悦的状态。显然，这是一种积极、健康的行事法则。

动机的驱动并不是让一个人无休止地追求满足，而是让其尽可能地保持愉悦状态。换句话说，人会在愉悦法则下通过转化动机而尽可能保存关系，而不是一味地追求某种动机的满足，人会通过关系互动尽量获得更多的愉悦感；当无法获得满足时，人并不是简单地陷入冲突中，而是会发生动机的转化，并在不同的动机驱动下保持相对的愉悦感，因此动机不被满足产生的结果不一定是关系对立。例如，一个很想一直玩耍的孩子，当被父母要求回家吃饭时，他的探索动机带来的愉悦感就会停止，但探索动机会因为回家吃饭而转化为依恋动机和生理动机，并获得相应的愉悦感。尽管这个过程的发生可能是被动的，但一个人会选择减少某种动机带来的愉悦感而保存关系，这并非一种简单的对立或冲突的关系。

在愉悦法则的前提下，将**愉悦感当作理解一个人的线索**，理解将变得容易，因为所有人都在使用同样的法则。我们可以将愉悦度作为衡量各种感受的标准，将所有的感受都围绕愉悦感这个中心轴延展，这样我们就可以通过了解一个人的各种感受的愉悦度来了解他的动机和满足程度。如果我们可以对各种体验的愉悦度有细腻的鉴别力，那么无论是对自己还是他人，理解的准确度都会提升。

无差异性

动机没有道德性，不分好与坏。动机是每个人维持生命体健康存在和发展的根本动力，因此它们并无好坏之分，只有强弱的差别。但人们对动机存在很大的误解，我们经常听到"不应该"之类的评判和责备，并因此感到羞耻和自责。但你不能对一个饥饿的人说"你不应该吃"（生理动机），也不能对一个寻求帮助的人说"你不应该要"（依恋动机）。

道德是一种人们共同认同的相对标准，人们以道德规范人的想法和行为，因此那些"不应该"来自对彼此共同利益的维护，即当人们遇到利益冲突时，会通过"我不会去做的事情，你也不应该做"的原则解决。比如，大家都在面包店排队，等待付费后拿走选好的商品，但如果有一个人说："可以给我一个面包吗？"估计所有人都会觉得这个要求是不应该被满足的，但接着你听到那个人说："我太饿了，可是我现在没有钱。"这就从一个道德问题变成了动机问题，你可以说"你不应该无偿地拿走别人的东西"，但你无法说"你不应该饿"。针对动机，我们无法说"不应该"，因为我们每个人的动机都是一样的，你知道饿的感觉，你知道饿的时候人需要吃东西。

动机随时切换

一个人的生活内容和人际关系是丰富多变的，他要生活、学习、工作、休息、娱乐，有家人、朋友、同学、同事、客户，因此，人的动机会根据需要和环境随时切换，并设法在切换中尽可能地维持愉悦感。例如，当你感到饥饿时，你会因生理动机的驱动在获取食物时感到满足；但当你感到饱腹时，你就会停止进食，如果你被要求多吃点，厌恶动机就会启动，你会拒绝多吃，因为再吃就会让愉悦感下降。在学习和工作中，当你能够掌握并应用知识时，探索－坚持动机会让你处于愉悦感中；当你遇到学习困难而自己无法解决的时候，依恋动机会启动，即寻求帮助和支持，在困难解决后你会再次回到胜任的愉悦体验中。

回到本节开头的例子。孩子和一群小朋友一起玩耍与独自一个人玩耍都有各自的愉悦感，前者在归属动机下感受友情与合作，后者在探索－坚持动机下有更多自己的探索空间，尽管孩子获得的满足不同，但核心都是趋向愉悦的。当然，也可能孩子在群体中没有感到自己受欢迎，如果强迫他去和其他小朋友一起玩，他的厌恶动机就会驱动他做出敌对或撤退的反应，并在依恋动机的驱动下选择和父母待在一起。厌恶动机的启动意味着愉悦感降低或丧失，厌恶动机会驱动你恢复愉悦感，回到其他的动机驱动状态。

动机往往处于无意识状态

尽管我们时时刻刻都被某种动机驱动着，但我们很少意识到动机的存在。动机往往自然地驱动着你，比如饥饿等与身体舒适度相关的体验会让你自发地解决问题，恢复愉悦感，你并不需要先意识到自己产生了某种动机，再去思考和行动；有些动机会改头换面以别的形式出现，你并未意识到自己真正的动机是什么。每当我们产生"为什么这么想，为什么这么做"的好奇时，我们就是在寻找动机。你有两个寻找答案的途径：一个是理性的思考，一个是感性的体验。

我们知道愉悦感是让我们了解想法和行为背后的动机的线索。简单地说，你之所以这样想或这样做是因为它让你更舒服、更开心、更满足。假设，你在远离家乡的某个大城市工作了 10 年，有稳定的工作和不错的收入。但有一天，你发现你想离开这里，所有的理性判断都告诉你离开不是最佳的选择，比如，这里有更多的机会、更高的收入以及熟悉的人际环境。但如果沿着愉悦感的线索去思考，你就会发现留在这里虽然会让自己感到稳定，并获得父母对自己努力的认可，但自己是不快乐的、疲惫的、厌倦的、孤独的，这些感觉意味着你从曾经的探索 – 坚持动机（工作中的进步）和依恋动机（获得父母的认可）转换到了厌恶动机。这时如果有人问你，选择离开这里回到家乡会是怎样的感觉，你会发现这么做能带来一些愉悦的体验，比如，压力减少了，可以做自己喜欢的事，还有和父母团聚。在理性的判断下，你可能不会意识到自己的动机；而当你沿着愉悦感的线索去思考，就会明白自己为什么想离开这里，你的动机决定着你的想法和行为（见图 5–1）。

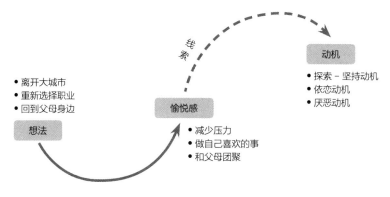

图 5–1　通过愉悦感的线索了解无意识动机

只要人活着，动机就不会消失，只是当动机无法获得理解时，就会处于无意识状态。有时一个人看上去似乎没有需要，但这不代表他的动机消失了。不表达需要是一种保存方式，他可能处于厌恶动机的主导状态。

所有的动机都需要回应

研究发现，那些得到恰当回应的婴儿身体发育更健康，心情更愉快，而得不到及时和正确回应的婴儿睡眠与饮食都会出现问题，尤其是会出现各种情绪反应，比如哭闹或害怕、退缩。由此可见，识别并回应婴儿的动机很重要，因此约瑟夫很确定地认为：**无论哪种动机，都是人类生存与发展的基本动力，它们无一例外地需要得到回应。**

请注意，这里讲的是回应，而不仅仅是满足，回应也因需要的不同而有不同程度的差异。如图 5-2 所示，最基础的回应是满足，即对关乎生存的基本需要的回应，通常包括生理动机中维持生命的需要，以及依恋动机中在感到恐惧的时候对安抚、陪伴的需要；程度居中的是支持性的回应，包括在依恋动机和探索 – 坚持动机中获得认同、赞许和欣赏的需要；回应程度较弱的是允许的回应——可以不满足甚至不认同，但允许、接受和理解，这里包括五种动机中每个人的差异性需要。

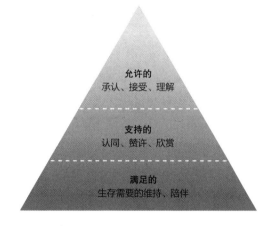

图 5-2　不同的动机对应不同的回应

动机本身是有差异的，因而它们需要的回应也不同。你在向伴侣表达饥饿时和与他分享电影时需要的回应是不同的，前者你希望对方有更强的回应——去设法满足你的需要，后者你需要的就不是满足，而是希望对方认同你的想法和感受，或者至少愿意理解和接纳。

心理学理论最初秉持的是冲突的观点，这一观点是通过成年病人的痛苦得来的。心理学家发现，病人似乎因为无法获得满足而感到愤怒、怨恨；心理学家试图对病人的"不成熟"的期待——那些试图让他人满足自己的欲望做出解释，从而化解病人内心的冲突。然而，随着心理学实践的发展，尤其是通过对婴儿的观察，人们发现动机并非一味地需要得到满足，而是需要在互动中得到恰当的回应。

比如，一个饥饿的婴儿可以安静地等待妈妈冲泡奶粉，而不是一直哭泣，他可以忍耐饥饿而不需要即刻被满足，因为他在以往的互动中知道妈妈了解他饥饿时的感受，即他需要的是妈妈的理解而不仅仅是满足。有些不停哭泣的婴儿也并不是一味地需要即刻被满足，而是感到妈妈无法理解自己哭泣的原因以及无法及时地回应自己。在心理咨询的实践中也发现，来访者即使在极其脆弱的时候需要的也是你在乎和支持他的立场，而不是你随时随地的陪伴，他们担心的是没有人能感受到他们的痛苦，没有人承认和理解他们。在探索他们与父母的关系中发现，他们即使感到痛苦，也能站在父母的立场体谅父母的不易，只是在无法获得回应时，他们非常不确定自己是不是被喜欢和在意的，他们需要的不是让父母满足自己所有的要求，而是知道父母的想法——是否愿意让自己开心，是否在意自己的感受。

所以，并非动机带来人与人之间的冲突，而是动机没有获得协调性的回应导致了冲突。 非协调性的回应意味着让你感到愉悦的体验在父母那里完全不被认同，甚至父母还坚信他们不认同是为了你好。这种回应会让人感到痛苦，因为你没有办法让父母了解你的感受，他们看上去完全不懂你的动机。而在你更小的时候，他们是懂的，比如在你饥渴和不舒服的时候。现在你的世界扩充了，你有了更多的体验，你开始有自己的偏好和选择。当动机变得复杂而多元时，回应的协调也变得困难。

动机是否获得回应，会不同程度地影响愉悦感。 在动机获得理解性回应时，愉悦感会因被理解而增加；而动机没有获得回应或是被错误地回应时，愉悦感会减弱甚至被破坏，但你对愉悦体验的需求不会消失，而是被压抑到无意识当中，成为痛苦的一个来源。

回应存在差异

回应的差异反映在响应度和准确度上。 响应度低，让人感到被忽略；响应度高，让人感到被重视。准确度高，让人感到被理解；准确度低，让人感到被误解甚至被否定。这种差异可以将回应基本上分为理解性回应和失败的回应。

为什么回应会存在差异呢？当你收到自己熟悉和确定的信息时，会很容易做出回应，但在听到不同或不熟悉的想法时，你的本能是首先坚持自己的想法，这是因为我们每个人都需要确定感；同时你也有可变的空间，当你自身的状态基本稳定，同时对对方产生好奇或感到在意的时候，你就可以出让一部分确定感，允许一些差异的存在。这种差异反映在回应的响应度上，当你设法远离你不想体验的信息时，你可能会不做回应；而当你有一些容纳空间时，你虽会推迟但仍会做出回应。

陌生有时令人好奇，但需要以增大愉悦感为前提，比如新的知识，可能引发你的探索动机，也可能引发你的厌恶动机。差异也会带来不安，那些你从未去过的地方有可能是被告知不安全的地方，大多数时间你会选择在熟悉的地方和熟悉的人在一起，你也会更多地坚持自己确认的观点，因此做出及时和理解性的回应并不容易。

即使你做出回应，也很难保证回应的准确度。首先你会运用自己熟悉的信息解读对方，而当你的回应并未让对方感受到理解时，你会产生困惑甚至挫败的体验，你需要启动一些自己不熟悉的体验去更多地理解对方的表达，这个过程可能拓宽你的视野，也可能促使你回到自己熟悉的世界，保持自己原来的想法和做法。

作为养育者的父母，对于孩子各种不同的表达会有不同的回应。当孩子的表达不会激起他们太多的不确定感时，他们就可以做出理解性的回应；而当他们需要保持稳定感时，他们就会用自己更确定的观点和做法回应孩子，这些回应可能保护了孩子，但同时也限制了孩子的发展。

回应的差异会对个人体验造成不同的影响，不同的回应会让你的想法变得更坚定或更动摇，让你的感觉变得更愉悦或更糟糕。糟糕的感觉主要集中为两种，分别是羞耻和恐惧。

羞耻源于你的想法和做法被极大地否定，从而显得你和所有人都格格不入。换句话说，你会因没有人像自己这样而感到羞耻，但这种感觉并不是来自你自身的体验，而是来自被嘲笑和贬低的回应。

恐惧同样源于糟糕的回应。当你意识到自己的想法或行为可能令父母极度不满甚至到愤怒和讨厌的程度，你的内心就会升起极大的不安——"他们会不会不要我了？"

动机的运作是在互动的系统中完成的

在观察中发现，尽管婴儿的每个动机都需要父母的回应，但这并不是一个简单的单向过程，而是有各自动机的双方的参与过程。婴儿在表达需求并得到理解和满足时，也同样对父母有回应；父母也会因为理解、满足了孩子而获得满足。比如，在婴儿饥饿地等待妈妈来喂奶时，妈妈也是急迫的；一旦开始哺乳，婴儿和母亲都会平静下来，婴儿满足地吃奶，母亲也因为让孩子吃上奶而体验到胜任感。虽然没有语言的沟通，但当母亲注视孩子的眼睛时，孩子也同样注视着母亲，他们在用彼此的眼神和安静、亲密的身体接触传递着对彼此的依恋。

在另外的观察中发现，有时婴儿的哭闹会令母亲感到烦躁，因为她无论拥抱、拍打还是喂食都无法安抚孩子；而孩子很可能是肠胃感到不适，却无法让母亲知道。观察发现，有些孩子先天身体素质差，这会加大养育的难度，母亲在缺乏经验或不了解孩子哭闹的原因时，会因无法有效地安抚孩子而感到气馁；对于孩子而言，他不知道妈妈为什么无法安抚自己，只有继续大声地哭喊。同样，有些妈妈的身体状况也会在养育孩子的时候变差，她们也会因为要持续地关照另一个小生命，无法得到连续的睡眠而变得情绪烦躁，这时她们对婴儿需求的反应就会迟钝。

从前面的场景里可以看到，**动机的满足不是单向运作的，而是在一个双向互动的系统里完成的，它受到双方各自动机的制衡。**互动的延续需要双方的动机都处于良性的运作状态，良性是指动机不被抑制并可以正常地驱动一个人获得愉悦感，良性的互动是彼此的动机都获得适切的回应。

这一结论和弗洛伊德的理论不同，但我们也不难理解为什么会有很多人秉持和弗洛伊德相同的观点，即欲望带来关系的冲突。因为很多时候，我们的体验就是这样的：当父母拒绝我们，尤其表现出很生气的样子时，我们会真切地感受到提出需求带来了麻烦，父母是不愿意的。事实上，父母可以是不愿意的，但他们可能没有做出解释，即真实地阐明自己的动机来获得孩子的理解，而是责备孩子，这意味着父母自己的动机处于被抑制的状态。他们在无法接受自己的动机时指出孩子的错误，就可以不去触碰自己动机的浮现所带来的不安（这种不安同样是他们在童年中没有获得协调回应的结果），即"我没有什么需要，是你错了，我只是为了你好"。孩子更是无法得知父母的真实动机，因而会在困惑中以为自己做错了什么。

随着孩子的成长，他们的动机更加丰富和多变，让父母更难及时而准确地识别和满足。同时，随着孩子动机的改变，父母要想做出协调反应也需要调动自己的体验来理解孩子，比如参与孩子喜欢的游戏。但他们很可能会因为疲倦、对游戏的兴趣不足，以及自己情感和事业上的烦恼而无法给予孩子协调的反应。

关系冲突的本质是双方的动机不能被彼此理解，在无法有效互动，即交流并获得理解性回应时，形成冲突。

一个周末的下午，一位父亲在小区楼下陪 3 岁的儿子学习骑滑板车。最初父子俩互动得很好，孩子很感谢爸爸买给自己的新礼物，爸爸耐心地教孩子怎样掌握平衡，孩子很快掌握了要领，开心地滑了起来。看着孩子的进步，爸爸感到满足。一个小时之后，爸爸感到有些累了，但孩子仍在兴奋当中，爸爸说再玩 10 分钟就回家，而孩子显然没有玩够，10 分钟到了仍然不想回家。这时，父子俩发生了冲突，爸爸显得不耐烦，大声说道："你不走我自己回家了。"在爸爸转身的那一刻，孩子不再坚持，跟在爸爸后面，一脸的不情愿。爸爸在上电梯的时候看到了儿子的表情，但什么也没说。

我们从动机的角度看看这对父子的互动背后发生了什么（见表 5-1）。最初父亲送儿子礼物时，儿子感到父亲在乎自己，而父亲感觉做了一件让儿子开心的事，他们对彼此的依恋动机都获得了满足。在父亲教儿子的过程中，儿子的探索 – 坚持动机驱动他掌握了驾驭滑板车的技巧，而父亲在指导儿子并看到儿子的进步时也获得了依恋动机的满足。但当父亲感到疲倦时，他的生理动机驱动他尽快回家休息，而儿子仍在自己的探索 – 坚持动机中。在后来的 10 分钟里，父亲的厌恶动机启动，因为儿子的自我满足让他不得不忍耐等待，他们最初彼此依恋的动机不在了，因为儿子并没有意识到父亲等待自己的辛苦。父亲因为自己的需求被忽略而处在厌恶动机中，在这种情况下，父亲也不愿意去体会儿子的感受和理解儿子的动机，他需要考虑自己的需要，从而终止了对儿子的陪伴，儿子也因为不再感到父亲是愿意满足自己的而启动了厌恶动机。

表 5–1　父亲与儿子不同的动机

状态	儿子的动机	父亲的动机
儿子与父亲都是愉悦的	依恋动机 探索 – 坚持动机	依恋动机
父亲感到疲倦儿子没有玩够	探索 – 坚持动机	生理动机
父亲终止了儿子的玩耍	厌恶动机	厌恶动机

动机的表达与压抑

从上面的例子中可以看到，动机本身没有问题，无论是孩子还是父亲，他们在彼此的关系中都可以有自己的动机。动机有时是彼此协调的，即父亲高兴，儿子也是高兴的，这时各自的动机是没有矛盾的。但当父亲的动机和儿子的动机相互冲突时，父亲表达了自己的想法，但并没有让儿子明白他的动机；儿子并不知道为什么在自己很开心的时候，爸爸会终止刚刚还非常愉快的时光。而且，儿子也没有表达自己的动机，在爸爸有些不耐烦和严厉的语气里，他感到有些胆怯，无法向爸爸表达他还处在意犹未尽的感觉里。

互动是一个双向、连续的过程，即有效的回应会促进双方进一步的互动，无效的回应会让互动受阻，同时提示这个互动系统需要从厌恶动机里走出来，并在新的动机驱动下使互动延续。

如果互动继续，我们看看会怎么样。爸爸在感到累的时候告诉儿子："爸爸有些累了，我想回家了。"儿子当然还是不愿意回家的，但是他看见爸爸的神态，想到这个送自己礼物又教会自己玩滑板的男人的确也陪自己玩了很久了，他相信爸爸是愿意满足自己的，于是他可能说："可是我还没玩够。"但并没有那么坚持自己而不顾爸爸。爸爸听到了儿子的表达，看到了儿子的需要，于是他对儿子说："爸爸知道，明天爸爸下班了，我们再出来玩。"

从上述过程中我们看到，双方的动机在有效的互动下会因被理解而处于良性的运作状态。父母不是一定要满足孩子，父母的动机一样需要被满足，但如果他们的动机处于无意识的冲突当中——在他们自己的童年，动机未被识别和满足，他们将不会向孩子直接表达需要以求理解，也难以理解向自己提出要求的孩子。如果孩子继续坚持，他们就可能变得不耐烦（厌恶动机）而喝止孩子的要求。如果能及时地理解彼此的动机而不是掉入厌恶动机，或者任何一方坚持对自己动机的认可和表达，也会促进对方对自己动机的关注和理解。我们再看一个例子。

一个幼童刚刚学会了系鞋带，她的探索－坚持动机得到了满足，而妈妈发现鞋带系得有些松，于是蹲下来准备解开帮孩子重新系紧。孩子看到妈妈要解开自己刚刚系好的鞋带，感到有些不快，大声地制止了妈妈："不要解开，松了我会再系上的！"孩子的反应让妈妈感到有些不悦，因为她出于依恋动机的行为被孩子打断了，妈妈说："我担心鞋带松了会把你绊倒。"孩子却说："你总是帮我，我自己什么时候才能学会呀？"妈妈觉得孩子的话有道理，她当然希望孩子进步，于是妈妈放弃了自己的想法，孩子保存了探索－坚持动机，而妈妈仍然在依恋动机的驱动下，但她重新调整了自己的位置，从保护孩子到信任孩子，双方的愉悦感在有效的互动下得以延续。

当你感到累或困的时候，身体会需要休息（生理动机），如果你了解自己和他人的动机，本应该自然地接纳自己的身体不愿再工作、学习或者运动，但人类的文化会将其解读成懒惰、没有毅力、缺乏活力等，这会令你在他人面前感到羞耻，因而不得不压抑自己的需求，这在一定程度上启动了厌恶动机。但在这种情况下，厌恶动机是处于无意识状态的，而你的意识里会坚持对他人的观点保持认同，即"自己太懒了，不应该这样"。处于厌恶动机时，你的愉悦体验消失，这种状态下的劳作对你的身体和心理都是过度消耗。不难发现，很多时候你的烦躁和身体疲倦与不得不工作或做家务有关，当你意识不到自己的动机时，就无法和同事或家人表达自己的需要，但你的情绪会显露出来，而你只是需要说："我累了，我要休息。"如果你意识到自己的动机是合理的，尽管受到他人观点的影响，你仍可以把你需要被理解的动机也一起表达出来："我不太好意思说，但我需要休息，我太累了。"

回应的有限和互动的延续

及时准确的回应是一种理想状态，这样的回应虽然存在，但一直保持是不可能的。作为养育者，每对父母都在互动中学习，养育者这个角色和他们的其他角色相比难度更大，因为他们不仅要承担保证孩子身体健康的责任，还要面对孩子情绪变化中的各种挑战，这些挑战会随着孩子的长大、互动的增加而加大难度。父母自身的状态和孩子需要的多变，都有可能让互动无效，并让彼此的感觉都变得糟糕。

即使回应失败，有些父母和孩子还是会延续互动，他们在后续的互动中获得机会，并完成理解。这需要对彼此的关系保持信任，而这份信任是在互动的尝试中不断增加的，如果互动总是遭遇挫败，彼此就会减少互动，这样一来，表面的冲突是减少了，但彼此对表达的信心却逐步丧失了。

早年的互动模式形成了基本的人格

所谓"人格"是指每个人应对关系的特质，即在同样的人际环境中，人会有不同的反应方式，以及不同的情感体验，并显现一些典型的特质。人格可以简单地分为外向和内向，即相对的开放和相对的封闭。这种特质的差异性源于早年养育环境的差异，并通过回应的差异表现出来。

一个由母亲单独养育的孩子相对而言获得的具有力量感的支持性回应更少，比如母亲会更多地限制孩子的活动范围以保护孩子的安全。而对于父母关系和谐的完整家庭而言，孩子可能获得更多与父亲一起玩耍的机会，或在与外界接触时因父亲的支持而更有安全感。

人格没有好坏之分，对每个个体而言，人格都是与养育环境互动适应的结果。如果你有一个严厉的父亲，那么你很可能成长为一个谨慎、保守的人，在工作中会弱化自己的位置，从而减少因失误被批评责备而带来的紧张和恐惧。而如果你有一个会激励你的父亲，那么你可能会成为一个勇于尝试和争取机会的人，你会在更多的进步中、在战胜挑战中为自己感到骄傲与自豪。

人格只有相对的稳定性，一个性格内向的人在一份信任的关系中也会侃侃而谈，在更具理解性的回应中人格的可变性会更明显。观察逆反的青春期来访者可以普遍地发现，逆反并不是他们的目的，而是对于不被理解、不被接纳的反应。那些看上去性格倔强甚至孤僻的青少年在得到尊重和认可后会很愿意和你交朋友，他们需要的是你先以更加开放的姿态对待他们，接纳他们在成长中、自我探索中试图建立和维护的自我，他们的性格因回应的差异而变得更自信和外向，或者更封闭和逆反。

自体客体需要

我们被各种动机驱动：依恋动机让我们保持或寻找一段关系，感到被在乎和被喜欢；探索－坚持动机推动我们获得各种知识和技能，让我们在胜任感和价值感中获得满足；感官－性欲动机让我们的身体更多地打开，获得更丰富的愉悦感受。这些动机是在互动中完成的，即我们需要在关系中获得确认，通过回应而保持动机的正常运作，科胡特将这种在关系中对理解性回应的需要称为**自体客体需要**，他认为"自体客体需要是一个人从出生到死亡的生命过程中都必定需要的"。对自体客体需要的理解性回应被称为**自体客体回应**，回应让我们内在的需要被看见、被允许、被确认，并因此让我们感到内在的生命是可以被自我掌控的，更是有活力的、一直向前的。

科胡特将自体客体需要归纳为三大类别。

◆ 镜映需要：自己的存在与价值被看见、承认、欣赏。
◆ 理想化需要：在无助或害怕的时候获得安抚，在发展的过程中获得力量的支持和方向的指引。
◆ 孪生体验需要：有和自己相同或相似的人，让自己获得认同感、归属感。

当内在需要被理解和回应时，我们会获得下面的意义。

◆ 镜映需要：我是有价值的，是值得欣赏的。
◆ 理想化需要：我是重要的，是值得帮助和支持的。
◆ 孪生体验需要：我不是孤单的一个人。

当内在需要不被理解和缺乏适切的回应时，我们会获得下面的意义。

◆ 我是不够好的、无价值的、令人厌恶的（缺乏镜映需要的回应）。
◆ 我是不被在乎的、令人嫌弃的（缺乏理想化需要的回应）。
◆ 我是令人排斥的，没有人像我这样（缺乏孪生体验需要的回应）。

大量的心理咨询实践发现，除了上述自体客体需要以外，还有一类更基础的自体客体需要，即一个人自己的想法、做法以及感受需要被允许存在并获得理解。通俗地讲，有时你并不需要被夸奖、被支持，甚至也不需要有人和你有同样的看法和感觉，但你需要自己的想法和感觉不被否定、不被剥夺，可以被允许和接受，这种需要被称为**自我界定需要**，即在上述需要获得回应后，自我可以被清晰地界定出来，而不是模糊的，甚至是被覆盖的。

自我界定有很强的个体特征，它来自特定环境中某个独特个体的差异化体验，对另一个人而言可能体验完全不同。如果这些体验经常被否定，尤其是在童年形成自我的阶段，人将会无法确定自己，在被否定的回应中感觉自己是有问题的，怀疑自己的感受，甚至会感到羞耻，以为与众不同意味着自己是有问题的。我们可以通过一段对话来了解这种自我界定需要。

> 来访者："我一直喜欢黑色，小时候就喜欢。但我妈妈说别的小女孩都喜欢鲜艳的颜色。我也不理解我自己。"
>
> 咨询师："黑色，为什么让你喜欢呢？"
>
> 来访者："我也说不清，有些莫名其妙。"
>
> 咨询师："嗯，但你知道自己喜欢。鲜艳的颜色带给你什么感觉呢？"
>
> 来访者："太艳了，太亮了。我不喜欢。"
>
> 咨询师："你还真是挺与众不同的。"
>
> 来访者："嗯。我喜欢与众不同。我觉得黑色有种神秘感。"
>
> 咨询师："神秘感。你觉得妈妈会明白你的感受吗？"
>
> 来访者："不会，她说我总想些没用的东西。"

这些自体客体需要（见图 5-3）影响着我们对自我的认知、和他人的关系以及自我发展的动力，当我们无法获得理解性回应而陷入痛苦时，它们的影响尤为显著。它们是如此重要，让我们总是设法在可能的关系中表达，有时是对朋友，有时是对伴侣。有人理解我们会让那些尘封的渴望得以激活，我们会感动、兴奋，唤起某种活力，燃起新的希望；也有可能仍然没有人理解我们，导致我们不断地重复经历某些痛点，一次次掉进没有回应或糟糕回应的旋涡里挣扎。

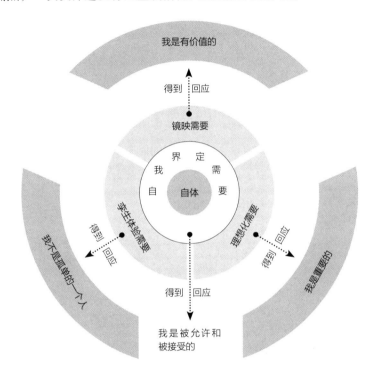

图 5–3　四种重要的自体客体需要与回应

第二节

理解的核心——无意识的三大主题：欲望、恐惧、羞耻

无意识

无意识支配我们自发地做一件事。

我们总是被某种动机驱动，只是有时我们意识不到而已。比如，结婚或离婚看上去是经过慎重考虑的，但事实上很多年以后，当你更理解自己时，你会发现它是某种无意识驱动的结果。比如，理智对结婚的解释是年龄到了，但在无意识里结婚可能是因为你不自信而对未来感到担心；或者理智对离婚的解释是对方太让自己失望了，然而很可能在你的无意识里是自己不被认可或喜欢让你觉得羞耻，离婚可以终止这段关系带来的糟糕感觉。

所以，意识的选择看上去更加"合理"，而无意识的选择更加"合情"。我们通常用"合理"来说服自己做选择，但真正推动我们的是和情感相关的东西，只是你并未意识到你在被它们驱动而已。在动机的愉悦法则下，一个人的选择总是趋向让自己远离不舒服的体验和尽可能地保持平静和愉悦。

无意识除了影响我们的选择或决定外，也会在日常生活中时常呈现。通常，我们交流所使用的语言是被处理过的信息，即被意识筛选过的，但当我们放松或者情绪不受控制时，无意识就会"溜"出来。

无意识也会通过各种非语言的形式呈现，比如表情、语气和动作，当你见到一个内心喜欢的人时，你的话语听上去正常，但眼神却难以掩饰。当你感到气愤时，你的心跳会加快，你的情绪会通过语气、神态以及动作等身体语言表现出来。

每个人的想法和行为最终都是由动机驱动的，但为什么动机会处于无意识的状态呢？首先，作为驱动生命的根本动力，动机不需要通过思考才能运作，而是一

直自发地驱动着我们。其次，有些动机驱动我们在关系中表达，但也会因一些非理解性的回应而激活一些令人不安的东西。不安，意味着意识处理不了。

换句话说，那些意识无法容纳的东西，以另一种方式继续存在。它们仍在某处发挥着作用，只是我们不知道而已。这就是无意识。

无意识里有什么

首先，无意识里包括两类东西：**欲望和不安**。如果在以往的经历中，欲望总是带来一些糟糕的感受，我们就会设法让它们消失。换句话说，你会在意识中处理掉它们。比如，你发现你对一个人动心了，但在表白的前一刻你果断地放弃了，你以为是理智战胜了冲动，觉得他并不适合自己，而事实是，你的欲望激活了另一种让你放弃的感受：羞耻——对可能被拒绝的羞耻的预期足以让你放弃。你的意识里留下的信息是自己的冲动太莫名其妙，非常不现实。

这个过程中发生的就是**防御——用某种方法让欲望和不安都消失**。防御仍然是无意识的，一旦我们知道自己在防御，防御就没有用了。

防御可以保护我们，让我们保持基本的稳定。事实上，大多数时间我们都处于防御基本有效的状态。你无法一直生活在始终如意的环境中，但令人不快的感受总是转瞬即逝的。通过换一种思路或把注意力转移到其他的事情上，你会觉得不舒服的感觉已经不在了，比如，睡了一觉你觉得不舒服的感觉有所缓解，上了一天班似乎烦恼也烟消云散，这都是防御有效的结果。防御让我们的不快不那么容易冒出来。

防御也常常无效。欲望即由动机驱动的各种愿望，因此一旦有机会，欲望就会"溜"出来。欲望偶尔从无意识里冒出来，显得有些莫名其妙，比如梦或幻想。

幻想是一类很特殊的心理活动，仿佛是投射在意识中的无意识的幻影。它看起来很不现实，却总是萦绕在心头。幻想可以透露无意识的信息，虽然显得很虚幻，却会让人有片刻的真实感。幻想常常是那些美好但又遥不可及的愿望，你会通过转换时空看见它们，比如"等有一天我有钱了……""如果有一天我可以离开这里……"。显然，幻想可以起到防御的作用，但它们更是被保存的期待，有幻想的人总是以某种方式触及过美好。你会通过一个描述幻想之人的眼神确认，他似乎可以"看见"他幻想的世界。

幻想也包括一些令你不安的、可怕的东西，当你无法有效地防御时，它们就会以一种似幻似真的方式出现，这意味着这些不安对你的扰动过大，你的意识需要做出更积极的反应以应对它们。

有时，某些糟糕的感受会被瞬间激活，说明防御在此刻失效了。防御对身体的作用并不像对大脑思维活动的作用那么有效，一旦我们进入某种和以往类似的情境，身体的记忆会被自动唤醒。比如，你会突然对大声嚷嚷的人感到莫名的紧张，而他讲话的内容和你并不相关，那很可能是他的音量和语气唤起了你的某种和害怕相关的记忆。

防御表面上看是对无意识的防御，但本质上是某种对关系中互动的反应。在最初无法确认表达是否会被理解和接纳时，双方都是以尽可能有效的防御状态表达的，而对方的反应又会进一步影响自己的内在体验，从而变更防御状态再次做出反应。如果双方一直在防御之下互动，理解就很难发生。但如果有一方意识到是自己的反应或表达带给对方一些不好的体验，并承认这一点，防御的状态就有可能改变。

因而**我们需要改变视角，在一个系统里了解人的无意识**。

这个系统里包括两个子系统——两个主体，它们并非静态的、固定不变的、单向运作的，而是互相影响的，比如控制的行为。一对处于有效互动的母子并不太需要控制，而一个对贪玩的儿子无能为力的母亲很可能出现过度反应，通过某种方式制止儿子的行为来修复自己的情绪；儿子也会因为感到被控制而做出更激烈的反应。

我们将这种相互影响的过程称为互动。有效互动意味着彼此都可以表达，同时也都可以被理解，这时彼此都处于正反馈的状态。正反馈的意义是让整个系统处于良性运作的状态，通俗地讲，我愿意的事对方也愿意，彼此的需求不发生矛盾。无效互动说明某一方的动机发生了变化，而他的表达并未被收到或理解，不理解的一方传递的就是负反馈。

负反馈意味着反应里表达的是不理解，但负反馈并不是消极的，它可以促使对方感知到信息传递出现了问题，如果可以维持进一步的互动，理解仍然可以完成。因此**有问题的互动并非负反馈造成的，而是无效的互动无法转化为有效的互动所致**。

问题的核心是所传递信息的真实性和有效性，也就是表面上看彼此传递的是自己的想法，但这些想法是在无意识的驱动下被伪装后表达出来的，因而大大地影响了交流的结果。

比如，一个妈妈拒绝孩子想买某种玩具的请求，而是买了另一款玩具，她的解释可能是孩子选择的那款不好看，而实际上她是用合理化的防御方式，抵御了某些让自己不适的体验，比如孩子任性的要求带来的愠怒，而这种愠怒之下很可能是自己在童年因得不到满足而被压抑的欲望。

这个例子说明，在无意识地防御后，互动中的理解很难发生。负反馈中往往是一些看上去更有道理的想法，会让人感到没有人愿意听或者听得懂自己的表达，从而对自己的意愿产生动摇，不得不采用防御的策略改变自己的表达。

那么人们防御的东西到底是什么呢？每当我们感受到需要时，如果得到理解性回应，我们就会保持对自己需要的确定，不会产生恐惧和羞耻感。但如果表达后获得的回应让我们以为对方对自己十分不满——不只是指责和批评，而是在态度中夹杂嫌弃、厌恶等强烈的情感，我们就会产生被抛弃的恐惧以及感觉自己不配的羞耻感，我们防御的正是这些过度糟糕的感觉。

防御的过程是如何产生的呢？最初，婴儿表达饥渴后，会在被养育者满足后回到平静愉悦当中，但随着婴儿的成长和意识的形成，养育者在满足孩子的需求时会遭遇更复杂的情况，当孩子的需求无法获得满足时，养育者同样会感受到某种不适，比如烦躁或无力，并通过某种情绪和行为表达出来，这时孩子的感觉也会变得复杂。

一方面，孩子可能仍保持着表达自己欲望的惯性；另一方面，他要应对负反馈带来的不安，这些不安包括继续表达可能让情况变得更糟，比如得不到原来可以获得的满足，这种失去引发的感觉就是恐惧，它会动摇一个人生存的稳定；不安也包括养育者的抱怨甚至厌烦所带来的羞耻感，这种感觉意味着孩子的表达是令人厌烦的，他是个不讨人喜欢的人，反复经历这种不安会让孩子认同这种对自己的评判，从而排斥自己，这会带来更多羞耻的体验。另外还有很多羞耻的体验来自父母与社会环境对某些想法和行为的道德规范，它们在一定程度上保护了大多数人的稳定感，但在某些情况下对个体差异的过度反应会让人感觉是自己有问题。

很多人并未意识到自己有这些糟糕的感受，这很可能是防御有效的结果，但并不意味着它们不存在。你在早年的亲子关系中收到不被理解的回应是常态，你与父母的互动往往不能延续至完成理解，而是停在了某个相对平衡的位置。当你发现自己的需要带来的是父母糟糕的情绪和态度时，你的恐惧和羞耻就会让你修正自己的欲望，这时防御就会发生，欲望以及恐惧和羞耻就会一起留在无意识当中。

至此，我们了解到无意识里的各种存在：欲望、由欲望激活的不安——各种程度的恐惧和羞耻，以及对这几部分的防御。当防御有效时，我们意识不到它们的存在；当防御不够有效时，它们就会若隐若现，在意识和无意识里穿梭。

平衡态

通过早年的人际互动经验，每个人都和自己的欲望形成了不同的关系模式，这一点会折射在与他人的关系中——对关系更信任或是更谨慎。欲望活跃意味着你在关系里更相信表达需要是可以被理解的，而欲望相对压抑意味着你会更小心或较少表达需要而避免被拒绝或被嘲笑。

无意识的三个要素——欲望、恐惧、羞耻，并不是孤立存在而是联动的，而

且总是同时存在。欲望的激活可能会让恐惧与羞耻增加，而当恐惧与羞耻减弱时，欲望就更容易浮现。恐惧和羞耻就像两个平衡因子，它们的大小或强度变化，让我们的欲望处于不同的状态：压抑的、制衡的或活跃的。

这种既相对稳定又随时可变的内在状态，被我称为**平衡态**（见**图 5-4**）。

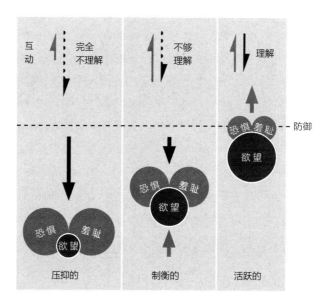

图 5-4　在互动中平衡态的移动

我们每个人都会以各种方式设法让自己的内在处于某种相对平衡的状态，即以自己最适应的方式保持内在的平衡。比如有些人会更主动地把握机会，而有的人就显得十分保守；有的人在关系中有更大的开放度，而有的人却相当封闭自己。无论怎样，每个人都在用以往的经验应对当下的境况，每个人的选择都来自他的内在平衡，这是个体存在差异的必然前提。

但平衡只是相对的，我们每天都处于瞬息万变的体验当中，因此平衡态随时会被扰动，并在和他人的互动中发生**移动**。无意识活动是环境变化的产物，欲望总是可能在某个瞬间被激活，同时以往能够有效防御的恐惧和羞耻也会一起冒出来。

反之，当体验到某种恐惧和羞耻时，防御也会迅速启动，将它们连同欲望一起压抑到无意识当中。

互动会打破平衡，但也会带来机会。无意识会随着关系的变化而变得活跃。茫茫人海中我们会和什么样的人相遇，看上去是非常随机的，似乎平衡态的移动也是无法确定的。但动机的推动让我们总是试图获得更多依恋关系的可能性，比如被喜欢和被欣赏、被在意和被支持，或者远离带来糟糕体验的关系。

互动也是一个复杂、多变的过程，互动的双方有各自的动机，同时很多人有着相似的恐惧和羞耻，因此互动很容易中断在某处，于是双方再次回到某种平衡态，也就是说无意识里的东西时常会因触碰而激活，也时常会被再次压抑起来。

可以说，只要人活着，动机就在；只要关系在，恐惧和羞耻就无法消除。因此可以推断出**内在精神世界的两个并行的规律：动机推动和互动调节**（见图 5-5）。我们总是在可能的情况下受动机的驱动，同时又在互动中调节动机的运作。相对令人满意的状态是，我们有更多的可能性，在互动中有更多的信任，让恐惧和羞耻不再以无意识的状态影响我们。这样才可能最大限度地维持动机的良性运作，在较小的情感代价下实现更多人生的可能。

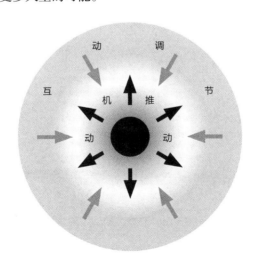

图 5-5　动机推动和互动调节

有一件很有意思的事情：一个人越是想消除恐惧和羞耻，即用各种防御的方式处理它们，它们就越会对其产生影响。比如人们对鬼的想象。鬼能成为可怕的意象是因为人们无法看见却暗示自己能感觉到它的存在。要想不怕鬼，只有认识和了解它，换句话说，把它从无意识里放出来，在你的意识里想明白鬼所象征的恐惧是什么，比如报复、惩罚、伤害。当你知道了恐惧意味着什么，知道了它来自哪里，令你担心的是什么，你才会和恐惧产生一种新的关系。

这个过程就是理解。理解的核心是无意识——那些一直影响我们但又不清晰的存在。痛苦的根源正是我们无法了解却时时在发挥作用的无意识。欲望是人类生存与获得价值的推动力，但恐惧与羞耻却在阻拦它的实现。

既然我们了解了痛苦的根源，即那些在早年互动中无意识地留下的一个个节点，或许我们会多一些希望和勇气，一起来面对它们。与其在意识中继续寻找对策——运用各种策略进行防御，不如一起潜入无意识的海洋。这需要我们一起行动，即在互动中再次遇到它们，通过更多的感受去探索无意识的真实面目。

第三节

理解不是思维活动，而是一种深度体验

理解什么

心理学的理解和对客观事物的理解不同，它基本上不是靠意识活动完成的。如果你认同无意识的存在，你就会发现这里的理解是对未知的、无法观察的，甚至你还意识不到的世界做的事情。

量子力学的研究给心理学带来了有趣的参考。我们发现微观世界和无法观测的心理现象有很多相似的规律，例如薛定谔的猫。这个思想实验讲的是，在你观察之前，那只在封闭空间里的猫既可能生，也可能死，而你想观察它就必须打开盒子，然后才能看到一只活猫或者死猫。也就是说，你的观察行为影响了结果，因为在观察之前，始终有两种可能性，因为微观世界的特质之一就是不确定性，而观察心理世界也能发现同样的特质。

量子力学称这种不确定的可能性为叠加态，而观察活动会导致量子坍塌，叠加态坍缩为本征态，也就是观察行为会令本来有不同可能的客观存在被简化为某种确定的状态。这说明用静态观测的方法无法实现对微观世界的了解，在动态的前提下才能完成这个过程，你需要做的不是"抓住"你的客观对象，而是和它一起"动起来"，然后才能发现规律。

在无意识的心理世界里有类似的现象。当一个人独自应对每天的生活时，没有人知道他的内心在经历什么，也就是说他可能正处在某种平衡态中。但在他走进心理咨询室后，随着交谈的开始，他就处于被观察的状态当中，这种观察会干扰原来的平衡态，也就是说可能扰动他的欲望和平衡因子之间的关系。无意识里的欲望和恐惧、羞耻都可能因为被观察而发生变化，即本来要被观察的无意识状态因观察

活动本身而改变了，因为防御被改变了。

防御类似于装着猫的盒子，盒子的存在将观察者和被观察者隔开，而防御将意识与无意识隔开。防御的存在意味着在意识里观察到的只能是些确定的东西，就像猫是生是死，而无意识里是另外的不确定的东西，对于猫而言是既生又死，对于人而言就是既要又怕。要与怕的比例不同，导致它们的关系有无限种可能性，而咨询中的互动也会让这种可能性发生变化。也许这正是人生的微妙之处——不确定带来不安，也带来更多的可能性。

试想一下，如果不过度追求确定感，我们是否可能在不确定中找到另一种存在的可能呢？这有些像人对客观世界的了解，在发现微观世界的规律之前，人们一直以为世界是确定的和可以静态观察的，直到量子力学中的新发现问世。在发现无意识的存在之前，人们都是依据意识里可以理解的部分来解读精神世界。作为新的发现，无意识带来的不安源自我们对它的不了解。也许，不确定就是世界的普遍规律。

然而，作为人我们需要确定感，这是一个人生存和发展的前提，人需要有一定的目标和可到达的预期，尤其需要确定的关系，才能拥有牢固的存在感与价值感。然而关系常令人捉摸不透，上一刻还感到被爱着的你，可能仅仅因为对方的一句话，就瞬间感到爱完全不在了。

不确定感意味着人生无法回避的一大主题——死亡。死亡的典型特质是不可预期但又真实存在，即它随时可能到来，并且变身为各种形态时时提醒着你。死亡意味着一个人彻底和这个世界失联——没有人再惦记你、需要你。而令人不安的正是我们随时都可能感受这种失联，只是没太意识到它的存在而已。从本质上讲，我们的生始终伴随着死，我们与人的关系既在又不在，我们以为抓住了什么又仿佛一切都是虚无。

我们要理解的就是这个无法简化的精神世界。即使拥有一定的确定感，我们也会在充满信心和绝望中摇摆，拥有的时候担心失去，处在丧失的边缘又会奋力挣扎。在摇摆的中间是欲望与不安的各种组合，带来各种不确定和各种可能，即瞬息万变又千差万别的平衡态。简化就仿佛量子坍缩，在被观察者的观察行为影响后呈现某种特定的形态，然而这只是观察者抓住的某一个瞬间。

这种观察模式的发生说明我们在以静观动。"静"意味着我们似乎保持着某种稳定的状态，而心理世界从未有过绝对的稳定，反倒在变化中起起伏伏才可能对不确定性有更多的把握。"动"意味着无意识里的要素因个体的差异和环境的改变不会确定在固定的位置，而是保持相对的平衡。

真正的理解是通过参与完成的，参与意味着一起完成理解的过程。观察会带来反应，我们要做的不是消除反应，而是和对方一起体验。观察活动发生在无意识的世界里，观察者同样会激活自己无意识的相关部分，因此是两个人一起靠近欲望、恐惧和羞耻。在互动中，这些无意识的要素瞬息万变，每句话、每个眼神、稍微迟疑的反应都可能在对方的内心激活各种变化，观察者需要保持参与的状态，跟踪彼此之间发生了什么。

比如，一个正在哭泣的女人内心的活动有各种可能，但当你劝慰、安抚她时，她可能反而停止了哭泣。如果你想知道这是为什么，询问并等待答案并不是一个好的方式，因为根据她以往的经验，这意味着你不理解她的防御，却要探知她隐藏起来的东西，"询问"这一观察行为可能正在增加理解发生的难度。

需要被理解的东西都在无意识里，而意识里的答案是一些知识、理论、思考和经验总结，此刻我们需要放下这些熟悉的东西，尽管它们让我们更加有确定感。如果你调用以往的经验，很可能觉得被安抚是一种好的体验，能促使人更多地表达，但停止哭泣的人内在发生了什么？为什么刚刚那些悲伤转眼就不见了？她在被劝慰、安抚的时候发生了什么？她似乎不喜欢被同情，那她需要什么？我们不得而知，反复思考是得不到答案的。

理解的途径：体验 + 互动

我们需要通过另一种途径来寻找答案——去一起感受是什么让一个人哭泣，

她在被劝慰时感受到了什么而停止哭泣。这种进入感受的过程就叫体验。体验不同于观察，你不再是一个旁观者，也不是一个拥有应对策略的、更有智慧的人，你的经验甚至可能完全不适合另一个人。比如，这个哭泣的人说全世界都抛弃了她，而你需要靠近她的孤独与无助。这时，如果可以启动某些类似的体验，比如在挫败中无法恢复胜任感，没有人看好你也没有人支持你，一个形容感觉的词语"绝望"就会冒出来。

感受是理解的线索。体验的过程会让人不经意间沾染某种感受中的"气味"，其中既有无助中的渴望，也有表达中的尴尬，这些理解的线索意味着你正在无意识中徜徉，体会一个在他人面前哭泣的人正在经历什么。你不必急于找到确定的答案，可以在哭泣的体验中停留一会儿。这时，你多半不会去劝慰、安抚了，也许你能隐约地感到那个人的眼泪传达了很多信息。

只要参与体验，有些东西就可能被激活。每个人都会无意识地进行防御，使欲望和不安处于相对稳定的平衡态，而参与体验就会让它们向某个方向移动，但也许你并未意识到这一点。当一个人在你眼前哭诉时，无助的体验很可能会从你的内心深处涌起，如果你并不熟悉这些感觉，也不知道它们是如何产生的，你就有可能去劝慰对方。表面上看你是在安抚对方，但你很可能是在终止自己无意识里浮现的不安。

体验的过程大致需要两个前提：有经验和有意愿。

有经验说明你有过在无意识的深海进出的体验，明白了更多以往意识不到的东西，尽管无意识中那些波澜起伏的欲望和不安还在，但你已经认识了它们，并且了解它们对自己有怎样的影响。你很可能仍然需要防御，但你会意识到自己的防御。这说明你对自己有了深刻的了解，无意识已经被解读，对类似的主题你并不陌生，你不是处在无意识的防御状态。很多人对糟糕的体验都是下意识避开的，比如面对和害怕相关的体验，人的本能就是逃离，没有人会选择主动靠近它们，但你对它们更熟悉，你不再是无意识地逃离却不自知，而是可以体验它们并了解它们的意义。在这种情况下，你就会更容易帮助另一个人，在对方的情绪背后找到感受的线索，并解读其无意识里的信息。

这种经验通常是在不断扩充的。无意识并非深不可测，一个人在孤独的沉思中，在焦虑地挣扎的时候，在与身体的对话中，都可能和无意识相遇。

如果让你去体验另一个人的内在，那你还需要具备另一个前提，即有意愿。

这里的意愿也有两个视角：动机驱使的意愿和情感驱使的意愿。对于那些糟糕的体验，大多数时候人是本能地不愿意靠近的，因为这不符合愉悦法则，但我们在困惑已久后也会激活探索 – 坚持动机，即解开困惑的欲望。

而情感的驱使来自你和某人依恋关系中的彼此在意，你可以真切地感受到对方的痛苦，很希望能帮他，那些痛苦的感受也会时常地侵扰你，你也渴望你们有更好的关系。这时，你可能就会启动感受，开始好奇"到底发生了什么""为什么会感到痛苦""那是怎样的痛苦"。在这些问题的带动下，体验就渐渐发生了。

有意愿，换一种说法就是建立情感连接的倾向。人类看上去是彼此独立的，有时还会发生冲突，但当一个人的情感活跃时，无论是快乐还是痛苦，他都渴望有一个理解自己的人可以对自己感同身受。无意识正是在你有真实的感受却无人认同时发挥作用，在你不愿放弃又不被允许时，那些无法被意识容纳的感受和意义就会潜入无意识当中。

在生命的早期，大多数人都在母婴互动中体验过情感连接，它让婴儿在安宁中获得确定感，感受到自己很重要和被喜欢，每个幼小的孩童都试图最大限度地保持连接，被他人喜欢的连接可以带来更多的满足感，当不再被喜欢时，对连接的需求会降到最基本的水平——生存的连接，孩童会通过减少和调整自己的想法和行为来保存最基本的连接。

情感连接是双向的。一个人渴望，另一个人读懂了渴望；被理解的人感动，给予理解的人也会因带给对方好的体验而获得满足。一个人失望，另一个人也会失落，只能在不理解彼此的时候暂时中断情感的连接，这时双方都需要先处理自己的体验，尤其是在对此刻无意识里发生了什么全然不知的情况下，情感连接只能让位于防御。

　　但连接的需要终究会在各自恢复一定的稳定感后推动互动的过程延续下去，也许还是和这个人，也许换成了不同的人。这似乎需要一些机缘，在不确定的大背景中，两个人相遇，彼此都比以往多了些勇气和期待，选择更多地表达和深入地体验，并在错位的互动中延续进一步的反馈，让倏忽不定的无意识渐渐显露。这个过程就是**互动**。

　　完成互动并到达理解的过程并不容易，需要双方多次的你来我往，因为互动的双方处于非对称的状态，即不同的无意识水平，防御让每个人的无意识处于不同的活跃程度，因此对话就可能出现错位。出现错位是正常的，相反我们还可以利用它来增加理解的机会。

　　如果不理解发生了什么，往往意味着人们还无法了解彼此的无意识。当被无意识主导时，人会无法真实地表达自己，也无法理解自己的反应意味着什么。这时就需要其中至少一人回到体验当中，和自己的无意识对话，或者等待无意识的浮现。

　　我们来看一个例子。

　　有一对母女，在女儿 10 岁的时候，父母离婚了，妈妈没有再婚，女儿今年 25 岁，仍和妈妈住在一起，两人相依为命，却总是磕磕绊绊。妈妈对女儿的情感带给女儿双重的体验，女儿既感激妈妈对自己无私的付出，又对此感到很有负担，她几乎无法表达和妈妈不同的想法，一旦坚持自己的想法，妈妈就会感到委屈，觉得女儿对自己的好不领情。妈妈似乎很脆弱，于是女儿只能安抚母亲，但这让她感到很不快乐，一旦和妈妈发生争执，她就会产生内疚感，觉得是自己错了。直到她开始接受心理咨询，她的需要在和咨询师的交流中获得了理解，她才开始尝试对妈妈进行更多的表达。

　　一个周末的夜晚，她和朋友聚会，告诉了妈妈不要等她，但当深夜回到家中，她发现妈妈没有睡觉，而是坐在客厅里等她。看到妈妈的那一刻，她涌起一丝不快，但她并没有说什么，因为她意识到那是她习惯的内疚感正在涌起，但这次她对自己需要的理解比以往更加深刻，她确信她需要社交而不只是陪伴妈妈，她和朋友在一起感到快乐。而妈妈仍然习惯性地唠叨，告诉女儿自己有多担心她，并猜测各种不好的可能。女儿这次的选择不是去安抚妈妈以及检讨自己应该早点回家，而是告诉妈妈她见了什么朋友，一起聊了什么，并告诉妈妈和朋友在一起她感到很开心。然而妈妈似乎没听见她讲的话，仍然有很多不满的情绪，二人不欢而散，各自回房睡觉。

次日清早起来，女儿看到了妈妈做好的早餐，二人的情绪都平静下来。女儿告诉妈妈她既有内疚感，又希望妈妈能允许她自己做一些选择，而妈妈在女儿真实地表达想法后也变得真诚起来，她告诉女儿，她很怕自己"没用"，女儿会离开她。她说昨晚她并没有那么担心女儿的安全，而是在寂寞的等待里感到很孤独。在听到女儿和朋友在一起感到开心时，她的心情很复杂，她是愿意女儿高兴的，但她希望带给女儿快乐的人是她，而且只有她。她觉得女儿有一天会抛下她。听了这些，女儿似乎也明白了自己的需要为什么总是让位于内疚感，她同样害怕妈妈不高兴了会不要她，像离开的爸爸那样离开她。

这次谈话对于母女俩的意义都非同寻常，她们不再执着于各自的道理，而是袒露了各自无意识里的渴望和害怕。在以往的互动中，她们更多地处于防御的状态，并不了解无意识在怎样影响着自己和彼此的关系。当彼此可以真实地表达时，她们都了解了对彼此的依恋，在有各自需要的同时也同样在意对方的需要。同样重要的是，她们了解了在各自的担心下不得不使用的防御手段——那些看上去很有道理的借口。一旦识别了防御，它们就不再有效。在可以真实地表达，即了解各自的欲望和不安之后，她们也不再需要这样的防御了。

什么是真正的理解

完整的理解最终指向无意识的核心——欲望，同时又包含对恐惧和羞耻的理解。

理解是对一个人存在方式的理解。存在方式是一个人在早年的养育环境中互动的结果。理解也一定包含对过去的理解，从未涉及过去，很难明白当下的这个人。

理解的活动呈现的是一种关系，一种被在乎以后发生的事情。被在乎，会让你感觉有一个人和自己靠得很近，他和你一起体验，知道你在既要又怕中体会到了什么，然后懂了你。这个过程，心理学称之为**共情**。

理解的核心活动是共情

没有共情就不会发生根本的理解，因为共情是要潜入无意识当中，去理解那些在语言和意识之外的东西。但共情不是人的自发状态，我们通常只能理解意识中的东西，除非我们太过痛苦，即那些无意识里的东西无法被有效地防御。

但共情是可以学习的，一旦我们了解无意识里的存在，它们就可能在显现时被意识识别出来。无论是欲望还是羞耻、恐惧，它们的"样子"都不难认识，只是它们总是带来不安，让我们难以应对。因此，根本问题是我们与它们的关系。我们需要尝试在它们显现的那个瞬间感受到它们，而不是让它们再被防御挡住。

我们可以从共情自己开始练习，这需要你想象同时存在两个你，一个是正在体验感受的你，一个是对自己好奇的你。以往我们总是惯用某些方法挡住那些不好的感觉，现在你可以试试对自己说："你怎么了？"然后给自己的感觉起名字，再确认它们。很多感受我们都经历过，但很少给它们命名。

例如，当感到愤怒时，我们通常都会被情绪所控制。你能听见自己在大声地说话，你可以感受到剧烈的心跳，甚至有动手做点什么的冲动。在这种情况下，通常我们不知道自己的无意识里发生了什么，只是觉得某人或某事太过分了。这时，如果有另一个你和你说"你现在很生气"，生气的同时仿佛有个人在提醒自己，你就和愤怒的情绪保持了一点距离，尽管你的情绪仍然很糟糕。你可以继续问自己："是什么让你这样生气？是听到了哪句话？那句话里的什么内容或者什么字眼刺痛了你？"以往你会生别人的气，但情绪总是与自己内在的某些部分被激活有关，如果你停下来，体会你听到的内容带给自己的感觉，那些糟糕的感觉就会渐渐浮现。

一开始，你会无意识地用某些方法抵御它们。比如某些带有贬低、嘲笑的话让你感觉很差，但这些话与事实不符，自己的确做得不够好但绝不是有多差，对方似乎也只是客观地指出问题。但是，你的感觉是不容置疑的，那就是羞耻的感觉，即"我很差"。"我很差"——这个声音是如此糟糕，以至于你瞬间就启动防御将它抹去，但如果你能发现它一闪而过，就说明你意识到了防御在起作用。这是一个很大的变化，因为它意味着你可能比以往多了些勇气来面对自己的无意识。

共情即这样一个向自己的内在靠近的过程。以往我们很难完成这个过程，是因为无意识里是一团不清晰的存在，它们似乎都是些不好的、令自己难以接受的部分，而那里还有一样重要的东西，即我们的欲望——未被理解和接纳的期待，很别扭但又不甘心地存在着。共情所需的更深的一步就是理解这些无意识内容，它们产生于关系中的回应，因此理解仍需要在关系中实现。

共情不是同情。同情仅仅停留在"感同身受"的层面，虽然同情来自对一个人的深厚的情感，但人真正需要的比这个复杂和深刻。也就是说，一个人既有他的痛苦，也有他的应对方法，他需要的并不是单一的同情，而是有人了解在他的处境下，他的内在处于什么状态。也就是说，你要承认换作你多半也会像他一样。你不能从自己的成长背景和应对办法出发来审视对方，感同身受首先要设身处地。

共情意味着你已经了解对方的内在处于某种平衡态，这种平衡态会随着你的理解而移动，即他的欲望和不安在随时切换。无论你是在他恐惧时陪伴他，还是试着谈论他的羞耻，都源于你对他的共情，你懂得他的内在是一种怎样的欲而不得和情非得已。

你也知道你说的话会带给他什么体验，因为你正在感受若是你听到同样的话会有怎样的反应，这代表你也在自己的平衡态里更自如地移动，即你同样要面对恐惧、羞耻以及自己的欲望。你愿意了解它们，尽管还需要更多的体验才能更加了解它们带来的感觉。事实上，很多时候互动促进了彼此对无意识的了解，也许人类相互理解的希望正在于此，即当我们一起面对本以为无法面对的东西时，我们会更多地理解人类共同的困境，最终，我们会看见每个人的需要都是相同的，而害怕和羞耻也是相同的。当我们自己愿意被满足、希望被支持，并不再笑话自己的时候，我们也会更容易看到别人的需要和害怕，并不再嘲笑和贬低他们。

这是一种人类集体的共情，超越文化、阶层等各种差异。

理解会带来什么

如果你处于痛苦之中，本以为人生无解、痛苦往复循环，而有一个人愿意听而且能听懂你的痛苦，并且让你感到前所未有的触动，这个过程就会带来新的体验。尽管防御还在，但你会感到自己的开放度在增加：那些担心的部分还在，但自己不再受困于某种往复，而是可以渐渐说清一些以往感觉模糊的东西，有了更多的勇气，可以更真实地流露自己的情绪，并不再用各种防御挣脱表达带来的不安。当内心了解并认可自己的期待时，你会更直接地告诉对方自己的感觉，比如"我感到委屈"。

理解让一个人更少地处于无意识状态，了解自己的感觉所代表的意义。在你了解痛苦深处的渴望后，你可能仍会被相关的议题触发糟糕的感觉，比如在被评判时感到不快，知道这种不快源于自己的自卑却仍然敏感，但你不再深陷自责，也不再寻找各种借口逃避糟糕的感觉，你明白你的感受是羞耻——早年被父母责备时留下的印记，但你不再设法摆脱它，因为你已经了解它意味着什么。在羞耻下面是你对被认可的渴望，你开始觉得渴望本身没有问题，也不是那么遥不可及；你可以真实地感受到内在的变化，你开始相信有新的可能。

理解会带来以下改变：

◆ 开放度增加，更少地使用防御；

◆ 仍会有防御，但可以意识到防御；

◆ 了解在防御什么东西，不再那么难以面对它们；

◆ 表达变得真实；

◆ 不再害怕冲突，在差异中发现理解的机会；

◆ 信任度发生改变，对自己，对他人。

第六章
理解的有效途径——共情式对话

如果说痛苦是人的一把心锁，理解就是打开心锁的钥匙。但我们的经验是一把钥匙开一把锁，这样看，理解一个人很像拿你的钥匙去开别人的锁。

解开人类的精神之锁是如此艰难，它就像一套"无形"的连环锁一样令我们无从下手。"无形"意味着你要进入你不熟悉的领地——无意识，找到那些隐藏在深处的密码；你还要调动自己平时不会关注的感觉和知觉，用你的"非刻意"靠近若隐若现的"无形"。在你尝试解锁的过程中，锁随时会发生变化，不是锁得更紧，就是出现新的锁。而作为开锁的人，你本身也可能导致开锁难度的增加——由于无法用以往的经验开一道不同的锁，你在解锁的过程中常常经历挫折，你越想用经验开锁，这个锁就越难开。

而我们打开过自己的心锁吗？自己的那把钥匙可以打开几道锁呢？我们可以完全靠自己完成这个过程吗？我们的眼睛不愿意看那些无法接纳的东西，无论是自己的还是别人的。我们会设法躲开那些让自己不舒服的感觉。这意味着我们也在被同样的问题所困扰。

有趣的是，当你向对方承认打不开锁的时候，那把锁反倒变得好开了。人的内在世界就是如此，一个人希望先被承认，如果你承认他的内在世界，他就会更愿意将其打开。这需要你承认自己的局限性，承认自己需要拓宽视野。

第一节
找到理解的钥匙

不同世界的两个人能否相遇

需要承认的是，我们更多的时候是不理解他人的，比如你可能会想不通为什么一个人明明不喜欢另一个人却不离开，或者喜欢却不去追求；成绩好的人内心反倒很焦虑，成功的人内心却感到空虚。当一个人向你透露他的内心痛苦时，我们总是习惯于先用以往的经验来解读。

　　青青是我的来访者。某次咨询一开始，我便感受到他难以按捺的愤怒，他指责我完全不理解他。他说他就像掉进了泥沼里无法动弹，那时我好想拉他一把，于是我说："我就在离你很近的地方，也许你用些力就可以走出来。"没想到他却突然向我大吼："你来试试！你根本就不理解我！"

　　青青正陷入抑郁当中，他感到和周围的人格格不入，常常沉默寡言，我也同样无法理解他为什么对我的"帮助"感到愤怒。我知道他不开心，又似乎不想拉住我伸向他的手，为此我也感到沮丧。那次咨询之后我陷入了无力和茫然之中。

　　在下一次见面之前，想到他的愤怒，我感到很有压力。我提前到了见面地点，在楼下四处转悠，努力体会他的感受，一次经历突然闪现在脑中。那天，我去雨后的玉米地里摘玉米，我踩到了一处低洼地，没有想到那里的淤泥如此之厚，我的双腿竟然越陷越深，整个小腿几乎被淤泥裹住，我拼力地想把腿拔出来却完全动弹不得，我感到无助甚至恐惧，担心没有人来救我，我拼命地大喊，直到有人把我拉出来。

　　我见到他，把我的经历告诉了他，也分享了我努力却如何也无法动弹的感觉。他说："你现在才开始理解我了。"那时的我对于抑郁的感觉是不熟悉的，但我不再拉他到我的世界里而是去体会他的感受，他的愤怒消失了。尽管我还不理解他，但可以靠近他了，两个似乎不一样的世界有了交集。

　　我和青青处在两个不同的内在世界里，一开始我并未意识到我们的处境有那么大的差异。通常我们以为自己的想法对自己是行得通的，对他人就应该是有效的，但我们忽略了一些关键的东西——对方不同的处境、感受以及处境形成的原因。我在稳定的关系里，而他在无助的孤独中。然而，承认自己没有理解对方并不容易，因为我们自己也有一件不愿脱去的"外衣"，我们需要它来保护自己的某种自信。当一个人表现出"你没有理解我"时，我们会感到挫败。

　　挫败是一种亟须修复的感觉，它会动摇你熟悉的掌控感。一旦试着体验，你就会发现挫败下面藏着令人羞耻的无能感，它几乎是每个人的痛点——来自早年那些让我们遭到批评或责备的动摇我们自信的遭遇。在修复这个痛点时，你是没有空间去理解对方的。一个在呼救的恐惧中，一个在无能的羞耻中，这在我的工作中并不鲜见。羞耻来袭时你无处可逃，最终解救自己的唯有真实——承认自己的无能感。

　　理解一个人并不容易，我想很多咨询师和来访者都有同感。心理咨询和其他职业最大的不同是，它没有太多的可重复性，即使你的经验不断丰富，你仍不能像其他职业那样重复地使用某种技能，你会发现你不理解的时候始终多于理解。理解是一个工作累积的结果。

　　我发现自从我第一次可以说出"好吧，也可能我没有理解你"之后，再次承认这一点就容易了很多，而且对方也会停下之前的穷追猛打或极力回避。承认自己不理解对方需要勇气，它意味着你承认自己的局限性，承认自己可能是错的；但这个尝试就像打开一道门，即使只是打开一个缝隙，你也会发现的确有别的东西存在，只是你还没有认清和理解它们。

承认不理解是理解的第一把钥匙。

你是否会对不理解的精神世界感到好奇

事实上，当我们不理解对方时，可能意味着我们正在无意识地防御，以避免被对方"拖下水"。就像我们穿着适合自己的外衣，冷暖适度，却突然有个人要拉我们到赤道或北极，我们会本能地拒绝。在听到青青说在沼泽里无法动弹时，我承认我的身体正站立在坚实的地面上。对于恐惧，人们的本能反应是逃离，但在没有触碰恐惧时，你并不容易意识到你在逃离，仍在靠理性或隔离维持自己的稳定，并将对方的感觉解读为一定是哪里出了问题，误解由此产生。

此刻，我邀请你试着体会掉进沼泽的感觉。想象你正在行走然后突然掉进了沼泽动弹不得，你能感受到你的内在对这种体验的抗拒吗？也许你已经感觉到心跳加速、血压上升了。至今我仍清晰地记得，第一次尝试和来访者一起体验恐惧时我慌张逃避的场景。

金娣是家中的独生女，她的父母似乎都躲在自己的世界里：爸爸经常在外面喝酒，喝到很晚才醉醺醺地回家；妈妈虽然下班及时，但在家里总是沉默寡言。她感到孤独、难过却无法表达，父母总给她一种对她不理不睬的感觉，一旦她哭泣，他们会躲得更远。她说感觉自己的未来一片黑暗。我无法感受到她所说的黑暗，于是我邀请她一起试试。为了感受黑暗，我闭上了眼睛，她说她在一个深井里，什么也看不到。然后她问我有什么感觉，我说我也什么都看不见。她又问我："你觉得你在井的哪个位置？"我说："不清楚，但我觉得井并不大，我可以抓住边缘的什么东西。"她说："我在你的下边，什么都抓不住，我一直在往下掉。"

"停！"这是我内心的声音，我在那一刻睁开了眼睛，真实地感受到了恐惧与绝望。我怕极了，根本无法继续体验往下掉的感觉。

美国恐怖奇幻小说家霍华德·洛夫克拉夫特（Howard Lovecraft）说："**人类最古老又最强烈的情感是恐惧，而最古老又最强烈的恐惧源自未知事物。**"我知道自己对恐惧没有那么好奇，但我的工作时常要和这种感觉打交道，来访者的世界可不是小说家的虚构，我无法置身事外。我渐渐相信他们的感受是真实的，只是我还需要勇气去靠近我不熟悉的世界。

相对于可以一点点靠近的恐惧，另一种感觉——羞耻，简直糟糕透了，没有人愿意感受它们。面对羞耻，我们会一直穿着"外衣"，因为一旦让自己裸露在外面，就会感到无地自容。**面对恐惧，你可以有各种办法躲远点，但羞耻不同，一旦触碰它，糟糕的感觉就会立即满溢。**

你是否好奇在咨询室里触碰羞耻会怎样呢？通常在一开始，来访者都会无意识地防备被嘲笑或贬低，他们常常欲言又止，或谈论与感受无关的事情和想法，有时也会表现出某种优越感，但这些只是他们不想被咨询师嘲笑的"外衣"策略。而咨询师也需要各种"外衣"，比如理论的武装、督导的指导、同行之间的切磋，因为咨询师需要保持胜任感，这与其他职业没有区别。无论你做什么工作，如果你的确定感经常被动摇，你都有可能选择改行。

然而，心理咨询从来没有一次是准备万全的，再多的知识储备和经验都无法让你在一个展露真实情感的人面前永远保持淡定，只要你去体验，你就只能是一个真实的人。真实意味着你总是要面对自己失误时的尴尬、发生误解与冲突时的关系张力以及无法理解对方时的无力感。这份工作与众不同，你无法总是穿着"外衣"，因为当你和另一个人坐在那里时，在约定的结束时间之前，再尴尬你都无处可逃。

不过这份工作也给了我难得的机会，让我在无处可逃时去体验羞耻。当我无数次和来访者一起感受一段段似乎难以启齿的经历时，我发现**令人感到羞耻的并不是你所经历的事情本身，而是周围的人对你的看法，**这种看法让你感觉似乎全世界的人都不像自己这样，自己"太蠢了、太傻了"，然而事实上，它仅仅是某个人的看法而已，只不过这个人对你非常重要，你太需要他对你的认可了。因此，你就会倾向于觉得是自己有问题。这种情况极大地动摇了你对自己的认知，你很难相信自己是不应该被耻笑的。

　　霄然是一个 15 岁的胖女孩，因为总是被嘲笑，她只能断断续续地上学。刚开始见到我时，她的声音小得像蚊子。她告诉我，从上幼儿园起自己就和别的孩子不同，总是因为胖被嘲笑，可当她哭着告诉妈妈时，却被告知小朋友在逗她玩儿，让她不要介意。她永远都记得一个小朋友说她不应该穿裙子，只有身材好的孩子才可以穿。她几乎没有朋友，情绪糟糕的时候她会吃各种零食，这让她的体重增长越来越失控。说实话，最初见到她时，我几乎无法正视眼前的她，因为她实在是太胖了。当我意识到我将她的胖视为丑时，我猜她一定已经感觉到我是不喜欢她的，因为我从来没有对她的胖做过正式的回应。我想我的眼神里传递的绝对不是喜欢。我决定和她说说我对她的看法，我鼓足勇气说："霄然，我觉得你比上周更胖了。"她有些尴尬地看着我，说："是吗？我已经没有什么感觉了。"我好奇地问她："你每天不会照镜子吗？"她说："家里没有镜子。"我再问她："爸爸妈妈会说你太胖了吗？"她告诉我，家里没有人谈论她胖这件事。

　　我承认，我最初回避看她的时候，是无法体会她被嘲笑的感觉的，我和她的父母一样在回避她的胖，她也一样不想看见自己。我能感觉到自己的无力，好像如果她一直这样胖，我也很难喜欢她。但当我可以说出我对她的印象时，虽然有些尴尬，却比我明明看见而忍着不说感觉要好得多。我们的关系变得真实起来，我如实地告诉她："我觉得你不能再胖了。"但也好奇她自己的感觉是怎样的。她告诉我，她一直在反抗，对那些嘲笑她的人感到很愤怒，但真正让她绝望的是她的父母，她觉得自己是令他们蒙羞的。她的话让我感到羞愧，因为我看上去也一样不接受她。

从此，我们两个人不再避讳谈论她的身材，她的内在也随之展露。她的内心世界很丰富，她看了大量的中外小说和电影，对里面的人物内心理解得很深刻；她还喜欢各种化妆品，她说感觉自己对色彩的差异有敏锐的分辨力。我也发现了我的回避，回避自己源于"与他人有差异而无地自容"的羞耻，我差点和其他人一样仅仅因为她胖而不认同她，也无法看到完整的她。

保持好奇是对感觉的好奇，而不仅仅是对他人的好奇。你需要启动一种好奇心，去了解自己绕过的感觉里有什么。这需要些勇气，因为这些感觉常常是让自己不舒服的，但一次次遭遇又一次次被俘获，想必我们终归能找到答案，只是我们以为自己是无力面对的。我们以为是自己出了问题，但真相也许是我们在弱小无力的时候无法看清世界，也无法看清自己。当我们越来越了解各种感觉和它们的意义时，我们就会更加理解他人，也能更好地帮助他人理解自己。

好奇是理解的第二把钥匙。

在不舒服的地方你可以待多久

人们对于好的体验是愿意分享的，分享的过程会加深这些好的体验，增加我们的满足感。然而对于不好的体验，尽管它们更需要被听见和理解，但人们在这个过程中总是遇到困难。即使一个人愿意讲述自己不好的体验，你也可能听不出来他那些糟糕的体验来自哪里，尽管你对此感到好奇。

好奇需要体验而不是等待答案。体验是一种对内心世界的探索，有时你可以试着"穿上别人的鞋子"（美国谚语，表示设身处地地为别人着想），但如果你"穿不上"别人的"鞋子"，你就需要另外的方式，我称之为去找自己的那双"破鞋子"。"破"意味着那些感觉很糟糕，而且你以为你早已经"扔掉"了它们。史托楼罗（Stolorow，美国主体间性系统理论的创始人）称这种体验过程为**情感安住**（Emotional dwelling）。"破鞋子"里的感觉是糟糕的，你不会喜欢待在糟糕的感觉里，但那些未解的内心世界之谜一直隐藏在我们无法安住的感觉里，安住意味着我们不再逃离那些很难待住但真实存在的感觉。

通常难以安住的感觉都会动摇人的稳定感和确定感，它们有悖于人类动机的原则——人总是设法趋向愉悦感，因此安住是极难得的尝试。咨询师和普通人一样，会下意识地躲避无法安住的感觉，比如恐惧、羞耻、屈辱、难堪。

不同的感觉处在不同的深度，你的状态决定了你和它们的距离。当你的内在稳定时，你的体验就可以不断地加深；但当你处在脆弱、不稳定的状态时，有些体验会让你的内在更加动荡甚至混乱，你就会设法远离这些感觉。

在图 6-1 中你可以发现，通常我们不会太排斥处在表层的感觉，我们可以通过"穿上别人的鞋子"来获得类似的感受，比如当来访者告诉我小时候他们的父母总是批评自己时，我可以设身处地地体验他们的表层情绪，比如烦躁、委屈或不安；但当我试图了解到底发生了什么而让他们举例时，可能我并未准备好去"穿那双鞋子"。比如，某位来访者告诉我："有一次我犯了错，那天晚上我爸爸把我反锁在门外 5 个小时。"这时，"穿那双鞋子"对我来说就变得很困难，"反锁在门外"只是让我感到过分，但体验"5 小时"令我感到绝望甚至恐惧。这些感觉让我一时说不出话来，我不想靠近，但它们已经浮现，无法安住意味着我还无法穿透某些影响我但被我一直搁置的伤痛，而此刻它们被翻了出来。

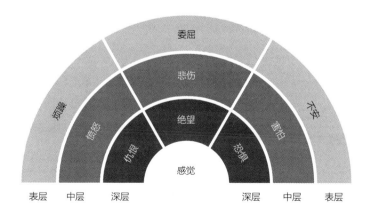

图 6-1 处于不同位置的感觉

如今再重温这一段经历，我已经知道那时的我在逃避同样的恐惧和绝望，它们与我无法面对的早年经历有关。在我四五岁的时候，去长托幼儿园的经历是我人生的至暗时刻，我不知道为什么我被扔在了一个陌生的世界。我只有对这件事本身的记忆，所有相关的感觉都被封存起来，我一直用某些合理化的理由来进行解读——我的父母一定是太忙了——以保存我和他们情感上的连接。体验那种断裂——被抛弃的感觉，太令人崩溃了，我也是在近些年的心理咨询和自我探索中才渐渐了解这段被尘封的记忆。

我们回到之前金娣的案例，再来试着体会在黑暗里的感受。对于熟悉的世界我们是安心的，而黑暗对我们来说是未知的，未知意味着危险，危险可能导致丧失或死亡。总是有在黑暗中徘徊的人，他们很可能无处可逃。人处理和恐惧的关系有几种方式：去依附一个有力量的人；隔离这份感觉，让自己相信一切都是安全、可靠的；靠近黑暗去体验未知。如果可以始终使用前两种方式当然很好，然而我的工作让我无法回避——来访者带着我无数次地靠近黑暗的核心。

黑暗中的感觉是你抓不住什么，你无法通过感知确定自己的存在。那么我们到底要抓住什么呢？为什么身处光明感受到的却是黑暗无边呢？对于上面案例里的金娣而言，黑暗意味着她无法听到任何的回应，未知意味着她无法确认父母是否在乎她。恐惧来自情感的断裂，让你无法相信在遇到困难的时候会有人陪伴你、支持你。

当时的我对自己恐惧的探索是非常有限的，我需要在黑暗中感觉可以抓住什么，我不知道更深的地方是什么样的。我和每个来访者一样，有我自己的咨询师，我和她一起一次次在我的渴望与害怕中徘徊，从表达自己被忽略的悲伤和愤怒到担心我的恨会将我与父母的连接切断。在不断地确认我渴望的是妈妈眼里的关注和爸爸眼里的喜爱之后，我开始试着和父母重新确认我们的关系，虽然他们给予的仍然有限，但我开始可以触碰井的底部，那里不再是深不见底的黑暗，而是和我一样处于某种困境的父母，他们的局限性让他们只能给予这么多。在他们渐渐承认对我的忽略后，我再次被他们看见。然后，**相遇之处不再黑暗，虽然光线仍很微弱，但我**

确信那微弱的光里有一种希望。

当我和来访者都更能耐受在未知的世界里停留，在未知的时间里等待之后，那些未解之谜背后的真相开始神奇地展露。

耐心是理解的第三把钥匙。

进入无意识的领地

无意识领地的独特魅力是，你可以感知到它的存在，但你总是看不清它，它既美好又可怕。有时你一靠近，它就会以各种象征和隐喻来显露它的面容。有时你会为它着迷，因为它会变幻出很多的幻象，让你进入另一个美好的世界，那里有你爱的人和事物，也有爱你的人；有时你又会被它吓到或感到难堪，因为那里还隐藏着很多可怕以及你难以面对的东西。

当一个人完整体验自己的感受时，会在意识与无意识两个领地里穿梭。我们已经知道那些无意识的核心主题，因此不管你在哪个位置，你都会多一些觉察，即你知道你可能被欲望呼唤，同时你也在惴惴不安；或者你感觉正在靠近恐惧或羞耻，但还没有足够的勇气真正直面它们，于是你停下了脚步或跑开了。

> 小亮是一个 28 岁的年轻人，深陷抑郁当中。他的生命似乎停留在了18 岁——临近高考时他逃走的那一年。现在，他不但不去上学或上班，甚至连卧室也很少出；他大部分时间都躺在床上，睡觉或漫无目的地刷手机。见我时他很少看我，总是设法躲避我的眼神。他告诉我，高考那年他似乎被判了死刑，因为他临阵脱逃了，没有人再看得起他，包括他自己，他说自己就是行尸走肉。我觉得他说得没错，我也很难感受到他的生命力，即使我们谈到他以前的兴趣爱好，他也觉得那些都属于遥远的过去，和现在的他已经没有什么关系了，一切都没有意义，他认为自己没有未来。心理咨询看起来对他是可有可无的，坐在他对面的我似乎也失去了生机，咨询

时常陷入大段的沉默。

但他还是会坚持来见我，这让我感到不解。他说只有来找我咨询才能让他感觉自己是个正常人，他会为了见我在前一天洗澡，会花些心思找一件像样的衣服出门。他还会预留出等公交车的时间以免迟到。他说，他知道无论他怎样我都会在这里等他。

我发现当来访者担心我们的关系时，恰恰是他们在给我机会，看我是否可以接纳他们，而不是嘲笑和抛弃他们。一旦我了解他们的期待，就能够理解他们的想法——希望在脆弱的时候我还能对他们保有信心。他们需要时间好起来，不管我看到的情况有多糟糕，他们都没有放弃自己。

理解的道路是漫长而曲折的，但所有的障碍都与渴望有关，遮遮掩掩的障碍无一不是在保护那份渴望免遭误读或破坏。当你识别出一个人的痛苦挣扎背后的渴望时，这些障碍会随着理解而逐渐消融，希望的卷须开始伸展，内在的动力会越来越强劲。

理解者自身会被两种力量驱动，一种是自己理解对方后的胜任感，另一种是带给另一个人理解后的价值感。这两种动力有时会产生冲突，当你试图一直保持胜任感，就会因无法理解另一个人而焦虑，然而非常有意思的是，只有当你耐心地去理解对方，理解才能发生。耐心意味着保持这样一个信念：无论一个人多么难以理解，最终都是可以理解的；尽管我们暂时还看不清，但一个人的内心一定是清晰可见的。

人的内心都是相似的渴望，这让我们有信心达成对彼此的理解。

信心是理解的第四把钥匙。

小练习

1. 你有几把钥匙？

---

2. 试试用这四把钥匙理解自己或身边的一个人。

第二节

如何突破无法理解的疆界

偏见与主体性·

我们发现人与人之间的疆界很难打破，人们总是习惯依据自己的经验解读自己和对方，哲学家汉斯·伽达默尔（Hans Gadamer）称之为**偏见**，偏见构成了每个人不同的**视域**（Horizon），在不同的视域里，人们都以偏见理解自己和他人。那么既然我们都处在各自的偏见中，还可能理解彼此吗？

我先讲一讲哲学家的有趣观点。

伽达默尔认为偏见不是影响理解的障碍，而是理解的基础。他认为人们不应该对"偏见"带有偏见，每个人的感受和认知都形成于他生活的历史背景中，即你能成为今天的你和你过去的成长环境是密不可分的。换一种说法，即我们需要承认主体性的客观存在。在不同背景中成长的每个人都是一个不同的个体，他会带有自己的偏见，同样，去理解他的人也带有自己的偏见。**承认偏见的客观存在是理解的基础。**

偏见意味着每个人看世界的视域是不同的。如图 6-2 所示，如果一个人从小在关心和喜爱中长大，他看到的世界就是安全的，即他可以自由地表达需要和在需要的时候获得保护；但如果他从小就经常被忽略和指责，他看到的世界就是不安全的，即当他表达需要的时候可能被拒绝，在需要的时候没有人保护他。

我们可以推断出一个重要的心理学视角：**并没有哪个治疗理论或治疗者是客观的**。理解一个人既要意识到对方在不同的视域里，也要理解你自己同样在一个带有偏见的视域里。有时这两个视域有相似或重叠之处，这会让理解变得容易；有时两个视域差异很大，如果你坚持在自己的视域里寻求答案，理解就会变得非常困

图 6-2　不同养育环境中形成的不同视域

难。这就是为什么伽达默尔认为"所有的客观都是主观，所有的意见都是偏见"。

　　承认偏见需要我们抛弃以任何一种客观的方式理解心理现象的心态，理解一个人绝对不像理解某一个事件、某一个想法或者某一种感觉那么简单，你需要进入他整个人的经验当中。这里的**经验包括两部分：过去和现在**。"过去"，我们称之为**历史**，伽达默尔称之为**效果历史**（Effective history），即一直对当下和未来有影响效果的历史，这些效果不断地重复出现并一直带来影响，只是大多存在于无意识当中；"现在"，我们称之为**情境**（Context），包括你现在的生存方式以及对你有影响的所有环境，在情境中理解人即我们常说的**设身处地**。情境有一个特点——**嵌入性**，即一个人是嵌入一个具体的环境当中的，嵌入意味着密不可分。也就是说，你不能像观察一个孤立的物体那样观察一个人，你要"看到"与他密不可分的情境，他正是因为处在某种情境中才会有这样那样的感受与认知，而情境里的各种要素中都有理解他的线索（见图 6-3）。

　　比如，你想理解一个感到紧张、害怕的人，就要了解他所处的情境，即他每天在学习、工作和生活中所接触的人和经历的事，而不能简单地认为他过于胆小和小题大做，甚至强硬地要求他消除恐惧。在前面的章节中我们已经知道害怕是一种

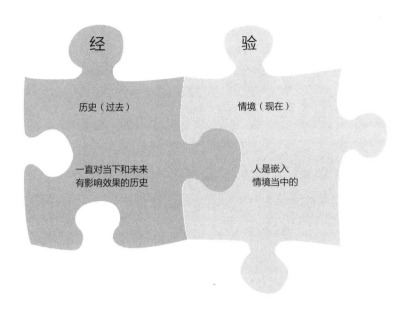

图 6-3　经验由历史与情境构成

提供理解线索的情绪语言，现在我们需要了解的是这种语言里呈现的丰富内涵，即一个具体的人身处怎样的环境、如何与人打交道，了解了这些，你才可以生动鲜活地靠近他的感受。

情境和一般意义上的环境不同，它是生动的、变化的、感受性的，并与意义相关联。设想一个紧张、害怕的人所处的情境：他刚刚晋升为部门经理，从普通员工转变为一个 10 人团队的管理者，每天早上要开晨会，每周一要向上司汇报上周的工作，每个月有等待完成的 KPI，10 个下属员工中有两个很有个性，他们对工作分配提出了不同的意见，等等。这些就是情境，情境中各要素所蕴含的感受和意义如图 6-4 所示。

情境中包含很多要素，比如新的角色、新的工作内容、复杂的人际关系、有压力的任务量。正是这些要素激活了各种感受，而这些感受和某种意义相关。

如果你处于前文中的情境，可能并不会感到紧张、害怕。因此，要想理解这个紧张、害怕的人，你必须回到过去，了解他是在怎样的养育环境中长大的，他

图6-4　情境中各要素所蕴含的感受和意义

和重要的养育者的关系是怎样的，这些经验和他当下的生活有什么关系。但人们往往意识不到这种过去与当下的关联，主体间性系统理论将这种隐形关联称为**经验组织原则**。通俗地讲，每个人都会下意识地用以往的经验解读当下发生的事情。之所以称之为原则，是因为每当类似的事情发生，人们总会用同一个原则感知和应对。

　　上面这个在新的工作关系中感到害怕的人，早年很可能生活在一个严苛的养育环境中，他可能常常因为做错事或无法完成任务而受到责备，较少获得鼓励和认可，他很担心一旦失败就会被嘲笑。他的经验组织原则很可能是"我只有保持优秀才能获得认可，否则我就是一个很糟糕的人"，这个原则让他非常有压力，他不相信自己可以通过犯错误来进步，被嘲笑的感觉对他而言实在是太可怕了。

　　如果你的早年经历和他不同，比如你的父母会在你遇到困难和挫折时分享他们的经验——正常接纳困难与挫折带来的各种体验，并有足够的耐心陪伴和支持你找到解决问题的办法，那么在遇到同样的职业变动时，尽管会有适度的紧张感，但你并不会害怕。你可能拥有不同的经验组织原则——犯错、失误甚至失败并不可怕，因为你不会被嘲笑并可以从错误中学习、改进，你可以请教他人，或许会有些沮丧和挫败感，但并不会觉得有那么丢脸和紧张。

如果是两个拥有不同经验组织原则的人，通常双方会在自己的经验里理解当下的体验，这样一来，理解对方就会遇到困难。我们来看看相关的原因。

另一个视域是你不熟悉的

视域决定了每个人对周围世界的体验。体验包括认知和感觉，比如你可能认为大多数人是值得信任的，他们带给你的感觉更多是亲切和温暖；而当你听见另一个人说这个世界充满了谎言，他的感觉更多是敌意和危险时，你会很难理解这个人的世界为什么和你眼中的世界如此不同。人们总是愿意根据自己的经验感知周围的世界，而进入另一个陌生的世界去体验是有难度的，因为**陌生会动摇原来熟悉的稳定感**。我们每个人的本能都是维护自己的稳定感，这会让我们下意识地把另一个人拉到自己熟悉的世界里。

靠近另一个视域可能会激活自己不愿触碰的感觉

大多数时候，我们都以自己的方式保持确定感，并在某些糟糕情绪来袭时用各种方法进行调整，但很可能我们并未意识到这一点，以为本来就是这样的。比如，一个婚姻稳定的人，听到好友抱怨对婚姻的不满并准备离婚时，会突然发现自己的婚姻也有类似的问题，他的视域突然被扩大了，他看到了一些原以为不存在的问题。这说明他之前有可能无法面对而暂时回避了这些问题，这时他的反应很可能是不安，因此他有可能会劝好友维持婚姻，为了维持自己的认知并应对意识里无法面对的问题。

视域融合与主体间性

凡真实的人生皆是相遇。

——马丁·布伯（Martin Buber）

相遇里的体验是独特的，有些强烈的体验是两个人一起完成的，这种体验让你更真实地感受到关系中彼此的情感。那么处在不同视域里的人们如何才能理解彼此呢？当代的哲学理论认为**理解不是发生在两个主体之外，而是发生在主体之间，伽达默尔称之为视域融合**（The fusion of horizons），即在两个不同的视域之间，两个主体通过不断的你来我往的互动，不断靠近彼此并相互碰撞、分分合合，逐渐找到彼此视域的重叠部分。正是这些重叠部分里蕴含着人类共通的意义，让人们获得了理解彼此的可能性。

从 20 世纪 80 年代开始，一批心理学家（最初主要在美国，后来扩展到许多国家）在理论和临床实践中开始以主体间性的互动方式探索人类获得理解的新途径，至今已经构建了完整的**主体间性系统理论**并大量地应用这一理论，这也是我创作本书的重要理论背景。这种实践非常有挑战性，但带来了让人类理解彼此的新希望。2019 年，在第 42 届国际自体心理学大会上，美国心理学家菲利普·库什曼（Philip Cushman）发表了题为"两个世界还是一个世界"的演讲。这是个既有挑战又蕴含希望的视角，也许每个人都有不同的答案。很多人认为客观的事实就是世界有两个，比如你我、男女、夫妻、父母与子女等；但也有人在彼此相爱尤其是患难与共时体会过彼此交融、不分你我的一体感，而我们每个人或多或少都经历过被某个人深深理解的时刻，你会感到那个人说出了你无法表达的心里话，那便是主体间相遇的时刻。这种体验虽不常见，但痛苦的人们仍然祈望遇见，以使困苦已久的心灵之隔被另一束光照亮。

是哪些因素让我们对彼此相遇保留一线希望呢？

虽然每个人的人生经验不同，但感受是类似的、相通的

每个人都有不同的历史并处在不同的情境之中，因此很可能有完全不同的感受。比如看同一部电影，有的人会泣不成声，有的人只是有所触动，也有的人无动于衷。但这只是因为人们处理情感的方式不同，比如有的人很容易产生共情，有的人则会适度地隔离感觉。这只能说明每个人的习惯性反应有所不同。

我想起在国际自体大会上的一次体验。当时，有 7 个人一起参与"社会之梦"的讨论，讨论者是来自不同国家的心理学工作者，我分享了我小时候反复做的一个梦：我总是梦见家里的大门没有锁好，深夜有人来推门，我紧张地锁门却怎么也锁不上，然后在极度恐惧中惊醒。之后我们开始以集体体验的方式探究这个梦呈现了什么，令人惊奇的是，大多数人都有类似的恐惧感。有人分享了依然影响自己的来自长辈流离失所的代际创伤，有人分享了始终存在的无法释然的习惯性警觉。在后来的讨论中，大家发现害怕的背后是某种孤立无援的绝望感。在一起讨论后我意识到，我童年时一直对环境有着某种恐惧，每次睡觉前都会问妈妈："锁门了吗？"她给我的印象是对此置若罔闻，这让我不得不提高警惕自己面对恐惧。其他的讨论者虽然来自不同国家、不同民族和不同的成长环境，但通过分享我们知道了彼此有相似的感受。我在这种氛围中获得了某种神奇的新体验：我似乎不那么害怕了，大家相似的害怕体验减少了我的孤独感。

人们可以借助描述感受的语言工具，打通两个视域间的通道

事实上，每个人时时刻刻都在感受，只是从小到大很少学习表达感受的语言，因而尽管有真切的感受，也很少运用语言来表达它们。这很可能是因为我们的父母是压抑的，他们很少表达感受，所以我们就不知道在痛苦的时候如何准确地描述我们的感受。我们的身体是有记忆的，我们通过反复使用压抑、隔离、投射等办法让自己意识不到痛苦的存在，但在无法压抑时就会在情绪中流露出我们的内在感受，比如愤怒、委屈，或者在情绪更强烈的时候用某种行为来表达，比如扔东西、离家

出走或是提出分手。我们已经在前面的章节中了解到，躯体反应、情绪以及行为都是表达感受的替代性语言。

实际上，人类早已将各种感受凝练成丰富的语言，只是我们还不熟悉它们。我在工作中发现，人们虽然不会主动使用，但对这些语言有种无师自通的领悟力，如果我试着命名他们的感受，他们就会帮我确定是或者不是，比如我说："你感到委屈。"他们会纠正说："不，是难过。"我说："那种感觉是悲伤吗？"他们会说："不是悲伤，比这个还要难受……是悲哀。"当我们可以用感受的语言交流时，两个人的距离开始缩短，你不需要用头脑和经验想象他的内在，而是通过启动自己对悲哀的体验，来理解他的内在正经历着什么。悲伤意味着有很多难过之情还没有表达出来，而悲哀让人感到更深的绝望，很可能是多次表达都没有得到回应，或者得到的是极其糟糕的回应。

当人们使用这些感受性语言交流时，会发生下面两个重大的变化。

> 彼此可以表达清楚自己的感受。
> 确认自己的感受是真实存在的，是可以被理解的。

感受性语言是走进内心世界的一个载体。以前我们表达自我的习惯性语言主要有两种：一种是**逻辑性语言**，即我们俗称的"讲道理"，它来自头脑；另一种是**情绪性语言**，它主要来自身心。逻辑性语言是我们已经熟练掌握的语言，它让我们在表达时保留某种稳定感，比如，"我是对的""我是有道理的"，但它与我们的感觉相距太远甚至是相悖的，通常是"应该""必须""没有必要"等理性的判断。而感受有自己的逻辑，即"愿意"或"不愿意"，对一个不开心的人讲"没必要不开心"意味着你没有想清楚心理活动的逻辑，理性无法做到对心理活动的理解。

通过学习和使用感受性语言，可以发现两个视域的相通之处

观察并承认情绪的存在：使用情绪或行动语言也可能会让对方陷入某种情绪当中，比如咨询中一种很常见的情况是，当来访者流露出愤怒的情绪时，咨询师也会被激活紧张、不安甚至委屈、愤怒的情绪，在每个人的情绪都很强烈时，沟通常常较少有回旋的余地。我们要学习的是如何**观察**彼此的情绪。观察是先"观"后"察"，它需要你暂停用情绪表达并与情绪保持一点距离，通常你的内心会产生这样一个微妙的变化：从"我气死了，凭什么，为什么"，到另一个声音"我怎么了"出现。

转换语言（从情绪到感受）：一个正在发脾气的人，一定是被某种糟糕的情绪所困扰的，而一个稳定而平静的人会对此感到困惑。因此，首先要进入对方的情境，即了解他的情绪背景是什么样的，比如他近来工作压力很大，感到挫败，并担心会失去工作。不断地使用感受性语言可以促进彼此的理解，而理解会让一个人不再反复地陷入情绪当中。

寻找并命名感受：倾听的人如果先识别出对方情绪背后的感受，可以试着"翻译"出来，让对方确认或者体会后自己来命名。"你感到不舒服"是一种很好的、终止情绪化的开始，尽管你还无法完全知晓对方情绪的背后是什么，但承认它就有机会继续寻找和命名当下的感受。

神奇的是，一旦两个人找到准确表达感受的语言，理解就开始了。因为这些词语是需要通过体验才能获得的，当你的身心一起在听，在感受，在经历，在遭遇时，那些表达感受的词语就会涌现。此刻，两个人的内心靠得很近，对那些感受的命名很像打开了内心世界的一扇门，你也不再是一个人艰难地站在门口，而是有人和你一起经历，或者有过类似经历的人和你站在一起。

特别常见的感受有以下几类，见表 6–1 和表 6–2。

表 6-1　糟糕的感受

感受	具体的表现
伤心	难过、委屈、悲伤、伤感、受伤
羞耻	害羞、尴尬、难为情、丢脸、窘迫、羞辱、屈辱
恐惧	担心、害怕、不安、紧张、焦虑、震惊、恐慌
和状态有关的感受	懈怠、失望、无助、孤独、空虚、悲观、沮丧、绝望、迷茫、灰心、混乱、无秩序感、无方向感、无目标感

表 6-2　良好的感受

感受	具体的表现
开心	愉悦、欣喜、兴奋、精力充沛
满足	骄傲、自豪、有价值感
和状态有关的感受	平静、安宁、自信、乐观、有力量感、有方向感、充满希望

尝试体会感受：在表中我们可以看到丰富的表达感受的词语，不难发现描述良好感受的词语是我们更熟悉且容易使用的，用这些词语回应对方能让他更加确认自己的感受并增强自信，但那些糟糕的感受我们则很难直接告诉对方。尤其当我们排斥另一个视域里的感受时，就更难去体会这些感受并说出口了。比如，当一个人告诉你他感到被排斥、被羞辱，或者沮丧、无力时，一开始你也不容易去靠近这些感受，因为你本来保持着稳定的自尊和自信，体验这些糟糕的感受有可能动摇你的稳定感。你需要勇气和耐心，一步步地靠近这些感受。

小练习

回忆最近发生的某件令你感受强烈的事情，试着回忆你当时的情绪是怎样的，从"我怎么了"开始，体会并命名自己的感受。

事件：_____

情绪：_____

感受：_____

找到感受中蕴含的意义

一旦感受清晰了，背后的意义就会呈现。循着糟糕的感觉，总会走到内心的最深处——等待照亮的角落里无一不是曾经表达过却不得不压抑的各种渴望。

表面上看，来访者在咨询中倾诉的是他们遇到的问题，而一旦我们体验到他们真实的感受，就不难发现他们的恐惧和羞耻背后无一不是对被看见、被在乎、被喜欢、被欣赏的渴望，尽管他们可能是以谦卑或内疚的语气描述自己的。

晓辉是一位优雅但抑郁已久的女性。第一次见我时，她说她感觉自己的内在是"空"的，我相信她的感觉是真的，因为她的眼神看上去黯淡无光。她身上优雅的气质和她的感受之间反差如此之大，令我感到诧异，我好奇她的快乐去了哪里，于是我问道："空的？也许太久没有人往那里看了，因此你感受不到有什么东西存在。但真的是空的吗？"我可以看到她的眼里闪过一丝讶异，她说："我感到奇怪，你为什么会这样问我？已经很久没有人对我感兴趣了。"之后她讲了她的大学时代——在遥远的记忆里的另一个人，那个人是活跃的，有充沛的生命力，参加演讲比赛、组织社团活动、恋爱……

显然，晓辉的"空"是她真实的感受，但这并不意味着她有问题，而是她很少在关系里被"看见"。我相信她渴望"看见"已久，尽管她意识不到；我也还不知道"空"里有什么，只是去"看"了一下"空"，她便呈现了自己。咨询中我还经常听到一些这样的表达："我很失败""我很没用""没有人喜欢我"，等等。事实上，说出这些话的来访者并不需要我给他们信心或纠正他们的认知，而是需要我靠近他们的体验，了解他们的经历。我发现隐藏在话语背后的恰恰是他们迟迟不愿放弃的、一直受挫的渴望。

被理解的体验会扩大视域融合的区域，让理解的信心不断增加

很多时候理解的尝试并不顺利，你的感受和对方的感受通常是有差距的。但作为理解者，你需要知道**自己本身就是被理解者的一个重要情境**。如果你让对方感觉你无法理解他，那他将更难清晰地表达。

被理解者以往的情境可能是无回应的、回应慢的、回应错误的，而现在这些也许仍然会发生，但理解者可以改变姿态，比如，专注地倾听、积极地回应、真诚地承认还不够理解对方。这些回应的变化会提供一种新的情境，促使一个人有勇气和信心进行更多的表达，而更多的表达也会让理解者有更多的机会听见和听懂（见图 6-5）。

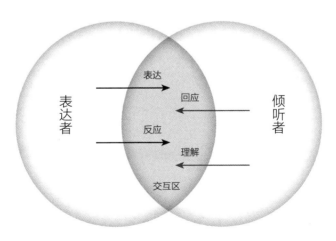

图 6-5 视域融合与主体间互动

心理咨询的核心工作就是理解，但大多数时间我们处在试图理解的过程中，**这种试图理解的姿态比理解本身更加宝贵**，它让一个人感受到被关注和在意。不管他正在经历什么，是焦虑得像热锅上的蚂蚁还是抑郁得死气沉沉，都有人在努力地与他一起体验，这种稳定的连接感会让他相信：现在有一个人愿意走进他以往无人知晓的视域，与他一起体验；无论发生什么，都不会像以前别人做的那样把他拉出来或者对他置之不理，而是会在交融的区域里帮助他标注那些不断被看到和解读的点。

作为咨询师，我能体验到来访者不被理解时做出的各种反应，有时是隐性的，比如迟到、缺席甚至提出终止咨询；有时是公开的，比如直接地表达怨言和不满。这时，咨访关系会经受很大的考验：首先，来访者表达不满是会感到不安的，他们并不知道咨询师会怎样看待自己，因此会担心自己被讨厌、否定甚至排斥、拒绝；其次，咨询师感到自己的能力被否定，会产生挫败感和无力感。

但来访者的本意并非要表达攻击。他们是无法表达自己的感受才使用情绪语言或行动语言，那些没有被理解的部分激活了一些他们无法消化的糟糕体验，导致他们更加无法直接地向咨询师表达。若咨询师能意识到并承认这一点，彼此的沟通就可能延续。**关系的动荡恰恰是加深理解的机会**，动荡只是一种强烈的信号，它提醒人们原本被理解的关系出现了裂痕，尤其是"攻击"的一方很可能在经历一种重复性的糟糕感受，这时需要咨询师承认对方的感受和自己的某些表达有关，从而让对方确认表达强烈的感受也是安全的。多年的工作经验告诉我，让关系延续或终结的关键不在于我的功力是否强大到可以理解对方，而在于我是否足够坦诚。

晓浩本来是一名初三学生，但他辍学了，因为对学习没有信心，觉得考试太难了。实际上他很聪明，对很多技能性的知识接受得很快，比如他对汽车的构造和性能很熟悉。于是我问他可否考虑上职业高中，没想到他却表现得很恼火，认为我的咨询对他完全没有帮助，并提出下周不想来了。我感到困惑，并回应："上职高一样可以学到技能和拥有一份稳定的工作。"没想到他冲我喊道："上大学是我的梦想，你为什么要断了我的大学之梦？！"我没有想到已经辍学的他一直没有放弃参加中考，更没有想到他还有一个大学之梦，他强烈的情绪让我感到震撼，于是我向他坦诚地表达我的确没有理解他。后来，他说自己去过一次大学校园，很羡慕那里的学生，也很渴望学到新知识，而我的态度让他感觉我在嘲笑他的学习能力。他对未来的美好期待很打动我，于是我告诉他，我当然愿意看到有一天他梦想成真。他说特别需要我对他保持希望，而不是像他的父母那样经常对他失去信心。我发现是我低估了这位少年的渴望和毅力，他后来回到了学校，并考上了高中。几年后他的妈妈给我留言，告诉我孩子考上了大学。

有一个哲学原理叫"**易谬**"（Fallibilism），指的是一个人错误地理解周围世界的情况是很普遍的。从心理学的角度看，承认易谬对延续关系有两个好处：第一，没有理解对方并不代表关系的终结，我们不用陷入悲观之中，应该把它当成一个机会，即误解恰恰说明彼此需要更多的沟通；第二，表达了但没有被理解也是一种正常的体验，你需要给对方更多的时间，让对方听到你更多的表达。我们可以在下面的对话中看到**易谬很容易发生，重要的不是消除误解，而是承认误解，并将其转换成进一步理解的机会。**

　　来访者："以前每年我都回家过年，但我觉得那样好累，今年刚好有疫情，当然也能回，但最后我选择留在北京过年。"
　　咨询师："那就你一个人吗？"
　　来访者："是的。"
　　咨询师："会觉得孤单吗？"
　　来访者："嗯。第一次一个人过年。不过我觉得也挺好的。"
　　咨询师："挺好的？"
　　来访者："嗯，自己一个人很自在。"

　　咨询师："这样你可以逃避家人的逼婚了。"

　　来访者：（有些恼火）"你也觉得我在逃避？"

　　这是一次春节假期结束后的首次面询，听闻来访者没有回家过年，我感到有些意外。我试着体会她的孤独感，然后想到她和我多次谈到的讨厌被逼婚，然而她的恼火告诉我，我理解的视角是错的。

　　咨询师："好像'逃避'这个词让你不舒服。"

　　来访者："是的。"

　　咨询师："好像我在否定你？"

　　来访者："嗯，你让我觉得自己很没用。"

　　此刻我感受到了她的情绪，于是我停下来，承认我的回应可能给她带来了一些不好的感觉。之后，我想试试重新回到开始，放下我体验到的孤独感，看看她的"挺好"与"自在"到底是指什么。再次尝试后，她呈现了完全不同的感受。

　　咨询师："好像你的感觉不一样？"

　　来访者："我是在逃避，但我本来想说在北京的感觉挺好的。"

　　咨询师："哦，对，你刚刚说挺自在的。"

　　来访者："实际上我做了挺多事的，而回家我只能被动地服从。"

　　咨询师："挺多事的……"

　　来访者："嗯，我看了一本书，名叫《自卑与超越》，很受启发，我觉得可以自己来做决定，也没什么可怕的。"

　　咨询师："是的，你今年决定不回家过年，这需要勇气。"

　　来访者："是啊！"

　　咨询师："你可以按照自己的意愿做决定，看来这让你感觉不错。"

　　来访者：（笑）"当然。我还有其他想法……"

　　（后来她告诉我，她准备辞职，换一份她更满意的工作。）

　　实际上，她的确在逃避家人的催婚，但对她而言，做出不回家过年的决定是需要勇气的，她的体验并不是不安或者孤独，而是在自由空间里的放松，她为坚持了自己的主张而感到开心，并在读书和思考后拥有了更多的力量。她见到我时是开心的，尽管她还没有信心谈恋爱，但此刻她坚持和探索自己的勇气完全值得被肯定。

第三节
在共情式对话中完成理解

尽管有种种相似之处，生活的每时每刻就像一个刚出生的婴儿，一张新的面孔，我们从未见过，也不可能再次见到。我们无法停留在过去，也无法预见我们的反应。我们需要不带成见地感受变化。我们需要用全身心去倾听。

——马丁·布伯

共同创造理解的空间——倾听的三部曲：听、听见、听懂

理解发生在主体之间的相交处。首先，对于表达者而言，需要有一个接收者的存在才能完成表达，这个接收者就是倾听者。倾听者并非一个客观、静态的接收器，而是一个感知者，这需要倾听者的身体做出倾向于表达者的姿态，即倾听者的内在处于一种开放的状态，能将自己相对确定、稳定的内在"属地"打开，预备好倾听一些新的、不熟悉的甚至与自己相异的声音。倾听由三步构成：听、听见、听懂（见图6-6）。

听：耳有所得

并不是听觉正常就可以完成"听"的过程，"听"不仅需要对声音专注，还需要其他的感觉和知觉在场，它们可以帮助你捕捉到其他非语言的信息，这些信息时常比语言信息更重要，因为语言有可能是组织过逻辑、被筛查过的，而非语言的信息更多是下意识传递的，它们会透露一个人的内心世界。事实上，表达者同样能获取倾听者的非语言信息，比如眼神、表情、坐姿，它们会透露

倾听者是不是专注的、感兴趣的。

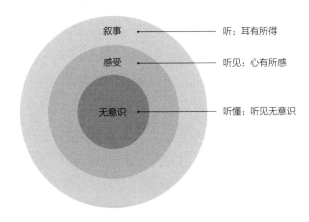

图6-6　倾听的三部曲

倾听者即使打开自己的内心倾听，也无法成为一块"白板"，让表达者将表达的内容投射到上面，而是必然会不时地被自己的相关部分扰动，因此会有下面三种"听"的状态。

◆ 听到了表达者更多的声音。

◆ 表达者的声音和自己内在的声音叠加。

◆ 自己内在的声音覆盖了表达者的声音。

这三种状态都很普遍，无论哪种状态都是有意义的，体现了倾听过程中的主体间性与开放性。主体间性令人着迷的地方正是两个主体之间生动的互动，某些感受部分很难不被激活，只是它们被激活后可能处于无意识状态或者未被觉察的状态。开放性意味着你不仅要打开你的属地，也要让你的其他部分开放并参与，即一边倾听，一边启动感受。

最初的倾听有点像足球赛的开场阶段，双方或者在各自的主场控球，或者集中在中场传带、穿梭，主体间最初的互动像一个预热的过程，彼此都可以在这个过程中找到一些感觉。语言就像脚下的足球，双方在传接的过程中通过感知传球的速度、力度、角度感受彼此传递的信息，比如下面的例子。

> 表达者：平静地叙事，刻意地隐忍，难以抑制的急迫。
> 倾听者：平静，微澜，激荡起伏。

事实上，"听"是一个渐进的过程。最初，表达者发出的信息对于你这个倾听者而言是全新的，因此有很多的部分会掠过，你很难全部接收到。因此，倾听并不需要你以收集资料的方式记住所有你认为重要的内容，也不需要你更多地打开理性的头脑，比如思考"为什么"，而是需要你启动你的感觉、知觉以及无意识。感觉和知觉包括你的感受和整个身体的反应，而无意识参与时往往会带来一种依旧模糊但似乎确有什么东西存在的感觉。这时，在你的脑海里保留下来的内容很可能是：

> 让你有所触动的部分；
> 模糊但令人好奇的部分。

我们来"听"一段自称"老李"的男性的陈述，虽然他只有 33 岁。

> 我辞职了。我就像埋头拉犁的老黄牛，一转眼这份工作我已经干了 8 年，虽然赚钱但我感到很厌倦。我在家待了两个月，感觉到了从未有过的轻松。我有时去买菜，给自己做点儿好吃的；有时叫外卖，更多的时间用在追剧或者打游戏上。我不想见人，也不想和家人联系，最初感觉很不错，但这几天心里有些发慌。我不想再像以前那样没日没夜地工作，但发现自己除了写程序什么也不会做，也什么都不想做。停下来才感受到时光的流逝，8 年了，我不知道自己都错过了什么，只是突然觉得自己老了。

作为倾听者，你一定获得了一些信息，但你也许会想他到底要向你表达什么呢？我们看看以不同的方式倾听可以"听"到什么。

以习惯性意识为主导，你会收集到下面的信息。

> 工作：辞职，干了 8 年，赚钱，程序员。
> 与他人的关系：不想见人，不想和家人联系。

进入情境，你会产生画面感。

> 写程序（8 年），买菜，做饭，叫外卖，打游戏，追剧。

留意他的感受，你会靠近他的内在体验。

> 厌倦，轻松，感觉很不错，发慌，感到时光流逝，感到错过了什么，觉得自己老了。

新的区域：事实上，你不可能这样层次清晰地倾听，而是只能形成一些印象，而这些印象恰恰是触动你和令你好奇的地方。比如，8 年的程序员工作、一个人待在家里两个月、流逝的时光和错过了什么。这些印象最开始基本是模糊的、意义不确定的，但它们会让你的身心保留一份感觉，这就是主体间最初交互产生的一块新的区域，由表达者的讲述和倾听者的倾听共同建立。那些印象最初只是一个个模糊的、孤立的点，但它们代表着某些意义，等待在未来的更多体验中得到解读。我们可以将这些模糊但有意义的点称为"**意义点**"（见图 6-7）。

你也可能无意识地忽略或搁置一些重要的东西，这意味着你还没有准备好更多地打开，那么这个新的区域可能就比较小，甚至你在听了之后可能暂时都没有什么感觉，这就需要你之后更多地倾听来扩大这个新区域。

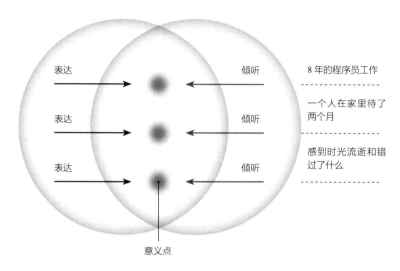

图 6-7　最初交互区形成的模糊的意义点

听见：心有所感

听见，意味着心有所感，你内心的某些感受被唤起。听见不是指表达者的内容被原样收到，而是指在某种情境下倾听者内心升起的感应。

是什么决定倾听者听到什么或者忽略什么？是他的内在状态。之前我们讲两难与双盲时说过，每个人都有局限（双盲）并会力图使自己保持稳定（两难），因而内在的欲望和不安会保持相对平衡的状态。在这种情况下，每个人的感应状态一定是不同的。

回到上面的案例，通过图 6-8 了解倾听者的不同感应状态。当倾听者的欲望更活跃时，他更容易在倾听过程中启动一些和期待有关的感觉，因此就会更多地体验到表达者厌倦之后的轻松感，以及对时光流逝的感慨，会更关注表达者的内在是否开心和满足；当倾听者的欲望和不安处于制衡的状态时，就可能会降低自己体验的感应度，因为进入同样的情境可能会激活他内在类似的冲突，比如，体会轻松后的发慌会引发某种不确定感；当倾听者的欲望处于压抑的状态时，他会很少启动感应，很难感受到表达者的欲望，这说明倾听者仍处在听的第一阶段——耳有所得。
参见图 6–8。

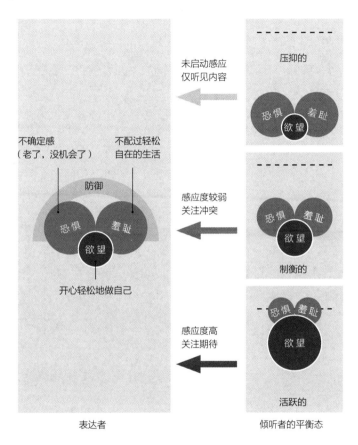

未启动感应
仅听见内容

压抑的

恐惧　羞耻

欲望

不确定感　　　不配过轻松
（老了，没机会了）　自在的生活

防御

恐惧　羞耻

欲望

开心轻松地做自己

感应度较弱
关注冲突

恐惧　羞耻

欲望

制衡的

感应度高
关注期待

恐惧　羞耻

欲望

活跃的

表达者　　　　　　　　　倾听者的平衡态

图 6–8　倾听者的不同感应状态

听懂：听见无意识

"懂"当然是一个渐进的过程，也是逐渐理解的结果。但这里强调的**"听懂"**
指的是听见话外之音——与无意识相关的部分。"懂"是一种心理状态，是你在表
达者的陈述中获得了某种体验，并感受到了一些语言之外的东西。这些东西有时来

自象征或隐喻，有时来自沉默和其他的非语言——不清晰却意味着什么的部分。比如案例里的"老黄牛"就是一个隐喻，它会让你隐约地感到其中蕴含着某种强烈的感受，比如辛苦和默默长久的劳作。表达者将内在体验比作某种形象表达出来，需要你不仅耳有所得、心有所感，而且要进入更深的位置。"老黄牛"这个词一定不是随便说的，它凝结了表达者很多深刻的体验，包含了很多与感受和意义相关的信息。

在前面的案例中，我们看到的是一位埋头苦干多年后突然停摆的迷茫青年。尽管他没有说自己的痛苦，也没有说他的期待，但当你试着进入情境中，你就会启动某些感应，它们来自你对于类似经历的感受以及对于经历的意义的探索。比如下面的感应。

> 辛勤努力却感到厌倦——这不是他想要的，他想要什么呢？
>
> 老黄牛——低头劳作让人感觉好像没有自我。
>
> 错过了什么——似乎有些更重要的东西。
>
> 心里发慌——他还不确定自己要什么以及是否可以得到。
>
> 什么也不想做——也许他还没有找到自己愿意做的事。

这里的"懂"是一种对语言的转译，它将语言以外的无意识读出来，并转换成无意识的语言——被防御的欲望，或者说未获得理解性回应的各种自体客体需要。它们虽然在每个个体身上有不同的呈现，但最终的需要是相同的，上面的"转译"结果无不指向一个人对存在与价值的渴望。

尽管理解是一个渐进甚至缓慢的过程，但如果一开始互动就启动体验，也就是共情式倾听，你就会发现感受所带来的线索——意义点，已经提示了理解的指向，即无意识里的某些东西。这为以后的理解建立了基础，那些意义点会反复地出现，随着理解最终被清晰地放大。

"听"，表面上看是一个被动的过程，但那些传递的声音里是带有无意识期待的。一个人不会无缘无故地说，尽管他自己不一定意识到他到底要表达什么。"听"，正是对他想要表达的部分的响应。人类表达的困境也可以说是"听"的有效性太低。"听"的繁体字是"聽"，通过繁体的字形，或许我们更能明白它的含义。"听"更像一个心理活动，其核心正是那些等待被理解的无意识。要想听懂，需要你启动自己的无意识，才能触碰对方内心未表达清楚的东西（见图6-9）。

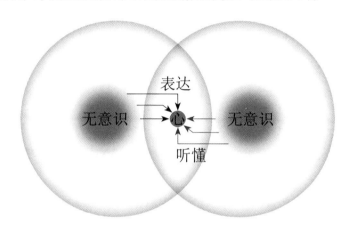

图6-9　听懂：启动无意识

参与体验——靠近感受

我们先看一个例子。

有一位年轻的女士，她有一个10岁的儿子。咨询时，她是这样开场的："我听说现在有种叫家庭教育师的职业，我挺感兴趣的，想去参加考试。我和孩子的关系一直很紧张，听了一次家庭教育师的公益讲座，我觉得挺有帮助的。但我一直在稳定的大企业工作，你觉得我这个转行的想法是不是不太现实啊？"

最初的移情

很多时候表达者在表达时，经常会提出问题，比如"我为什么会这样""我该怎么办"，但你需要做的并不是先去回答问题，而是先去理解他为什么会问这样的问题。可能是他急于解决问题，也可能是他不确定是否要谈论自己的感受，希望用理性来理解自己和获得帮助。

无论出于什么原因，更重要的都是体验在彼此的关系里发生了什么。对方提问题往往需要你能看到他的痛苦，有办法帮助他；或者需要你看到他的期待，让他在关系里获得信心和支持。一旦你感受到这些问题背后的意图，彼此的关系就会发生一些微妙的变化，心理学称之为移情。**移情**在这里指的是在彼此的关系里表达者的无意识期待发生了变化——原来是压抑的，而此刻表达者将它呈现；同时，倾听者感受到了表达者的这份期待。

回到前面的例子：这位女士和孩子的关系是紧张的，她只是参加了一次讲座就决定转行，放弃自己相对稳定的工作，似乎有什么东西触动了她；她看上去不够确定和自信，重要的是为什么她会对这个新职业感兴趣，为什么会和我说，为什么以这样的方式说（见表 6-3）。这里的移情意味着表达者的内在有一些情感的需要——被在乎和被支持，以及更隐蔽的需要——被看好和被认可。

表 6-3   移情

角色	对新职业感兴趣	在稳定的大企业工作	想法是否现实
表达者	更多的期待	稳定但是不够满意	我是否会让人感觉不安分
倾听者	她想获得更多的价值感	她对工作满意还是失望	她可能担心我不理解她

共情式询问——尝试走进另一个视域

最初，你的回应更多的是询问，但这不代表你可以等待答案，你要做的是深切地关注表达者的感受和需要。过快回应时，你很可能还没有启动体验，这时的询问很可能来自头脑的习惯性思维。真正的询问来自你对他内在世界的某种好奇——好奇那些倾听时留下印象的意义点，这样的询问叫**共情式询问**。共情，意味着你可以体验到他的内在状态，从他的言行中感受到他可能的无意识状态——平衡态里"要与怕"的大致位置，之后才去提出问题。

提出一个好的问题是理解的开始，说明你在表达者的叙述中找到了某些落脚点。这些落脚点可能隐藏在一大段话中，你发现了它们，并让它们通过你的询问凸显。

在前面的例子中，可以进行以下的询问。

"讲座里有什么令你印象深刻的？"

"你目前是做什么工作的？"

表面上看，"讲座"和"工作"这两个视角好像和感觉离得很远，但它们可能包含一些令人好奇的、有意义的信息：讲座里的什么内容激活了她对新职业的期待？在目前企业工作的体验是怎样的，为什么她想要尝试一个新职业？

这些令人好奇的信息来自我们已经了解的人类对关系的渴望，即前面提到的自体客体需要。这些渴望是推动一个人表达的根本动力，也是等待倾听者听到和听懂的声音。这些声音需要一个有回声的场，即在发出后获得回应。

展开及体验——两个视域的最初重叠

互动是为了达成理解，这需要双方都可以表达和听到彼此内心的需要。**但人的表达是一个非常奇妙的过程，表达者说了什么又像没说什么，没说什么却又像说**

了什么。这种微妙的方式正是因为有一个倾听者在场才形成的，表达者会因为倾听者的存在而下意识地调整表达。有时，表达者会担心自己的"音量"太大，担心对方感觉"刺耳"，于是调低音量或不再出声；有时，也可能担心对方收不到自己的"声音"，于是放出一些"信号"等待被识别。显然，**倾听者参与了表达的过程**。

展开并不是等待答案，而是一起体验。一旦对方开始表达，你很难置身事外。因为**对方不只在回答你的问题，还在意识和无意识中来回穿梭。**他在和你的关系里呈现他的无意识——期待，也因为你的存在，处理可能在表达中被激活的恐惧和羞耻。展开的过程需要两个人一起进入主体间互动的区域，你需要进入对方的情境当中，不再是一个客观的观察者，而是一个体验者，因此你所有的询问也是给自己的问题。这类似于两个人一起潜入水中，因为你如果还在水面上，是无法看清对方的。

体验包括很难分辨的两部分：感觉和知觉。感觉来自整个身体，而知觉来自大脑的经验、直觉。它们通常混在一起，形成一种模糊的、可以感受到的整体体验。启动体验并不简单，对于一些糟糕的感受就更是如此了。

> 例如，你的一个朋友向你讲述他和伴侣相处时的烦恼，他说很喜欢自己的女友，但女友似乎对自己不满意，每次都因为一些小事与自己争吵，这让你的朋友感到沮丧，觉得自己怎么努力都无法让对方满意。他最近没心思工作，很担心女友会离开自己。

如果你为朋友感到委屈、难过，也为他担心，这意味着你更多地是在同情他，因为你看到的是他的努力和女友的不满；你也会为他着急，因为你不想让朋友体会失恋的痛苦。共情则与之不同，你需要留意的是话语里隐藏的东西：简单地说，在关系中他想要什么、怕什么；再深一步，女友的不满对他而言意味着什么，失去女友又意味着什么。但这些好奇并不是靠思考产生的，而是需要你启动谈恋爱的体验，并进入更深的位置体会——谈恋爱的感受、意义，还有他在关系里的根本动机是什么。

在共情的姿态下，你会更慢、更深地去关注一些还没有通过语言清晰呈现但和意义相关的东西。**展开是一种照见，让那些有意义的部分显露出来**，这些有意义的部分很可能在以往无数次的表达中都没有被听见，甚至被另外的声音覆盖。

展开的第一步：促进自由联想

想象我们手里有一张被折叠过很多次的纸，它是表达者还未展开的内心。我们现在只能看见纸被折起的样子，那些意义点却藏在被折叠的深处。但你不能生硬地把纸展开，因为每一次折叠都意味着那里有无法面对的感受需要被盖住；要想打开纸你需要先获得信任，即让表达者认为你是一个能理解他的人，而不是一个"冲进瓷器店里的公牛"①。也就是说，要想理解一个人首先要保存他的完整性，当他感知到你细腻的在意时，展开才会发生，他需要确认你是去理解他的，而不是去评判他的。用下面的方式对话，会让展开更容易发生。

情境化：询问时间、地点、事件等和情境有关的内容。相对于被直接询问感觉，这些简单的问题会让人更放松。

邀请举个例子：举例通常会让人进入情境，在情境中感觉会随着叙述浮现。

邀请就某个内容"多说说"：值得多说说的部分往往是那些带有隐喻和象征的内容，你有感觉但又不太懂；或者某些感觉你可能理解，但仍需要知道对方的具体感受是怎样的。

　　姍姍和凯文是一对情侣，两个人似乎总是为一些莫名其妙的小事发生争执，那天来见我前，他们刚刚进行了一场激烈的争吵。姍姍感到很恼火，说两个人很难沟通，她尤其受不了凯文的沉默，沉默背后的东西让她感觉很不好。凯文却嚷道："我什么都没做啊，你能不能不那么敏感？！"我可以看到凯文脸上有些无辜的表情。姍姍气哼哼地对我说："你看！他就是这

① 英文俚语，指鲁莽的人。

样，总是反过来指责我，真不知道他到底是什么意思！"凯文反驳道："我也不知道你到底什么意思，本来就没什么，真是莫名其妙！"

此刻，我能感觉到这对情侣之间大战一触即发的火药味，可以想见那场硝烟四起的争吵是个什么情形。虽然好奇他们之间发生了什么，但我还是决定先问些他们更容易回答的问题，以免他们陷入情绪的纠缠。

我："吵架是什么时候的事？"（情境化。）

姗姗："上周末，我们约了一起吃晚饭。这顿饭简直太糟糕了！"

我："是吃饭的时候你们发生了争吵吗？"（继续情境化。我想象着他们一起吃饭的场面。）

姗姗："是吃饭以后，不过我完全没法吃下去，一桌的美食全浪费了。"（我有过类似的体验，生着气吃饭太糟糕了，饭要下咽，气要上顶。我开始好奇到底发生了什么。）

我："完全没法吃下去？发生了什么？"

姗姗："上周末我们约了一起吃晚饭，我比较喜欢吃粤菜，他说没问题，但我知道他喜欢川菜。开始点菜的时候，我还是挺开心的，他说我点什么都行，结果菜上来，他只吃他点的牛腩粉。虽然他没说什么，但我能感觉到他不开心，吃完饭我忍不住了，我问他什么意思，接着我们就吵了起来。"

这时，我看到凯文在摇头叹气，于是问他想说点什么。

凯文："我吃我的，你吃你的，我没问题啊！"

姗姗："你嘴上说没问题，但明明就是让我难堪啊。我一个人吃几个菜，这算什么啊？！"

我想情况可能不是像凯文说的姗姗敏感那么简单，我相信姗姗一定有些非常难受的感觉，于是我问她当时的感受是怎样的。

> 姗姗："很不开心，我想不管他，自己好好吃，却越来越恼火。"

展开的第二步：命名感受和找到意义点

我体验了姗姗在这个过程中感觉发生的变化：从开心到忍受再到恼火，这个过程的转折点是她的男友只吃牛腩粉而不吃她点的菜，就在这个时候，姗姗内心升起了某种不好的感觉，用她的话说是"很恼火"；凯文也许是有些不开心的，虽然表面上看他否认了这一点，但他的确有些忽略女友的感觉。然而凯文并没有说什么，这种沉默让姗姗既恼火又无法指责对方，同时也无法说清自己的感觉。我们需要再次回到情境中来加深体验。

> 我：你没办法轻松愉快地享受美食，好像你很难忽略他的态度。是什么让你恼火呢？（我在邀请她"多说说"恼火。）
>
> 姗姗：他明明同意了吃粤菜，却是这么一副态度。显得我很自私。
>
> 我：自私？你感到有些不安吗？（我还无法理解"自私"这么负面的一个词，我想还是先弄懂她的感觉。）
>
> 姗姗：有点儿，他很快吃完了，然后就在那里看手机，后来我一个人吃，真的挺尴尬的。（看来我的体验带动了她，显然她的感觉要更糟糕。）

在情境中更容易体验到细腻的感觉，两个人一起体验很重要。如果我不去体验，而是直接去讨论她所说的自私的含义，会很容易陷入走脑子的思考中，尽管我的经验让我知道，自私和她表达需要时担心被评判有关，但显然我需要陪着她一起体会糟糕的感觉。我的经验告诉我，即使我的解释完全正确，我们也会很快终止这个话题，因为她不会认为我真的知道她在经历什么，我只是一个看上去有经验的局外人。她会猜我是否真的理解她说的"自私"是什么意思，以及我接下来是不是就会询问怎样消除她想太多的问题。

尴尬属于羞耻一类的糟糕感觉。如果我没有启动体验，多半意味着我也掉到了"自私"这个评判带来的羞耻中——怎么可以只满足自己而忽略别人呢？但这个经验很可能太狭隘了，满足自己本应该是很开心的体验，比如，她可以承认这次晚餐有些遗憾，对凯文表达一下歉意，并考虑下次约一个喜欢粤菜的朋友一起吃粤菜。

> 我："可以多说说尴尬的感觉吗？"（我需要和她一起体验尴尬）
>
> 姗姗："他让我感觉很不好，好像我只考虑自己似的。"
>
> 我："嗯，你好像感觉被责备了。"
>
> 姗姗："他一直说我想多了，但我仍然感觉他好像在指责我很不懂事。"
>
> 我："你只是点了自己喜欢的菜。你觉得他对此很不高兴。"
>
> 姗姗："是的，后来我一直和他吵，不愿意吃没必要勉强啊！"
>
> 我："你一定感到很为难，你希望自己是开心的，他也是开心的。"
>
> 姗姗："是的，他好像一直也不明白，我为什么要那么在乎他的感觉。"
>
> 我："你希望他能够给你确定感，让你可以没有负担地满足自己。"
>
> 姗姗："嗯，我不希望别人认为我是自私的，那太糟糕了。"

这时，我看了一眼凯文的表情，他不再像最初那样不耐烦，而是变得专注和若有所思。刚才的对话的确有所不同，我们暂停了他们争吵中使用的互怼模式或逃避模式，集中在姗姗的感受中，陪着她一起体验。这种方式让她有机会说清楚自己在感受什么，并让对方相信她发火的背后的确有糟糕的感受存在。

最重要的是，姗姗可以渐渐说明白自己很想消除这种糟糕的感觉、想让对方帮助自己的意愿。显然，凯文的沉默和解释无法让她释然，她的内在冲突是无法靠自己消除的，她很希望在满足自己时，他人是允许的。姗姗希望凯文能给她一颗定心丸："我是愿意你开心的"，但她意识不到自己这种隐藏的需要，只能用自己"不懂事""自私"来表达内心的不安。我们通过她在两难冲突里的表现发现了意义点，即她对自我满足的需要，只是她呈现的更多的是她的不安。

情感协调：放大意义点

　　我："以前有人说你自私吗？比如你爸爸或者你妈妈？"

　　姗姗："没有，但他们都是很节俭的人。我小时候家里经济条件不太好。我爸常年生病，只有我妈一个人挣钱。我记得小时候，我们总是就着咸菜吃馒头，偶尔才能吃上米饭。妈妈经常很晚下班，挺辛苦的。她很少给我买新衣服，我也不会开口要，妈妈会夸我懂事。"

　　我："你觉得父母节俭，自己也不应该要。虽然很多女孩子都会喜欢漂亮的衣服。"

　　姗姗："我不知道我妈妈是怎么想的，我从来没见过她化妆，她穿的衣服一直很老土。"

　　我可以感觉到姗姗内心的冲突，她既体谅妈妈的不容易，又渴望有好的衣食。在我确定了她的需要很正常后，她有些向自己的需要倾斜，但似乎她的逻辑就是"在我妈妈还没有满足她自己的时候，我怎么可以提更多的要求"。我开始理解她点了一桌自己喜欢的菜时有多么不安了。不过我还是很想直接聊聊与她的开心有关的事，我更想知道她的需要是什么。

　　我："我很好奇，你为什么喜欢吃粤菜呢？"

　　姗姗："我爷爷家是广东的，有一年放暑假，我去爷爷家住了一阵子，奶奶很会做菜，那些菜我之前都没吃过，实在是太好吃了！我一直记得那时的味道。"

我："难怪，对你而言粤菜里有一种幸福的味道。那天晚上，你本来可以很开心的，但你无法轻松地满足自己，因为你不确定凯文的感受。我猜你小时候提要求会担心妈妈说自己不懂事。"

姗姗："是的，我觉得我好像不配提要求，我妈妈有时会抱怨我爸爸是吃闲饭的，我上学也要花钱。"

我："你妈妈的确很辛苦，但你小时候也缺失了很多的关心和满足。"

（这时凯文忍不住插话。）

凯文："你从来没有和我说过这些，真没想到你小时候的生活是这样的。"

（姗姗开始流泪。坐在沙发另一头的凯文靠了过来，拉起了姗姗的手。）

你可能会想，如果姗姗可以直接告诉凯文，他们就不会发生争吵了，但姗姗处于既渴望又不安的两难境地，她以往的经验是不能直接表达，会让对方不高兴，因为她的父母很少让她确信他们是愿意满足她、让她开心的。所以她才没有直接表达，从而引发了争吵。

在和姗姗的对话中，通过展开、体验、回应，渐渐显现的最终意义是，她的渴望是被忽略的，这让她不确定自己是否可以得到满足；而她希望可以像小时候在爷爷家那样，有奶奶做好吃的给她，有人愿意满足她。或者说，这里的意义点是"我希望我是不被忽略的，当我有需要的时候我是被允许的，我不用担心别人会不高兴"。

从前面的对话中可以看到，凯文和姗姗早年生活在不同的养育环境中。对于凯文而言，并没有表达需要时要顾虑对方以及衣食等需要匮乏的经验。随着我们的对话展开，他开始体验到女友内心那种既渴望又害怕的为难之感，并且很愿意给对方积极的回应，即"我懂了，我知道你为什么那么生气了"。在他拉住她的手的那一刻，我能感觉到他们的内心靠得很近。

当这些意义点被清晰地描绘出来后，会发生四个重要的变化。

表达者了解自己真正的需要是什么

原来模糊的感觉不再遮掩内在的意义，在不断的表达与回应中，那些一直被忽略或否定的需要逐一显现。它们不再继续隐藏在无意识中，不再只停留在对某种情绪的表达中，而是在对话的碰撞时刻被深深地感受到，真实、简单而清晰，再次出现就会被识别出来。在情感协调的回应中，你还会发现更多的意义点，即各种自体客体需要。在主体间的互动中，"自我"的画面会变得越来越清晰。

表达方式开始改变

当你了解自己核心的需要并不断地被理解，你的表达方式就会逐渐发生改变，因为你的内在已经知道自己的情绪代表的感受是什么，而且在被理解后，你不会再为这些需求感到那么羞耻和不安，不再那么担心被拒绝和否定，你内心的声音会变得清晰而确定：我知道我想要什么，我是被允许的，这些需要是正常的而不是过分的，我是值得的。

因此，再发生类似的事情，你可能仍会有从前的情绪反应，比如不高兴、烦躁甚至恼火，但你不会被卷到情绪的旋涡中，不会再受情绪的控制，而是有空间去识别它们来自哪种糟糕的感受。你能说出这种感受的名字，也能用感受的语言对话，告诉对方自己的感受。感受是连接关系的桥梁，它们会让彼此谈论的内容位置更贴近内在的核心，而不是由"外衣"包裹的外层。虽然一开始你并不能熟练地使用这些感受，但它们已经在交互区留下了印记，你将不再对它们感到陌生，一定可以从自己的情感词典中找到它们。

从此，我们不会再喜欢使用之前讲到的逃避式或攻击式的对话方式。即使仍然会有各种情绪涌现，你也会尝试去识别这些情绪是和哪种感受相关联的，并更直接地表达。

◆ **说出感受**：我刚才感到很恼火，因为我感到有些不安和尴尬。

◆ **说出需要**：我希望你是允许我的，不会责备我。
◆ **说出原因**：我很担心提出要求会被责备，因为我小时候不敢提要求，我担心给妈妈造成负担，很害怕我提要求她会不高兴，会不愿意满足我。

倾听者开始改变

当你用更直接的方式表达后，对方也会发生相应的变化。即使对方无法很快弄懂为什么你会有这样的感受，谈话也会开始变得有效率，你对自己感受的确认也给对方提供了理解你的机会。对话开始变得更真实，当你直接告诉对方你的需要以及你早年的经历与当下感受的关系时，相当于你将自己的视域向对方展开，让对方有机会从他的视域里出来进入你的体验，从而产生一些类似下面的新体验。

◆ 听不懂的挫败感减少了。
◆ 因对方的责备而进行的无谓的辩解减少了。
◆ 可以做出更多有针对性的回应，让对方感受到被理解。

我邀请姗姗和凯文再次回到那天的场景里试试。

凯文："我完全没有想到你会感到不安和尴尬。"
姗姗："当然会啊，你那么快吃完，一直在看手机，我根本就吃不下去。"
凯文："我的确不爱吃粤菜，太清淡了。"
姗姗："那你为什么说吃粤菜没问题啊，点了又不吃，把我一个人晾在那儿，显得我很自私。"
凯文："我是有点儿不爽，但你爱吃粤菜我也没有意见，并没有觉得你自私。"（凯文这时选择了真实地表达，让姗姗的担心被限制在一定的范围内：对方可能有情绪，但并没有那么可怕。）

　　姗姗：那你下次要告诉我，否则我就会多想。

　　凯文：好的。

对话方式开始改变

◆ 对话的深度增加，双方更集中在表达者的需要上。

◆ 双方即使有冲突，也越来越能识别出冲突背后的意义。

◆ 有效的对话会提升彼此之间的信任度，尤其是恢复情感的连接。

　　这种主体间的互动过程被称为**情感协调或同调**（Attunement）。它很像老式收音机调谐的过程，即根据正负的偏差不断地矫正，直到捕捉到准确的频率，声音才变得非常清晰。当你进入对方的情境中，就会产生体验，然后你会根据这种体验回应对方。回应很可能不准，有时过了，有时不够，但对方会告诉你自己真实的感受是什么。只要互动可以持续，双方就会不断向有意义的声音靠近，在同调的那一刻形成共鸣，即发现和确认最终的意义——那个在痛苦中反复出现的主题。

　　我们可以通过一个例子了解怎样不断地调谐以达到共鸣。图 6-10 里的 R 和 r 分别代表回应（Response）和反应（reaction），它们是一个连续的链条，即回应后你可以通过对方的反应确定你是否理解了对方，这个反应可以矫正你理解不准确的部分。这需要你保持一个开放的状态，既要调动自己的体验，又要留意对方不同的反应。

　　一次，我的来访者告诉我，她的父亲在上周去世了。看到她眼里噙着泪水，我最初感受到的是她的难过，但她的回应推动我们更多地体验，最终我们到达的位置更深、更有意义。在图 6-10 中我们可以看到，在情感协调中呈现的意义比失去亲人的难过更多、更复杂。尽管来访者感觉解脱了，但得到父亲夸奖的机会再也没有了。

情感协调的过程有些像交响乐的奏鸣曲式，从呈示部、展开部到再现部，我们会被乐曲中的主题所吸引，展开，体验，然后回应。贯穿这个过程始终的是共情，即关注情感表达指向的意义，从而让意义点被发现、放大和确定，让一个人在新的关系里感到"我"的存在，并了解和确定那些意义中始终影响自己的是哪些部分。

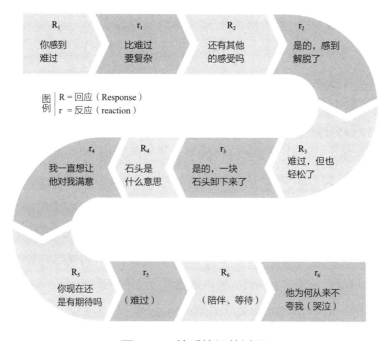

图 6–10 情感协调的过程

模糊中的探索——在无意识中停留

模糊地带

情感协调是和无意识的对话，即在不断地回应和询问中，反复触碰无意识中的两个部分：欲望以及恐惧和羞耻。欲望会在不断地被看见、回应和确认后，被照亮、放大到可以被清晰地确认下来。这个过程会始终伴随着不安，即你会被以往形成的经验组织原则所干扰，因此情感协调是一个多次渐进的过程。你会发现尽管有人理解自己，你也仍会在冲突中反复纠结。

我值得被好好对待——我值得吗？（担心不配带来的羞耻）

我应该被满足——算了，我要的还是太多了。（担心提要求会失去情感连接）

他认可我——但是否又会嘲笑我呢？（担心展现内心会招致嘲笑）

理解的过程并不是单向的，即确定了自己的需要就会一直坚持和愿意表达，而是在表达和不安两个方向上来回摇摆。这种摇摆并不是问题，一个人总是在确信被接纳和理解时才会持续地表达。当感到不被理解时，他就会调整甚至撤回表达，这取决于他当下被激活的感受中恐惧和羞耻的程度。

摇摆时常会令人感到困惑，因为你不知道发生了什么：上次还信誓旦旦地说要做自己的一个人，这次却告诉你一切不过是过眼云烟，他不想难为自己也不想难为别人。

我们已经了解了无意识的特质，即那里不只有欲望，还有如影随形的恐惧和羞耻。模糊的感觉正是来自对这些无意识体验的覆盖，表达者和倾听者都可能是模糊的贡献者。因为不仅表达者不确定以何种深度去触碰不安的内容，倾听者也会无意识地远离那些令自己不安的内容，因此在交互的区域里虽然会显现一些意义点，但它们时常会变得模糊。意义点可能有一个大致的轮廓，但双方都会和它保持一定的距离，靠近它会退，远离它又会进，因此无法看清它。

在模糊中体验

你会发现，即使你真诚地去理解一个人，他也会报以谨慎的态度，不会轻易燃起解决痛苦的希望。他很可能质疑你是否有和他类似的经历，担心你会怎样看待他，也怕那些他无法面对的糟糕感觉会吓跑你。

在互动过程中，有一类体验会影响倾听者理解的过程，即他能否承受理解失败所带来的挫败感。当你觉得怎样努力都无法理解对方时，就容易陷入挫败感中，并可能将这种感觉反馈给表达者，理解的进程就此搁置，彼此的关系也将处于暂停或相斥的状态。

这时我们会听到类似下面的对话。

> 表达者："我说了那么多，你怎么什么也不说？"（暂停）
>
> 倾听者："我好像卡住了，不知道怎么回应你。"
>
> 表达者："说这么多也没什么用，我还是要自己面对这些问题。"（撤回）
>
> 倾听者："我也感到我还没有理解你。"

暂停与相斥都不是理解的状态，此刻双方需要有一定的空间，让各自可以先回到自我保存的状态——即对被理解的期待的保存和对理解对方的信心的保存。

若倾听者感到无法理解，很可能是因为意识"宕机"了，无意识开始运作。那些听不懂的、前后不一致的、没有逻辑的、晦暗的、若隐若现的部分，正是无意识的显现及其与意识的碰撞。**懵是懂的前奏，而不是不懂的证明。困惑是理解的铺垫，而不是理解的失败。**

创造关系：在互动中一同寻找意义

我想用一个令我印象深刻的案例说明在模糊中的体验以及如何共同找到最终的意义。

那天，我本以为还是和以往一样的见面。我和她每周见两次，已经持续了半年。她是一位信任我的女性来访者，20多岁，正受到抑郁的困扰。近来，她开始向我透露她有轻生的念头，但笑着和我说别担心她。

这次一见面，眼前的她似乎变了一个人。显然她做了准备，滔滔不绝地历数了我的"8大罪状"，几乎完全否定了我之前的工作，甚至以前被她认同的理解性回应，现在也被她统统推翻。她说对我极度失望，觉得我的工作很失败。我完全蒙了，虽听不太懂她的陈述，但她的论证和语气让我几乎认同了她。我们僵持在那里，我不知如何回应她，感到既挫败又困惑，而她好像发泄完情绪，也被我的反应卡在了那里。我记得那次谈话让我很难消化，直到咨询结束我也没有给她什么像样的回应。

咨询结束后，我才意识到我的反应是如此的强烈。我最直接的反应就是想结束这次咨询，那些否定我的话动摇了我的信心，我被自己的无能感所冲击。但我内心的话是：我一直以来对你的在意被你全盘否定，既然你这么不认可我，那你去找其他人吧。我的情绪至少花了两天时间才稍有缓解，我开始思考：我们之间究竟发生了什么？她为什么突然有这么多的不满？我回忆起在前一次的见面中，我很委婉地向她提出了一个建议，让她试着调整睡眠。因为她现在每天都是昼夜颠倒，身体越来越弱，我建议她把睡眠的时间调换回来，她当时说可以试试，但我并未问她是怎样想的。再次见面她就爆发了。

我猜想她的情绪可能和我的建议有关，但我当时曾一再强调她不必勉强，为何她还是会有如此大的反应呢？我开始试着探索我自己的部分，我为什么会提这个建议呢？我记得当时完全没有经过思考，就听见了另一个我在那里建议她，似乎是我无意识里的声音。我担心她的身体吗？有一些，但我的不安比这个要强烈，她的日夜颠倒所带来的失序感背后似乎有一种更强烈的东西。我试着体会我以往在失眠的深夜里的体验，一种强烈的失联感向我袭来，那是一种别人在熟睡，而我在另一个世界里的感觉，虽然我是醒着的，但深夜里的寂静让我如此害怕，我需要叫醒身边的亲人陪着我，才可能感到安宁。我突然意识到，我的无意识通过深夜无眠的体验潜入了她的无意识，我担心的是她会像我一样害怕，在无人陪伴的夜里放弃生命。我有些明白了，我的干预是想消除我的恐惧，让她回到正常有序的生活，在我们的咨询中渐渐地好起来。

我的一个不经意的建议打破了我们关系的平衡，回溯这半年，我们的关系基本上是波澜不惊的，她总是笑着和我谈论她以往的创伤经历，我也努力地倾听和陪伴她，但说实话，我不知道她为什么会作息颠倒，而且越来越绝望。虽然她的情绪很强烈，但我记得她的眼神中不仅仅是不满，还有对回应的期盼和不易察觉的不安。我决定还是继续见面，先弄清楚到底发生了什么。

再次见到她，她又是另一副面孔。她说上次对我发脾气让她感到很内疚，她说不应该那样对我。我告诉她我的猜测，回应她发火总是有原因的，并让她说说听了我的建议后是什么感觉。她告诉我，那次回家后她非常沮丧，觉得我很瞧不起她，在我的眼里她的生活很不堪，而且她完全不想也改变不了这个习惯，她很害怕下次见到我时会被我问是否做到了在夜里睡觉，这种压力让她感到很不安，然后她开始觉得是我有问题。她说自己越想越气，就把所有的愤怒都倾泻给了我。我告诉了她我对自己的反思，并指出问题不是她的作息时间，而是我的恐惧。

之后，她开始讲她的恐惧，这是她以前从来没有告诉过我的。她说她一个人在家，看到别人去读书或工作，感觉很可怕，她觉得自己是个废人，不配活着。她的应对办法就是尽量不出屋，而且白天一定要拉上窗帘，把外面的世界隔开，在白天睡觉她就不用看这个活生生的世界，也就不用感受自己内心的无力和绝望。而到了晚上，她会看书，有时还会上网并点进某个夜里开播的直播间，听一个她能看见却看不见她的人在那里说话，她说她需要陪伴，但不想有人看见她的样子。她选择让我看见，我却让她感觉我不喜欢她的样子。而我在听到这些话之前，完全没有意识到这些。

关系是可以创造的，不理解也可以成为一个契机。恰恰是通过这次强烈的情绪宣泄，我们发现了那些无意识，庆幸我们两个人都有勇气和耐心，没有选择逃开。在我和她的视域里都有各自未完成的主题，这些主题在互动中被激活后，我首先觉得她是那个更有勇气表达的人，而我则是在理解了自己的挫败感后才开始触碰无意识里的恐惧。以往我们两个人的互动中会有很多无意识的重复，比如，我会保持我的淡定，像一个有能力的咨询师；而她也尽量保持她的可爱，以避免被我嫌弃。但更真实的互动呈现了她的颓废和我的无能，最终我们回到了理解的位置，即看清了她的渴望和我的渴望——我们都希望被人喜欢，以及她的恐惧和我的恐惧——我们都那么怕被这个世界抛弃。

这份关系变得与以往不同：我们要一起面对恐惧。她变得真实了，虽然还是担心自己不被人喜欢，但不用再在我面前掩饰了；我也变得真实了，虽然仍然担心自己不够理解她，但我能够鼓起勇气告诉她。我们之间充满了冲突与对立、逃避与坚持、对话与共鸣，在这些过程中意义得以再生。

后来，她渐渐从抑郁中走出来，开始工作和交朋友。每逢过年我都会收到她的消息，她会告诉我她的变化。

第三部分

开启对话疗愈之旅

第七章
各种关系中的共情性理解

在咨询中，你常常有机会听到两个方面的声音，比如青少年咨询会穿插和父母的访谈，你一方面看到的是厌学的孩子在学业上遇到的困难和在学校的孤独感，另一方面又会看到父母急切地催促孩子改变却让情况变得越来越糟。令人困惑的是，即使父母了解孩子的情况也很难共情他们。孩子也非常痛苦，他们既渴望获得父母的支持，又为不被父母认可而感到羞耻。于是一方回避，另一方追得更紧。作为咨询师，你劝阻和开导父母是毫无用处的，直到你耐心地听他们讲自己的故事，才会发现他们同样是渴望共情与理解的人，往往是他们自己对成功的期待在孩子遇到困难的时候被动摇，但他们的意识里只有自认为的"为了孩子好"。他们将无法消化的情绪直接传递给孩子，然而脆弱中的孩子却无法理解父母那里发生了什么，紧张的关系让整个家庭陷入糟糕的氛围中。

各种关系都有共同的特性，即关系表面的张力下是各自被理解的渴望，以及可以共同面对的彼此的脆弱。

第一节

亲密关系

这里的亲密关系是指夫妻和其他的伴侣关系，是一种密切也有许多牵绊的关系。亲密关系中的双方往往对未来都有长久的预期，在关系中寄托了在原生家庭中未能实现的愿望，都希望对方既对自己满意又在乎自己的需要。在亲密关系中的互动里，几乎处处都可以看到无意识，因此双方既可能在关系中获得理解、收获幸福，也可能在痛苦中反复地纠缠彼此。

初识阶段

不同的恋爱方式呈现不同人的内在状态。那些快热的人往往将对方理想化，在对方身上寄托自己全部的希望。那些美好的幻想会激发极大的热情，让人感觉自己愿意将一切投入这段关系里。爱情会治愈伤痛，当你感到有一个人愿意见你、愿意让你开心，并唤起你对未来的美好期待时，有可能你在以往的关系中是缺乏情感回应的，或者在回应中感到自己是没有价值或不被喜欢的。而那些慢热的人是更谨慎和不易被激活情感的，但这并不能说明他们不渴望爱情，他们只是需要更多的时间来确认那些他们不熟悉的感觉。也许他们在以往的关系中有过创伤，需要防御有一天可能因情感的激活而产生的丧失或失败的伤痛；也许他们处于不自信的状态，很少感到被喜欢和认可，也很难相信自己可以拥有喜欢的人。

在初识阶段，双方往往都更愿意呈现自己好的一面，更愿意满足对方，同时也带有更多的期待。那些渴望安全和保护、缺乏亲情关爱的人和那些缺乏肯定、渴望被需要从而获得价值感的人在一起，双方都会感到很契合。但这种满足有可能随着关系的深入而出现缺口，如果有人较快地感到失望和怀疑，说明在关系里存在过度的理想化，失望意味着无法确信自己的重要性或价值。恋爱中的体验最容易折射

内心对于回应的渴望，同时也可能引出那些在情感需要被激活后一直存在的恐惧和
羞耻。

如果你总是希望在自己未表达需要的时候，对方就能主动想到、主动满足你
的需要，那你很可能在无意识里担心自己是不配的，觉得主动表达需求才能获得满
足意味着对方不是发自真心的，这说明你的经验组织原则是"这个世界上是没有人
愿意对我好的"，这会给你带来羞耻的体验。当你主动示好并付出努力，却因为对
方的回应平淡而感到沮丧时，说明你一直以来很在意他人的评判，担心自己是不够
好的、不受欢迎的，这同样会激活羞耻感。

相信每个人都会在不同程度上体会到上述的感受，但如果能去体验自己的内
在，而不是过快地用合理化或投射等防御方式去处理感受，那么无论彼此是否脆弱
或是否受过创伤，都有可能体验到一次与以往感觉不同的恋爱。通常那些受挫后的
糟糕体验会大于事实，因此对方往往对你的反应感到莫名其妙，而这些反应也并非
你小题大做，它们就是你无法消化的真实感受，你可能正处于放弃的边缘，想以分
手来终止自己糟糕的感觉。

娜娜和晓晓是一对情侣，他们刚刚确定关系不久，正处在如胶似漆的
热恋阶段。娜娜时不时地会问晓晓："你想没想我？""我漂不漂亮？""你
爱不爱我？"

开始的时候，晓晓总是毫不犹豫地给出肯定的回答，可是时间久了，
晓晓开始觉得不耐烦，他不明白为什么娜娜总是要翻来覆去地问这几个问
题，为什么她明明知道答案还是要不停地问。于是晓晓在回答的时候开始
不那么用心，而是皱着眉头敷衍地说"是""对""当然了"。

再到后来，娜娜开始指责晓晓的回答没有诚意，觉得他根本不在乎自
己。晓晓在遭到指责时，情绪会变得很烦躁，甚至会故意对娜娜说"我根
本就不想你""你一点儿也不漂亮""我也不知道还爱不爱你"。

过激的言语让两个人之间出现了隔阂，他们甚至开始争吵、闹分手。

可是当他们冷静下来，两个人都不知道那些反复的问题和无法消除疑虑的
回答意味着什么。

如果娜娜和晓晓可以体验并命名自己的感受，就能让对方开始理解自己。那
些反复的问题与娜娜早年缺乏关爱和认可有关；而因对方质疑回应的诚意而感到烦
躁，意味着晓晓在早年的关系中有不被信任的体验。他们二人如果能理解自己，就
会在交流中更直接地表达情感，比如"我知道你喜欢我，但我总是担心自己是不讨
人喜欢的""我是真的喜欢你，但你的问题让我感觉我是一个不被信任的人"。当不
再用指责的方式对话，争吵就会终止，更多的体验和理解就会发生。

体验的加深让我们可以不再只停留在想法上，而是更加明白自己渴望什么、
担心什么。当这些不确定的感受和意义越来越清晰时，我们才能真实地潜入爱的海
洋。初识阶段的恋爱是一个有意义的试水过程，真实让关系多了一些透明，从而让
双方在日后的关系里不会猜测和防御彼此。每个人都会遇到情感方面的问题，但重
要的不是找一个没有任何性格问题的人，而是一个更了解自己并能面对自己的人，
彼此可以一起谈论、面对关系中的冲突，不会因害怕和羞耻而否认或逃避。

在表 7-1 中可以看到，尽管各自的成长环境不同，恋爱中的人还是有着类似
的需要和内在冲突。内在冲突大多和成长中渴望被看见、被欣赏、被支持的需要没
有获得理解性回应有关，而恋爱让两个人在可能被喜欢、被认可的关系里激活了需
要，但他们同时又带着一份忐忑，不确定从关系中得到的是满足还是再次受伤。双
方都有这样的担心，只是没有意识到而已。那些欲言又止、等待、暂时的中断、暗
示等，都意味着一个人在关系里无法确定是否被对方肯定、喜欢，并且不想因自己
的主动而再次体验被否定、拒绝的伤害。

但当我们明白并承认自己的内在冲突和所做出的反应时，那些不好的感受就
不会再以之前的方式影响我们。你不再防御它们，允许它们存在，并知道彼此都在
被同样的情形所困扰。你可以试着在关系日渐熟悉后，坦诚地告知对方自己的需要
和担心。你一定承受着不安，会感受到表达中的艰难，但不要嘲笑自己，而是将表

表 7-1 恋爱中的需要、表现、内在体验及其原因

需要	表现	内在体验	原因	
			经验组织原则	早年失败的回应
我是有能力的	主动付出，渴望被认可	担心被贬低，感觉自己无能	我总是不如别人	被责备 被要求
我是重要的	渴望对方重视自己的需要——"我不说你也知道"	担心被忽视，觉得提需求会被嘲笑或拒绝，认为不值得获得别人对自己的好	没有人在乎我	被忽略 被嫌弃
我是有魅力的	渴望被夸奖	担心不被喜欢，担心自己不好看、平庸、不配得到别人的爱	我没有什么优点	被挑剔 被嫌弃

达视为难得的勇气之举，真实坦诚的表达总是让对方暗生敬意的。人总是愿意靠近彼此的，防御只是不得已的自我保护。如果你发觉对方的表达发生变化，即使不是全部改变，也只是说明他需要多些时间，你更要多些信心；如果对方的回应不令你满意，你可以感受自己的不悦和不安，去体会它们是什么，而不要急于处理它们。

在前面的例子中，娜娜在以往的关系中缺乏被回应的体验，她很渴望自己可以在一段新的亲密关系中被认可、被肯定，但是又没有足够的自信能够获得这些，因为从来没有人给过她这样的回应，让她足以坚信自己是可爱的、被喜欢的，所以她要不断地向晓晓确认。但即使晓晓已经反复地给了她肯定的回应，她的不确定感也依然如此牢固，她的潜意识里充满了对被忽略、被抛弃的恐惧。这种恐惧阻碍着娜娜的渴望，让她无法直接向晓晓表达自己是多么需要他的关注和认可。当糟糕的感受将渴望淹没，情绪就被渲染成焦虑和愤怒，她只能通过指责对方来缓解自己的痛苦。

很多时候，人们期待恋爱是一场解救，但它并不能轻易地带你从原生家庭中逃离，因为恋爱中的两个人都有各自的渴望。这是一段需要付出更多努力，不能被

动等待的关系，那些以往的经验会动摇你的选择，而你需要多些耐心等待。或许你面前的人也处于类似的困惑当中，渴望肯定却缺乏自信；看似不在乎，内心同样忐忑不安。只有当你们愿意尝试理解彼此的需要和不安时，你们才能真的走进一段新的、不再重蹈覆辙的恋爱关系。恋爱可能是不断地错过，也可能是期盼已久的相遇。

磨合阶段

嘉怡和大志是通过网络认识的，彼此很聊得来，见面后也觉得彼此很有眼缘，于是约会几次后，两人就确定了关系。在交往一年多后，嘉怡和大志结婚了。婚后，两个人生活在同一个空间里，各种问题开始出现。首先是生活习惯方面：嘉怡不喜欢大志在家里抽烟，大志受不了嘉怡把衣服到处乱扔；嘉怡反对大志每天熬夜玩游戏，大志指责嘉怡总是网购一些没用的东西；嘉怡讨厌大志不洗脚就上床，大志埋怨嘉怡不会做饭……

谈恋爱时，双方都把自己最好的一面呈现给对方，当婚后共同生活时，彼此的缺点开始暴露，并在负面情绪中被无限放大。曾经的柔情蜜意被生活琐事里的矛盾与争端冲淡，甚至消弭。曾经亲密无间的两个人像两个尺寸不合的齿轮，随时会在磕磕碰碰中停滞、崩解。

双方确定了关系后，就进入了磨合阶段。在相处空间不限于餐厅、电影院这样相对开放的约会场合后，彼此开始更多地接触对方的私密空间，看见对方表达需要和进行回应的不同方式。来自不同成长环境的两个人，一定会有诸多差异。有的人会感受到对方贴心的照顾、大方的付出；有的人会感受到对方的容忍谦让、合作配合；也有的人会感受到对方只顾自己的感受，或者虽然不提需求但客气、疏远。无论怎样，都无须用道德评判彼此，而是要去理解彼此正在经历什么，在感受的背后，彼此的需要和担心又是什么。

每个人感受和处理感受的方式都存在差异，如果不了解双方的无意识，就会产生困惑，甚至感到彼此格格不入。比如一个经常牺牲自己的人会对一个主动满足自己的人感到诧异甚至愤怒，而对方也同样不理解为什么一个人会不为自己着想而要做出牺牲。

两个性格近似的人在一起，也并不意味着会更容易理解彼此，而是同样有可能处在类似的困局里。比如，两个控制型的人都会选择坚持自己而不是让步，而两个客气谦让的人则会无法靠近彼此，最终他们都无法实现真正的表达和理解。双方无法有效地进行情感交流时，就会猜疑彼此、压抑自我、通过情绪流露以及用行动表达不满。当你用不容置喙的态度表达，比如"我都安排好了"时；或者当你表面上同意，比如"好啊，我没问题啊"时，如果你能留意自己的表达和真实感觉，就有可能感受到其背后潜藏的东西。它们背后的意义可能是"对方的拒绝意味着他不认可我"和"如果直接表达会显得我很过分"。

这些表达方式会在磨合阶段大量地出现，也就是说彼此都开始有自己的想法，想在关系中获得确认——对方是在乎自己的、喜欢自己的。尽管磨合需要彼此适应，但更好的关系并不是让步妥协、委曲求全，也不是让对方满足自己的掌控感。表面的让步会使不好的感受被压抑到内心深处，暂时的确定感下隐藏的是意识不到的不安。

找到说服自己的理由并不难。当你希望拥有一份感情时，你会自动弱化那些潜藏的问题，劝慰自己不去过多地体验在互动中的感受。掌控感之下很可能是害怕对方拒绝所带来的羞耻感，妥协让步之下很可能是担心拒绝会让对方不高兴，从而产生认为自己不配提要求的羞耻感。

如果了解自己的感受都是来自早年关系中未被理解的愿望和内在冲突，就有可能在一段新的关系里尝试表达，从而有机会获得不同的回应。你可以试着承认自己的不安并向对方表达出来，比如"我有些担心被你拒绝"，或者"我有些不敢表态，担心你会不高兴"，这样彼此就会展开体验，而不是猜想对方和思考对策。对方在听到你的感受后，也会启动自己类似的体验，你们就会进入共情的关系中。也就是说，你们正在尝试靠近自己和对方的无意识——那些在以往的关系中被隐藏起来的部分。

这种尝试虽有挑战，但也会带给你意外的惊喜。以往的防御式对话让关系变得复杂、扑朔迷离且纠缠不清，而共情式对话虽触及更深的情感，却并不会激怒对方以致关系破裂，而是让你们得以在共同创造的一个新空间里展开新的体验。在这里，你们可以一起贡献各自的感受和想法，通过对互动的观察和交流有新的发现，在彼此真诚地对话之后，你们会渐渐看到各自的努力和努力背后的不安，你们内在世界相交的领地会不断地扩大，那里有你们日渐熟悉的无意识表达，渴望与害怕会越来越清晰，你们不再重复性地逃避，而是在关系的张力出现时，有耐心和空间留住彼此，等待最终的理解和接受到来。

如果你发现自己无法度过磨合阶段，而是重复性地止步于这个阶段或者正在动摇当中，那你可以回顾一下让自己动摇或放弃的原因，放下曾经说服自己的理性判断，重新体会在关系发生断裂时自己的感受。通常那些感受里有自己过往的创伤，比如被忽视、被否定。放弃意味着自己很难承受这些糟糕的感觉，在以往尝试的经验里都是失败的努力和不得已的逃离。

在体验这些感受时，你有可能会感到难过或沮丧，试试不要再次用理性说服自己，而是在童年的记忆里找找类似的印迹。对关系失去信任通常是因为以往很少体会到被在乎的确定感受，例如，靠控制获得关系的背后是对丧失情感连接的恐惧，而感到被控制的一方早年有过需要被剥夺的体验。如果双方都紧紧地守住自己看重的东西，就无法创建交流的新领地。

回到之前的例子，其实是每个人不同的成长经历和环境造就了各自独有的生活习惯，这些差异未必就是不可调和的矛盾，之所以会引发冲突，使双方陷入不断循环的、无止境的争吵，是因为他们都希望自己能够被接纳、被允许，并希望对方可以为自己而改变。

嘉怡和大志都希望对方改掉自己接受不了的毛病，同时又能够接纳自己的缺点和不足，看起来这是一个很自私的要求，但其实正说明了他们都是很脆弱、无助的。

当他们自己的需要没有被别人看见时，他们就会感到失落、沮丧，从而把更多的关注投向自己；当他们的缺点和不足被别人指责时，他们就会感到羞耻、不安，从而把矛头指向对方来保护自己。

也许嘉怡可以对大志说："其实我不是要求你一定要按照我的意愿来做，我只是觉得两个人在一起，应该关照彼此的需要，我很害怕你是不在乎我的。"

而大志也可以对嘉怡说："当你指责我的时候，我好像回到了小时候，爸爸妈妈总是说我这也不对、那也不对，我觉得他们是不喜欢我的，所以我很怕你也是不喜欢我的。"

当他们可以这样表达各自的需求、袒露彼此的担忧时，就会获得一种全新的关系体验——被彼此看见并包容。两个原本尺寸不合的齿轮，就可以在磨合中相互调整，适应彼此，最后严丝合缝地顺畅运转。

尝试告诉对方自己的害怕需要勇气，让你非常担心被嘲笑，而这种感受正是来自你童年无数次表达而未获得积极回应的糟糕体验。走近自己的感受才能让对方有机会理解自己，当你确认自己不应该被嘲笑，而应该被理解时，关系就会经受住考验，即当冲突来临时，彼此选择共同面对。看清楚和弄明白发生了什么会让两个人增加一份智慧，不继续在情绪里纠缠打转，而是在情感体验中获得新的领悟。当你可以告诉对方"我知道你希望我可以……"或者"我就是想让你知道我很害怕"时，两个曾经无助的人就会站在一起，你们不再是彼此生命的过客，而是患难与共的同行者。

稳定阶段

张夏和洪涛是大学同学，两个人结婚快 20 年了，感情很好，两人都是比较恬淡的性格，生活波澜不惊。丈夫洪涛是一家国企的总经理，事业稳步发展，正处于上升期；而妻子张夏原来也是某事业单位的中层领导，但生了孩子之后就做了全职太太，在家里相夫教子。去年儿子考上了外地的大学，张夏一下子觉得心里空落落的。丈夫工作忙，应酬多，经常不在家，偌大的房子里平时就剩自己一个人，生活一下子变得枯燥乏味、无所事事。

渐渐地，张夏变得郁郁寡欢，不爱说话，也不愿意出去社交，身体也出现了各种不适。丈夫对此不以为意，觉得妻子就是突然闲下来不适应，出去多见见朋友，或者找点事做就没事了。张夏也想过找份工作，让生活充实起来，可是一想到自己已经那么多年没有工作，都快与社会脱节了，就完全没有了自信。

看到妻子日渐消沉，洪涛感到完全不能理解，明明家里的日子越过越好，孩子也上了大学，自己的事业也蒸蒸日上，妻子只要享受生活就好了，何必自寻烦恼呢？张夏对于丈夫的不理解感到失望，觉得自己在这个家里就像一个没人关注的影子，看起来美满幸福的生活只是假象，丈夫在外面春风得意，根本就不在乎自己的烦恼。于是原本稳定、和谐的夫妻关系开始出现裂痕，夫妻二人日渐疏远。

就像一辆新车需要经过磨合才可以跑更远的路途，亲密关系也一样，磨合之后才会进入稳定期。在这一时期，双方基本认定彼此是未来的伴侣，但真实的关系是，双方并不是简单的生活搭档，而是实现生活理想和职业发展中的重要伙伴，因而彼此需要更多地相互扶持和促进，在遇到各种困扰和艰险时共同面对。

但同舟共济并不容易，同样的问题双方会有不同的处理方式，这些方式通常反映了对价值感和胜任感的追求和体验的差异。一个人会在与同事、朋友或其他人的交往中产生种种感受，通常，他们希望这些感受能获得伴侣的理解和支持。这些感受包括被尊重、被肯定、被在乎、被喜欢等自我价值感，也包括在努力中掌握技能、顺利地学习进步而获得的胜任感，以及大量被认可的渴望与被否定和不够胜任相碰撞带来的冲突感。在确认自己的需要时，一个人容易质疑自己和动摇。

在这个阶段，彼此需要更深的情感连接，亲密关系会受到更多无意识的影响。你可能担心自己的问题会招来对方的质疑、轻视或嘲笑，也可能会因对方的回应而产生不安。彼此可能会看到对方身体和情绪上的变化，如果一般的关心和劝慰触及不到内心的苦恼，就会让人对关系产生不满，从而寻求其他途径来获得满足。

实际上，两个人虽然结伴而行，但成长节奏和追求的目标是不同的，这就需要一个人对另一个人的内心有深度的理解。每个人都怀有美好的期待和愿望，但由于因早年经历而形成的冲突不同，每个人的欲望被安放在不同的位置。有的人对关系更有信心，有的人则更害怕失去和失败；有的人更容易信任关系，表达自己的真实想法和感受，有的人则会更多地使用防御策略，无法真实地面对自己的感受。因此，在遇到困难时，彼此进行深度交流就非常重要。

只停留在表面的交流会让对方感到被忽视，而深度的交流最初虽不能解决具体的问题，但可以让双方形成一起面对的态度，这是一种稀缺的共情性支持。询问彼此的感受，一起体验并真切地回应；使用非语言或语言的方式，比如抚摸、拥抱，或分享自己在类似经验中的感受，都可以让对方感受到支持。如果被对方抱怨，你可能会急着做解释，这种反应十分正常，但你需要发觉这可能是一种防御性反应，比如被抱怨会让你感觉受责备，你需要处理由此产生的内疚感。一旦意识到自己在防御什么，就会有空间让关系不再一直处于巨大的张力之中。

在亲密关系中，每个人都渴望被对方肯定和欣赏，但在人生前进的过程中，人们更渴望的是不再像青少年时期那样总是被比较和催促，而是当自己努力的时候可以被看见，在遇到困难时可以被允许停歇甚至退缩。这需要双方更多地交流各种糟糕的体验，获得对方的共情性理解，以确认自己的反应是正常的，比如被批评会感到羞耻和气馁，被排斥感到不被喜欢和自卑。尽管这些体验在以前难以面对的时候，都被自己无意识地暂时处理掉了，但它们其实一直都存在并影响着自己。

一段好的关系是两个人可以一起进行深度的体验，理解内在世界发生了什么，了解对方早年的养育环境，理解自己和眼前的这个人为什么会有这样的感受和行为反应。当理解发生，那些以往无法跨越的困境就会显现意义。害怕和羞耻会让问题反复地出现，而彼此的坦诚可以容纳更多的羞耻体验并带来更多的勇气和力量。当彼此不再互相嘲笑而是体谅各自的难处时，共情会让两个人在内心深处紧密相连，从而在共同面对中看到希望。

冲突阶段

任何亲密关系都会经历这一时期，它意味着彼此之间的冲突无法通过以往的沟通方式获得解决，而是引发了更大的对立，比如充满了不可调和的分歧、谎言或背叛。你不能用道德和你理解的人性来解读自己和对方，虽然在这个阶段一开始，你可能会体验到愤怒、委屈、悲伤甚至仇恨，但这些强烈的情感体验都是自己的存在被忽略、价值被严重地否定所带来的，你需要更多的时间和更大的勇气，去了解彼此无意识中更深的恐惧和羞耻。

在临近断裂的关系中，双方都失去了连接彼此的信任，那些选择出轨或提出分手的人虽然看起来是自私的或是关系的破坏者，但实际上他们同样困于自己的两难境地，也不了解自己的需要和需要背后的冲突。在转向新的关系之前，双方需要意识到问题在其他关系中仍会反复地出现，因此需要给彼此机会，不被这些强烈的情感所淹没，不急于处理自己受到的伤害或被责备带来的羞耻和内疚，而是把冲突中的行为看作一种更强烈和真实的表达，从中看到彼此的真正需要。

珍妮和大伟正在闹离婚，他们结婚 5 年了，期间总是冲突不断。起初，珍妮总是指责大伟不够上进，赚钱太少，让自己在亲戚面前抬不起头。后来大伟辞去工作，与别人合伙做生意，钱越赚越多，人也越来越忙，每天早出晚归，应酬不断，珍妮又经常嫌丈夫回家太晚，满身酒气，不肯与他同床。渐渐地，夫妻二人变得疏远，大伟开始与珍妮分房睡，珍妮又开始怀疑大伟有了外遇，为此两人吵了无数次架。

最后大伟真的有外遇了，珍妮为此去大伟的公司大闹了一场，大伟觉得很没面子，决定和珍妮离婚。

"有另一个人可以让自己更幸福"的幻想是普遍存在的，有可能眼前的这个人的确让人失望，但重要的是你不确定自己是否有信心会被好好对待或喜欢，当下的关系只是激活了你早年的感知，那些内心深处的自卑中包含早年经历过的忽略与嫌弃，或否定和贬低。

如果这些糟糕的感受无法在现有的关系中得到理解和消化，那你很可能因某一次好的体验而转向新的关系，期待实现自己的幻想。但事实上，即使这段新关系有望改善你现在糟糕的体验，你也同样需要和这段关系中的人一同走进自己的无意识，否则所有的问题都会在某些时点再次出现，那些渴望被重视或认可的重要的人生主题仍会在得不到理解时动摇彼此的关系。

对于珍妮和大伟两个人来说，离婚都不是最好的解决办法，即使在他们的生活中，争吵已经成为主题。他们也没有决定彻底放弃对方，在痛苦了几天几夜后，珍妮终于鼓起勇气说："我离不开你，我害怕被你抛弃。"听到妻子的话，大伟很惊讶，他一直以为妻子是嫌弃他的，随时可以离开他，从没想过自己对妻子来说如此重要。

珍妮说，自己从小就是被忽视的那个，没有人在意她的感受。她一直都很自卑，觉得自己不聪明、不漂亮，没有人会真心喜欢她。结婚后，她对未来充满了憧憬，可一旦现实不如人意，她就开始惶恐不安，害怕被人嘲笑、看不起。当丈夫的生意越做越好，她可以在亲戚朋友面前抬起头来的时候，新的恐惧和不安又开始浮现，她开始害怕丈夫会对自己不满，害怕丈夫有了钱会嫌弃自己。这一切都是无意识里的自卑在影响她，而这种糟糕的感受是她自己无法面对的，于是就被她转化为了对丈夫的指责与攻击，以此来保护自己不受伤害。

大伟从未想过妻子的内心世界是这样的，他开始试着承认自己的错误，也表达了自己内心的不安。不被妻子认可让他感觉很失败，所以努力挣钱想得到妻子的认可，但无论他怎么做，取得多大的成就，妻子都还是不满意，于是他转向他人寻求满足和慰藉。

有时，关系出现剧烈的动荡不见得就没有了弥合的机会，相反，强烈的爱恨情仇让彼此真正的需要得以凸显。坐下来深聊对于重建关系既是机会，也是挑战。问题已经显现，彼此的指责和辩解都只能是无济于事的循环往复。因此，面对各自的需要和脆弱，彼此会看到激烈冲突背后不一样的内在世界。那里有彼此以往无法触及的早年的伤痛，那些不被父母理解、接纳、支持的部分一直以未被清楚表达和理解的方式在亲密关系中重复出现。

显然，这对任何伴侣来说都是挑战。在两难和双盲的关系困境中，双方都会不自觉地使用熟悉、重复的方式应对，而现在无法调和的冲突关系意味着这些困境不再以隐形的方式存在——在激烈的碰撞中，它们有机会被识别。各自的伤痛就是那些未被理解和接纳的需要，双方对此的反应是保护自己，而不是攻击和伤害彼此。报复和仇恨都是极度受伤后的强烈反应，它们的强度反映了创伤的程度；它们只是痛苦和恐惧无法纾解的想象。

这些强烈的体验在原生家庭中一直无法被消化，而一段亲密关系却可能带来理解和解决的可能。在看到对抗关系中各自呈现的需求后，那些被压抑的情绪会随着表达、听见和回应而显现背后的意义。要知道它们潜藏已久，你们正在前往的是以往一直模糊的无意识世界，因此这个过程需要耐心，并允许冲突的反复出现。你们需要不断地对话，因为这些对话可能会为两个人带来改变，进而让这段关系因真实和彼此理解而变得牢固。那些曾经断裂的情感因你们的对话再次连接，并助你们在日后的人生风浪中信任彼此并携手度过。

第二节

亲子关系

　　亲子关系指的是父母和子女的关系，尽管这种关系持续终生，但这里特指在孩子成长阶段的亲子互动。对于孩子而言，养育环境在某种程度上决定着他们未来的人际互动模式、自我认同度、信心以及未来人生发展的可能性。

　　对于父母而言，养育孩子同样是人生的新阶段，他们要面临的挑战远远大于职场或其他人际压力的挑战。他们既有对孩子成长的期待，又有对自己能胜任父母角色的需求，因此和亲密关系类似，当与一个自己抱有期待的人每日相处时，以往原生家庭里那些未被理解的主题会在和孩子的关系里再次呈现。

　　父母双方与孩子之间的三角关系会让亲子关系变得更为复杂。父母各自被认可和被关注的主题在养育孩子的任务中会凸显出来，孩子有可能被当成利用的工具，卷入两者的纷争当中；也可能处于弱者的位置，成为二人矛盾的牺牲品。孩子也有自己的成长主题，但有时他们渴望快乐与满足的需要不仅会被忽略，还可能成为引爆冲突的导火索。

　　当三个人的欲望和不安相互交错，理解彼此会变得更有难度，关系权重的变化既让冲突加大，也会因互动的不同让各自的主题更多地显现。如果其中一方可以了解自己或他人的无意识需求，就会在对话中用更加真实的方式进行表达，其他家庭成员也可以向他学习，使用感受性语言进行交流，而不再用情绪表达。随着孩子的成长，父母有机会打破以往的无意识重复，并将其转变成一次理解自己的机会。孩子在动机的推动下会产生各种需要，因此孩子的加入有可能改变父母原来的对话模式；父母双方会从观察与理解孩子更真实的表达中，再次靠近自己的无意识。

孩子的需要

安抚

你也许有过下面的体验。小的时候，当你大声哭泣时，听到爸爸妈妈说的最多的话就是"别哭了""不许再哭了""宝贝乖，不哭了"。或者看到一个小孩子不小心被椅子绊倒后哭起来，他的爸爸妈妈或爷爷奶奶抱起他，拍打着椅子说："坏椅子，让宝宝摔倒了，宝宝不哭了，看我打它。"

遇到挫折很常见，对于父母而言，重要的不是为孩子提供绝对的安全，而是理解在孩子遭遇挫折时自己的反应意味着什么。如果父母还未了解孩子的情绪代表什么就急于安抚，有可能是自己无法承受某些东西并急于消除它们，这会非常影响孩子的情感分化过程，即让孩子无法清晰地体验情感并将其描述出来，从而难以表达自己的需要，陷入情绪表达的困境中。

父母如果看见孩子哭泣就给予安抚，有可能是他们自己正在体验他人的不满所带来的不安。如果父母童年时总是承受自己父母的情绪，比如愤怒或指责，那么自己孩子的情绪变化就会激活其类似的不安，以至于父母急于消除它们。

孩子的哭闹来自某种消除不了又无法言说的不适，这需要有情感经验的父母耐心地询问，尝试替孩子表达难受的感觉，比如不舒服、难过、委屈、害怕等。这种耐心的询问虽然不会马上止住孩子的哭泣，但能够真正地缓解孩子的情绪，而且让孩子从此学会用这种方式表达自己的感受。父母也会在这个过程中收获胜任感，即"我能弄懂我的孩子怎么了"，这种拥有理解力的满足会让父母对与孩子的交流更有信心。

确认

亮亮喜欢玩乐高积木，每次用积木拼出一个形状，他都会跑到爸爸妈妈面前，得意地展示给他们看。通常爸爸妈妈都会夸奖他，可是有的时候，尤其是爸爸妈妈心情不好或者正在忙自己的事情时，他们就会显得很不耐烦："去去去，没看见我在忙吗？""一天天就知道玩，你看你又把积木扔得到处都是！"

每个孩子在自我形成的过程中都是先有自己的体验，然后通过父母的反应来确认自己的体验。那些被确认的部分得到巩固，并成为自己的一部分，而被否认的部分往往会让孩子感到羞耻或不安，但那些体验并不会被真正地放弃，而是会被压抑到无意识中。

那些自身感受性较弱的父母对孩子的反馈也会不足，而那些很敏感的父母在自己脆弱的时候同样也会忽略孩子的感觉。有时父母会因孩子过于吵闹而感到烦躁，说明他们自己内心正处于某些困扰之中，无法做到对孩子的关注。有时是遇到了暂时的困难，有时是父母自身很难表达需求而处于情感隔离的状态……无论怎样，当父母得不到足够的安抚和支持时，就会推开孩子以减少自己的苦恼。

确认就像一面镜子，让孩子不断地从父母回馈的眼神中确定自己的存在，肯定自己的行为。那些童年获得清晰确认的人，会在成年以后的其他关系中清晰地感受到自己的存在，有明确的边界感和空间感，不会感到被排挤或被剥夺。而那些有抑郁倾向的人，在童年往往缺乏被承认和确认的体验，他们对内在自我的印象是空泛的、模糊的。

允许

你是否经常听到下面的对话，或者亲身经历过这些场景。

孩子："妈妈，我想要这个小汽车。"

妈妈："你都买了多少个小汽车了，不能再给你买了。"

　　孩子："爸爸，我想去河边玩。"

　　爸爸："不行，太危险了。"

　　孩子："妈妈，我想去堆雪人。"

　　妈妈："不行，外面太冷了，会感冒的。"

　　孩子："爸爸，我想玩卡丁车。"

　　爸爸："你还太小，等长大了才能玩。"

　　在孩子成长的初期，父母出于对孩子安全的考虑，几乎是本能地规范孩子的行为，但随着孩子行动能力和自主能力的增强，孩子会扩大自己的行动范围和尝试不同的行为方式，在这个阶段的确存在一定的安全问题，但这也是孩子培养自主能力难得的机会，父母需要站在有一定距离但足够关注的位置，允许孩子的自主尝试，丰富孩子在遇到困难和坚持突破的过程中找到对策的经验。

　　对父母而言，他们需要暂时地承受等待的焦虑，但这种等待的经验是非常宝贵的。如果感到着急，可能是孩子的行为动摇了自己的掌控感，或者激活了自己的不胜任感，从而引发了羞耻感。这些很可能是自己一直存在的问题，可以通过和孩子的相处了解自己内在的状态，并尝试让自己慢下来。

　　允许意味着给予孩子各种差异化的空间，除了根据孩子成长的节奏陪伴、等待孩子的进步而不是干预或催促，还包括允许孩子在了解这个世界的过程中产生各种好奇和喜爱的感觉。每种感觉都是基于孩子当下的体验而存在的，很可能和父母的感受不同。这种不同本身不是问题，但可能招来父母的评判甚至嘲笑，这是因为父母在被要求和批评的童年经历中习惯了压抑自己的个性，孩子不同的喜好会让他们感受到不安和焦虑。

　　父母如果意识到自己的孩子胆小怯懦，往往会感到失望甚至会加以贬低，但孩子的自信恰恰是在不断被允许中增强的，他们首先需要不害怕自己做了什么会遭到父母的责备。父母很容易观察到自己的评判会带给孩子不安，这时父母需要觉察一下，自己为什么会对孩子的差异难以接受，是否可以和孩子交流一下，问问孩子的想法；父母也可以分享自己的想法，通常，孩子和父母各有各的理由。这样做会带给孩子保存自我也尊重他人的经验，同时让孩子对他人产生更多的好奇而不是一味地排斥。

支持

　　小辉放学回家后，看起来不太开心，妈妈问他怎么了，小辉说："今天体育课，老师让我们长跑，我跑得最慢，所有的同学都到终点了，我连一半都没有跑完。老师说下周测试，我肯定会不及格的，怎么办啊？"

　　妈妈听了皱着眉头说："一个体育课有什么重要的，跑得快就能上大学吗？你的体质本来就弱，干脆体育课就不要上了，等周一我去和你们班主任说。"

　　小辉张了张嘴，终究还是什么都没有说，垂头丧气地走回了自己的房间。

　　每个孩子在遇到困难的时候，都渴望获得父母的支持，他们需要确认父母能够感受到并理解自己的困境，而不是责备和批评自己。支持会让孩子产生一种确定感——无论何时，父母都能感受到自己的需要，并坚定地站在自己这边帮助自己。

　　因此，父母首先要做的是了解孩子在经历什么，而不是急于给出意见。那些给予孩子力量感的父母不见得多么强大有力，他们只是遇事能够进行客观的判断，做出更适合当下的决断。选择面对困难的父母会耐心地询问孩子发生了什么，直至弄清楚孩子需要的帮助是什么。这需要父母能够容纳孩子的错误，理解孩子在困难中体验到的害怕和退却。

　　无法为孩子提供支持，通常和父母自己对困难的畏惧有关。作为成年人，他们有自己调整和适应的策略，从而让工作与生活基本保持稳定，但孩子在成长中会不断遇到各种新的挑战，这对父母而言也是新的课题。因此，当自己的情绪变得不稳定而无法为孩子提供理解和支持时，父母可以先体会一下自己的感受，允许自己对无助的抗拒，当情绪稳定一些时，再和孩子一起讨论发生了什么，逐步理解孩子的需要并表达给孩子。让孩子失去自信的是需要被无视，孩子并不要求父母一定是强大有力的，只要父母能和自己一起面对困难，孩子就会有确定感。令人自卑的不是承认自己的弱小，而是无人在意的孤独。

分享

> 妮妮今年 5 岁。一天吃晚饭的时候，妮妮的爸爸妈妈谈论起了某个亲戚，妮妮听见了就问："你们在说谁啊？"妈妈说："小孩子别乱打听，跟你没有关系。"过了一会儿，妮妮又对爸爸妈妈说："今天手工课我学会叠小红花了。"爸爸说："好，知道了，快吃饭吧。"

当孩子有越来越多的自主意识时，他们就会产生更多想要和父母分享的体验，他们需要和父母交换自己在细腻的体验中产生的感受和想法，这时彼此的关系是趋于平等的，孩子需要父母以尊重的态度来看看自己的世界。孩子并不是不需要指导和帮助，而是想先让父母来一起体验他们的收获。这种感受有别于单纯直接的欣赏和夸赞，而是类似于朋友之间的彼此认同。这个分享的过程需要父母有耐心和好奇心，跟随孩子成长的节奏，尊重孩子每一个小小的发现与收获，感受孩子的喜悦并回馈给他们。

同时，父母也可以用一种类似于传授经验的方式，告诉孩子自己是如何看待问题和解决问题的。这和教导孩子的方式不同，父母不是把孩子当成一个一无所知的人，而是一个和自己一样会遇到困难的人。父母和孩子一起分析、想对策，父母告诉孩子自己的想法，同时也询问孩子的想法，然后双方一起讨论利弊，并保持不同立场的开放性。

很可能父母也没有更好的方法，这不重要，重要的是要在交换想法的时候与孩子一起面对。这种支持的力量是人与人的关系中非常缺乏的，很多羞耻体验就来自我们以为别人都不像自己这样，因为我们只能看见他人愿意展现的部分并以为那就是全部。事实上，每个人都会体验到挫败感、无力感、无能感，迷茫或缺乏动力，这些本就是人生路上的正常体验，并不需要为此感到羞耻。

如果父母能够和孩子分享这些体验，孩子就能学会正确地对待失败和犯错，并渴望父母更多地分享他们的应对经验，而不是设法抵御自己的体验。比如，"人都会感到焦虑，并急于找到解决问题的办法，但有时也可以慢下来，耐心地去寻找问题的核心，经过一个困难、辛苦的过程，最终解决问题。"这种分享的效果远远大于直接告诉孩子怎么办或者代为解决，孩子需要的是你给予他耐心和信心，他们会相信爸爸妈妈可以做到的自己也可以；即使自己做不到也是正常的，因为爸爸妈妈也会遇到困难和失败。他们并不是逃避和否认问题，因此也不会让父母感到丢脸。

与人相处的经验同样也是孩子非常需要的，他们总是会遇到一些与父母不一样的人，产生一些更复杂的体验。他们需要了解为什么有的人的想法与行为方式与自己不同，父母通常分享的是自己的经验，比如多信任他人或者多保护自己。孩子通常会信任父母的建议，但在不同的情况下，孩子也会有自己不同的想法，比如孩子既需要友情又担心被欺负，此时父母需要耐心地询问孩子的经历和感受，再分享自己的想法。

父母如果给孩子的是过于简单的建议，比如"以后不要和那个孩子玩了"，并未说明自己的想法，也没有听听孩子的意见，那很可能是孩子经历的冲突激活了自己内心某些糟糕的体验，比如被欺负、被孤立与排斥；也可能此刻父母正处于工作或情感上的困惑、迷茫之中，他们无心顾及孩子的需要，也无法分享更有帮助的经验。此时他们可以多些耐心倾听孩子遭遇了什么，在自己有能力和空间时再和孩子讨论。向孩子承认自己暂时无法回应而不是简单地给出建议，通常会获得孩子的理解，而那些表现得自己毫无问题和错误的父母，往往会给孩子造成很大的困惑，孩子会在猜测中产生很多不安，因为他们从父母的非语言表达中读到了不耐烦。如果父母不告诉孩子自己也有苦恼，孩子就会自己承担这些反应，认为一定是自己给父母带来了麻烦，从而减少正常的表达。

欣赏

明仔的学习成绩不太好，为此爸爸妈妈没少说他。他也暗下决心要好好努力，提高学习成绩。这次期末考试，他虽然成绩一般，但比起上学期还是有进步的，总分提高了50多分，班级名次也从第37名提升到第31名。

明仔满怀期待地等到妈妈开完家长会回来，结果妈妈没好气地说："全班一共就40多个人，你怎么连前30名都考不进去，真给我丢人。你看人家王阿姨的女儿，每次都是班级前三名，你怎么就不能向人家学学？"

在孩子学会走路、说话时，几乎所有的父母都感到欣喜，并将这些好的感受传递给孩子；而当孩子学习更多的知识和技能时，情况就变得复杂起来。一方面，父母为孩子的进步感到骄傲；另一方面，他们也会开始拿自己的孩子和别的孩子比较，在看到差距时减少对孩子欣赏的表达，尤其担心夸奖会让孩子骄傲，对孩子的成长不利。

这里有对欣赏的误解。欣赏和夸奖孩子不只是对结果做出反馈，更重要的是对完成任务过程中孩子所做出的努力进行反馈。那些为孩子带来满足的正向反馈才是真正的欣赏，而仅仅认可结果虽然也会让孩子感到高兴，但他们会容易把成功和进步当成单一的目标和导向，而进步是由无数努力积累而成的结果，更多满足的体验来自过程中的坚持和在困难中找到办法，比如"此刻比刚刚更明白了一些"。这些体验是自信的来源，有成就的人往往是更有毅力和信心坚持到底的人。"你是怎么想到的"与"你真厉害"带来的体验和激励效果是不同的。真正的"看见"是让孩子有机会展示自己，并在他们解说如何找到解决办法时给予真诚的肯定。这种"看见"将使孩子获得一种深刻的体验——我是有能力的，是令人钦佩的。

欣赏也包含对孩子自我探索和坚持的肯定。孩子可能与父母的观点不同，但坚持往往来自他们自己的探索与判断，这意味着孩子对自己有更多的信任。父母有可能因无法获得孩子对自己的钦佩而感到失落，这意味着父母自身没有在其他关系中获得足够的肯定，而当孩子看起来比自己更有确定感和自信时，自己的自尊就会被动摇。如果父母能够意识到要自己面对自己的人生主题，那他们即使不去欣赏孩子，也不会为了抵御挫败的感受而贬低或否定孩子。

随着文化、科技的进步以及养育环境和生活条件的改善，孩子超越父母变得非常正常，孩子很可能有更高的人生目标和追求，并超越父母。可以欣赏超越自己的孩子，说明父母始终认真而努力地生活和工作，对自己有足够的肯定。若父母对孩子有嫉妒之心也非常正常，所有的感觉都是体验带来的，在父母和孩子之间同样可能发生嫉妒。对孩子感到嫉妒仅仅意味着父母也需要被欣赏，因为在自己的早年这种体验是缺乏的。当嫉妒转为羡慕时，孩子才会对父母的需要有更多的理解，而不是承受内疚和不安。

那些父母成功的孩子更需要父母欣赏自己成长过程中所付出的努力。成功来之不易，但对于成功的意义，每个父母都有不同的解读。那些对努力的价值感到满足的父母会更享受过程，他们更愿意为孩子小小的进步而感到喜悦；而靠努力改变命运但又害怕失去成就的父母会有更多的焦虑，他们更多地以实现目标为导向，希望孩子能够保持努力，不骄傲，因此会减少对孩子微小进步的肯定。

父母的需要

父母同样需要被"看见"和有机会真实地表达。只有父母获得足够的理解，他们才能拥有更多的空间去理解孩子，否则，他们就会通过情绪表达在养育孩子的过程中所体会到的不适和困难，这样无论孩子还是伴侣都不得不承受家庭关系的张力，而父母本身的问题却无法得到真正的解决。尤其是那些难以承受这些问题的父母，有可能会因此产生心理问题，比如抑郁或焦虑发作，从而很难再承担养育孩子的任务，不得不逃离父母的角色。

父母无法了解和表达自己的需要，来自他们早年和自己父母互动中的体验。早年的经验让父母认为成人不可能向孩子表达需要，而事实上，一旦父母可以清晰地描述自己的感受，伴侣和孩子就都可以听懂，这要比让伴侣和孩子抵御或适应糟糕的情绪容易得多。

身体休息

> 吃过晚饭，小刚对坐在沙发上看电视的爸爸说："爸爸，你陪我出去踢球吧。"爸爸懒洋洋地靠在沙发上，拒绝了小刚："我不想去，你找妈妈去吧。"小刚又去厨房找妈妈："妈妈，你陪我出去踢球吧。"妈妈正在洗碗，没好气地说："没看见我在干活吗？你们倒是轻松，一个一天天就知道玩，一个就知道在那儿看电视，家里的活都是我在干，我欠你们的啊？！"

养育者通常还承担着职业角色，再加上照顾孩子的辛苦，他们身心劳累的程度可想而知。孩子需要被照顾，父母也同样需要被关照，尤其是在劳累时，他们需要被允许表达身体不适和得到必要的休息。处在成长期的孩子充满了活力，因此往往意识不到父母的劳累，父母如果显得不耐烦，孩子就会产生内在的冲突，觉得父母在自己开心的时候是不开心的，如果坚持自己的感受，就会加剧与父母的矛盾，并为此感到不安。

实际上，父母可以坦诚地告诉孩子自己感到累了，需要休息，孩子尽管会有些扫兴，但会将一部分注意力从自己的兴趣满足转移到爸爸妈妈身上；一旦孩子可以表达自己的理解并做出让步，父母就会感受到张力的减弱，并更愿意真实地表达。情感的连接总是双向的，那些隐忍的父母不相信孩子可以理解自己——这种想法来自以往无法表达的体验——因此他们无论是发脾气，还是责备孩子不懂事，都无法让孩子真正了解父母怎么了。

压力缓解

今天妈妈下班回来，状态非常不好，阴沉着脸，一句话也不说，一个人坐在餐桌前面，双手抱着头，两眼紧闭。丽丽走过去，拉了拉妈妈的衣襟，问妈妈："妈妈你怎么了？"妈妈没有理她，她又接着问："妈妈你是不是不开心啊？我给你讲个笑话听吧。"妈妈突然崩溃地大喊："一边儿去，我已经够烦的了，你能不能懂点事儿！别来烦我！"然后就扑在桌子上哭了起来。丽丽被吓到了，呆呆地站在妈妈旁边手足无措。

尝试信任孩子会带来新的感受。父母可以告诉孩子自己在工作或人际中遇到了困难，但要注意谈论自己的感受，而不是抱怨，孩子很可能会因父母的信任而与父母共同面对困难。虽然孩子还缺乏丰富的体验，但他们同样可以体验到各种情感和需要；分享自己的办法以及对父母表达坚定的支持态度，都可能让父母获得情绪上的缓解。父母都希望孩子懂事，这个愿望其实不难实现，前提是父母能够真实地表达自己，而不是让孩子因害怕大人的情绪而被迫顺从。孩子需要听见和明白父母所付出的努力和承受的辛劳。

角色适应

芳芳和家超大学一毕业就结婚了，结婚不到一年，就生了宝宝。对于两个年轻的爸爸妈妈来说，他们自己都还没完全长大，根本不知道应该怎么养育孩子。于是不可避免地，双方的家长接手了照顾小宝宝的工作，芳芳和家超只能从各自父母那里学习如何带孩子。而在教育孩子方面，两个小夫妻同样没有任何经验，他们能做的就是采用父母小时候教育自己的方式，或者总结父母教育自己的过程中的经验教训，选择与父母相反的教育方式。

生养孩子让很多年轻人倍感压力，成为父母不应该是被动的选择，而应该是在了解父母这个角色可能会遇到的各种体验之后，由自己做出的选择。父母并不是单方面的付出者，在养育孩子的过程中也会得到种种回报，比如体验到喜悦和依恋；父母也不是必然的胜任者，而是随着孩子的成长逐渐适应自己的新角色。在互动中信任彼此，共同建立一段新的关系，需要父母和孩子共同努力。

告诉孩子下面这一点很重要：父母和孩子一样也在成长，也会经历各种体验，劳累、厌烦、挫败、无助等都是在适应角色中必然产生的感受；孩子并不是被动的被养育者，他们可以在和父母的互动中明白，双方要一起完成成长的任务，这是一个家庭的成长，需要彼此的协作和分担。

价值肯定

你是否经常听到有的父母像下面这样说话。

"把你养这么大我容易吗？"
"我就是上辈子欠你的。"
"你知道我为你操了多少心吗？"
"到老了你可得养我。"
"你也就是命好生在我家里，换别人谁愿意管你？"
"你要是娶了媳妇忘了娘，我饶不了你！"

养育并陪伴孩子成长虽然是父母的义务，但父母在其中的付出也是需要被承认和认可的。父母既要在职场上努力，又要操心孩子的成长，确实很辛苦。但有些父母即使知道自己有被肯定的需要，也往往难以直接表达，而是诉诸委屈和抱怨，这说明他们缺乏被肯定的经验，觉得直接表达被肯定的需要会招来嘲笑，因此面对孩子，他们同样很难将这种需要表达出来。

　　想要被肯定是一种正常需求，父母真实地向孩子表达自己付出的努力，以期获得孩子的肯定，并不会让孩子产生内疚感，而是会让他们感受到父母对自己的在意。实际上，父母理解自己为孩子付出和自己年老需要孩子的照顾是一种正常的人伦，但真正可靠的关系一定建立在彼此情感的连接之上，和孩子交流真实的情感和需要会让家庭关系处于活跃的状态。相比之下，压抑的父母会养出内疚的孩子，本来有的情感也会变味，父母与孩子对彼此的在乎虽然一直都在，但父母会因为不能表达需要而对孩子产生不满和猜忌，会担心孩子看不见自己的付出而倾向于无意识地保护自己。

第三节

职场关系

虽然职场关系不像亲密关系那样紧密，但由于人们大量的时间都在与同事及合作伙伴打交道，尤其是被肯定和欣赏的需求主要是在职场关系中得到满足的，因此职场关系会激活很多人内心的渴望与冲突。在大部分以合作方式开展工作的现代职场，本应有更多的对话和沟通，但由于职场的特质，彼此的交流往往仅限于一般的人际交流尺度，虽然在上下级关系以及平级的同事关系中，双方都有各自的需求，但很少有心理层面的深度交流，而各自的困扰会影响到家庭生活，长久积攒的职场压力也是身体疾病的主要原因之一。

职场角色

员工

职场的主题通常是竞争与合作。良性的竞争可以促进彼此的进步，员工都关注怎样高效地完成任务，怎样拓展市场等。当以任务为导向时，员工往往会更多地合作，通过讨论产生更多的思路，合作带来的成就会让彼此获得更大的满足。而以胜败为目的的竞争往往会带来彼此的消耗，胜利的一方获得的并不是真正的满足感。

竞争引发的消耗源自时刻存在的焦虑感，焦虑的背后是对落后与失败的恐惧，这些感受可以在人们成长的过程中找到痕迹。那些有同胞竞争的孩子，比如有兄弟姐妹或者家族中有同辈的孩子，常常被父母在加以比较后区别对待，即使是独生子女也会面临"别人家孩子"的比较，从而产生被否定、被贬低的恐惧与羞耻，总是觉得自己不够好。焦虑也来自对未来不确定的恐惧，人们倾向于认为如果自己落后于他人，就将永远失去机会，从而产生生存焦虑。

自信是一个人对自我进步的确定感，自信的人不会过度关注他人的评判和自己的位置，可以相对稳定地沉浸在工作当中，相信自己在每天的工作中掌握的技能会让自己产生价值并被需要和重视，他们不急于拥有外在形式上的竞争优势。这种自信来自早年父母的信任和对自己进步的支持，自信的人确认领导会像父母那样信任自己，自己在掌握足够熟练的工作技能后，终将得到更多的机会。

也有些员工会在进行跨级别和岗位的交流时，更多地发表意见或自行决定需要协商的事宜，看上去他们常常希望展现自己的价值或与众不同之处。的确存在能力高于职位的情况，但无法安于目前岗位的员工往往无法感受到自己的存在与价值，他们需要被看见和承认，有时还会因被要求或安排而产生卑微感。

与上面的情况相反的情况是永远都选择配合。这样的员工以服从为原则，没有自己的想法和要求，表面上看他们会让领导和同事感到舒服，但这种单向的表达无法构成有效的沟通，没有人知道这些员工在完成工作的过程中会遇到什么困难，需要什么支持，他们只能独自承受压力，比如，当不清楚任务要求的细则或执行中遇到困难时，他们往往会承受强烈的焦虑感，担心请教、询问和协商会显得自己无能，甚至遭到拒绝和嘲笑。这样的员工在原生家庭中常常是被责备和嘲笑的，他们的能力并不一定和别人有明显差距，但由于他们非常缺乏被支持的经验，因此只能将问题归结于自己。

管理者

管理者通常由员工晋升而来，因此会在一定程度上了解员工那种渴望认可又担心被责备的心态，通过磨合，他们能够积累与下属配合的经验，并在压力适度的情况下，给予员工一定的信任度和自由度。同时，他们也会通过相应的制度来约束员工，以保证团队的整体高效和任务完成。

但管理者同样也有自己的职场焦虑。他们拥有更多的权力，但同时也要承受更大的压力。拥有权力是某些方面突出和优秀的象征，这需要管理者对自我价值和能力有足够的认同。这种认同并非要求自己不能犯错和永远保持优秀，而是相信自己有能力保持学习和进步，有信心面对困难和挫折。而当工作压力过大时，他们有时难免会将焦虑转移给下属员工。

职场中的上下级关系很像家庭中两辈人的关系，父母需要承担更多的家庭责任，因此会比孩子感受到更大的压力，同时他们也拥有地位上的优势，更有可能直接表达情绪，这一点与职场中的管理者类似。通过表达情绪，管理者可以暂时缓解自己的压力，但下属可能会因产生紧迫感而付出更多的努力和时间。情绪的表达往往会阻碍彼此的理解，它传递的更像一种对下属的不满，而不是被下属体谅的需要。管理者向下属表达自己的真实需要很可能会激活其由无能带来的羞耻感，这会让他们担心自己的权威被动摇。

还有一类管理者会过度参与员工的工作，他们常常对工作事无巨细，在导致自己很累的同时也让员工感到不被信任。事实上，他们只有看到细节才能消除自己的焦虑感。这有些像家庭中控制型倾向的父母，他们会过度参与孩子成长的全过程，干涉孩子的各种选择。类似的管理者同样有着强烈的焦虑，担心工作中出现差错或者进度失控，对结果有过度的危机感，只有全程参与才能让他们感到踏实。

职场心理

职场中的心理需求主要有两个，分别是胜任感和价值感。这两种心理需求非常重要，构成了一个人主要的满足感和成就感，让一个在职场中生存和发展的人体验到自己的存在与意义。除了在完成任务的过程中体验到能力的提高，这些心理需求还需要通过人际互动来获得满足。

胜任感是通过学习逐步获得的。通常在入职或换岗的初期，人们需要面对自己学习者的身份，向有经验的前辈讨教，表达自己在学习中遇到的困难。有些人会因领悟速度和学习节奏较慢而担心自己不够聪明，为落后于他人感到羞耻。这种心理会阻碍一个人的进步，并导致他因焦虑而丧失稳定感。

即使在稳定的岗位上也会反复出现胜任感的动荡，试图保持胜任感往往会导致焦虑升级直至进入强迫的状态，这意味着一旦工作中对自己的能力水平不确定，或完成任务的效率不理想，人们就会担心自己很弱小、很无能，会招致嘲笑。实际上，职场中没有绝对的胜任，很多时候人们是在应对困难和问题中学习、进步的，他们这时也非常需要得到帮助和支持，以及客观地看待问题。但如果以往缺乏被允许和被理解的经验，他们就会觉得是自己的能力太差了，别人不会像自己这样。事实上，每个人都会遇到困难，他人的允许和支持是其渡过难关的重要条件。

价值感来自一个人在工作中的参与感，即自己可以做出稳定的贡献，在完成任务的过程中感到自己不可或缺。价值感虽然和待遇、报酬密切相关，但常常是一种被重视、被承认、被欣赏的直观感觉，是一个人愿意投入工作的重要推动力。当一个人感到自己的努力不被看见，自己的贡献被忽略时，他的价值感就会动摇，整个人就会情绪低落甚至陷入抑郁，觉得再努力也没有意义。

通常，焦虑的背后是对失去机会甚至失去未来的恐惧，因此人们不敢有差错和松懈，而抑郁的背后则是存在与意义的丧失。无论哪种情绪，都意味着人们无法在职场关系中获得支持和理解性的回应，从而陷入挣扎和痛苦之中。

职场困境

无法表达需求

在职场中，人们会产生很多需求，比如需要休息，希望升职或加薪以获得认可、在遇到困难时能得到帮助与支持等。实际上，人们很多时候是可以感受到自己的情绪的，比如不开心、烦躁，但往往无法清晰地意识到自己遇到的困难。人们通常觉得表达自己的需求会很难为情，这意味着他们的感受和需要很少被看到和理解，因此很难意识到自己真正的需要，并认可它们的存在。

无法承受冲突

双方都有各自的需要，彼此都需要被理解，因此在坚持各自的立场时就会产生冲突。很多冲突并不是公开的，公开在某种程度上意味着真实的表达，这种交锋可能会加大冲突，也可能让彼此有机会搞清楚到底发生了什么。而那些隐形的冲突在职场中更常见，它们意味着双方对各自的需要无法让步，但也无法相信通过沟通可以被对方理解。

这些需要基本上围绕着对胜任感和价值感的确认，表达这些需要可能会让彼此都感到困难，比如管理者很难直接向下属员工表达自己想要得到支持，员工也很难直接表达希望上司能够肯定或帮助自己。当担心被拒绝或嘲笑时，人们只能各自承受，但那些隐形的冲突会通过情绪、行为等非语言的方式体现出来，并带给对方压力。

大李是一家国企的中层干部，他已经在这个单位工作了10多年，业务能力很强，是单位的重点培养对象。大李也一直很努力地工作，希望能够体现自己的价值，获得更大的发展空间。最近，公司原来的总经理调走了，总经理的位置空了出来。本来大李是最有资格和条件接任这个职位的，可是集团董事长却突然要把自己的秘书安排到这个位置上。

大李为此感到非常苦恼，他一方面觉得自己才是这个职位最合适的人选，另一方面又觉得这是董事长的决定，自己根本无力抗衡，只能无奈接受。大李觉得很不甘心，可是又无能为力，心里充满了沮丧和哀怨，整天借酒消愁，感慨命运不公，再也没有了努力工作的动力。

大李的好朋友兼大学同学庄原在一家私企做高管。大李向庄原讲述了自己的情况，庄原问大李："既然你觉得不公平，为什么不去找董事长谈一谈呢？"大李苦笑着说："谈有什么用？我会比他的秘书和他的关系更近吗？"庄原追问道："你们董事长是一个任人唯亲的人吗？你对他了解吗？

作为一个领导者，难道不希望自己的企业更好地发展？既然你觉得自己是最合适的人选，为什么不向董事长说明白呢？就算最后的结果没有改变，起码你也争取过了啊。"

大李冥思苦想了一晚上，觉得同学说的话有道理，于是鼓起勇气去和董事长谈了他的想法。没想到董事长听了大李的陈述，竟然十分认可他，马上收回了自己的决定，真的让大李担任了公司的总经理。

职场沟通

职场沟通一般限于对工作内容的交流和一些私下的交流，但由于职场压力的存在，这些交流基本上无法触及人们真实的感受和需要，只有私下交流会提供一部分理解和支持。职场困境和人们的价值需求有关，和能力胜任的体验有关，因此人们既渴望获得认可和支持，又担心被否定和嘲笑，他们需要进行更深入的交流，通过表达、倾听和回应，使理解得以发生。

一旦了解了人们都有各自的需要和害怕，对于关系中的强势、控制或者顺从、配合等表现就能有深度的理解。这些表现无不反映了对关系缺乏信任的体验，在这种情况下，人们只好用各自的方式保存自己。改变这种局面并不容易，我们可以先从了解自己的需求和感受开始，包括对理解的需要，也包括自己的不安和羞耻。职场中的问题再现说明一个人仍处在未被理解的困境当中，而对方很可能会遇到同样的困境，同样无法信任关系。这时就需要双方共同努力，找到切实有效的沟通途径。

当情绪背后的感受和需要开始清晰时，你就可以尝试和同事对话，表达自己的感受而不是埋怨和指责。这是一种非常难得的真诚态度，无论对方是否立刻就能理解自己，都值得尝试，因为当听见有人告诉自己他真实的感觉和需要时，人通常体验到的都是真诚和信任。感受是彼此沟通的桥梁，当双方可以体会到彼此的感受时，共情就会发生，它将改变以往僵持的局面。在共情之中，双方都会更真实地面对冲突中的问题，试图获得彼此的理解，逐渐找到可以协商的解决之道。

第四节

朋友关系

男人间的友情是粗放而直接的，就像一坛烈酒，浓烈而醇厚，即使尘封已久，打开时仍然是浓香四溢；女人间的友情是细腻而温婉的，就像一瓶香水，柔和而亲昵，纵然随风弥散，品味时依旧能沁人心脾。

当我们遇到困难，一蹶不振的时候，男性朋友大多会说："振作起来，没什么大不了的，天塌下来哥们儿和你一起扛着！"女性朋友则通常会说："你不要这样啦，看到你这样我好难受，大家一起想办法，总会过去的。"

当我们情路受挫，伤心欲绝的时候，男性朋友大多会说："天涯何处无芳草，一个男子汉为了一个女人值得吗？走，喝酒去，一醉解千愁！"女性朋友则通常会说："亲爱的别伤心了，离开你是他的损失，你条件这么好，有的是好男人懂得欣赏。走，去逛街，消费能解忧。"

当我们失去方向，抑郁迷茫的时候，男性朋友大多会说："别想那些没用的，活着就得开心，有啥想不通的跟兄弟说，兄弟永远站在你身边！"女性朋友则通常会说："人生哪有那么多如意之事，你现在就不错了，比上不足，比下有余，为什么和自己过不去啊？"

朋友关系的远近程度通常介于亲人关系与职场关系之间，这一特点让友情成为其他关系的重要补偿，同事、家人与朋友往往没有交集，因此在无直接的利益冲突时，朋友之间可以更放松地交流。

朋友常常是很好的倾听者，他们愿意了解你的经历，体会你的感受，理解你的困境，因此在向朋友表达时，你可能会触及自己更深的体验。但是，朋友也有各自的性格特征和成长环境、当下不同的境遇以及不同的思考、感受和行为方式，因此尽管他们在乎你的痛苦，但做到设身处地地理解你并不容易。朋友往往倾向于提出解决方案或劝解、开导你，这些回应会让人感受到支持，但这种支持只是暂时的，内心的痛苦通常并不容易被消除。痛苦的消除需要更多的倾听和陪伴，以及真正理解一个人的难处。

向朋友清晰地表达也并不容易，通常最容易讲出来的是一些糟糕的情绪，比如愤怒或委屈，它们很容易让朋友感同身受，并使你得到同情和部分的理解。毫无疑问，对情绪的安抚是必要的，有人允许自己宣泄的确可以让情绪得到缓解。但真正糟糕的体验往往隐藏在叙事的情绪和想法背后，通过表达的细节流露出来，很难被朋友捕捉到。因为即使面对朋友，你仍然会下意识地远离恐惧和羞耻的体验，即回避被朋友嘲笑和拒绝的风险。

事实上，每个人在关系中遭遇的困境都是相似的，因此朋友在听到你诉说痛苦时往往有两种情况：一种是他经历过这种痛苦并穿透了自己的无意识，理解了自己的需要和恐惧、羞耻；另一种是朋友有过类似的经历但尚未了解自己的无意识需要和内在冲突，而且有自己的防御策略，在未激活这些冲突的感受时暂时无法触及你的痛苦。

若是第一种情况，那么朋友更能懂得你在经历什么，知道从痛苦中走出来的过程，因此他们往往不会直接给出建议，而是更多地和你讨论一些更有意义的话题，比如"你觉得自己到底需要什么""你是否发现每当……的时候你总是会……""你担心的是什么"，等等。你可能一时无法回答这样的问题，甚至会产生一丝不快，觉得自己被指责了，但你会渐渐反思自己，并和朋友一起讨论自己以往难以触碰的感受，请朋友分享经验。当问题逐渐明晰，你将感受到对自己产生了深度的理解，即无论自己的表现如何，都不会再嘲笑自己、责备自己，而是看见自己的真正需要，以及因不得已而做出的各种反应。

若是后一种情况，那么朋友虽然不会像你那样感到痛苦，但不代表他没有困扰，只是他可以通过各种防御暂时抵御糟糕的感觉，而你的确需要防御性策略来缓解痛苦，因此对方分享的经验会让你从纠结中暂时走出来，但这种经验只是教你如何加强防御，而那些待理解的需要和冲突只是暂时被包裹了起来。

　　有时，情况介于两者之间，如果是这样，那你们双方可能会在讨论中渐渐触及彼此都能体会到的糟糕感觉，比如害怕对方不喜欢或不认可自己，对这些感觉的分享可以大大减少羞耻的体验——双方都有同样的需要就不会嘲笑对方的懦弱。这时，你就可以试着说出来，当与一个可以理解自己的人一起体会时，就不会那么害怕那些糟糕的感觉并否定它们的存在——当彼此有共同的困境、共同的渴望，就不再急于逃开，而是有勇气一起面对、理解它们。

第八章
共情式对话的应用

　　对话的最终意义是相互理解，因此对话需要深度体验，也就是共情，通过不断地靠近若隐若现的无意识，到达彼此需要理解的地方。这样的对话是每个人都期待的，但对话常常止于彼此的不理解之处，因为我们总是需要先去处理那些涌起的不愉快，对抗、逃走或深陷其中。当彼此都无法说清自己的感受及其形成的原因时，对话的双方就会困在那里，而没有人意识到这一切都是重复的。那些早年未被理解的渴望与不安一直留在无意识中，在当下的关系里被反复地激活。

　　当我们了解了无意识时，神奇的改变就开始发生。随着对自己的了解日益加深，我们开始明白那些糟糕的情绪正是无意识在提示我们。比如，我们很少去谈论恐惧感，但它却如影随形，从未离开过我们，只是我们的防御让我们感受不到而已。当恐惧真的袭来，你无处可逃时，你才会发现恐惧的出现是为了让你意识到自己对情感连接的需要；你不确定他人是否喜欢你或在乎你，你害怕没有人喜欢你或在乎你，所以一直在使用各种防御方式，这导致你感受不到与他人之间有真实的情感连接。这就是无意识的神奇之处，只要你识别出来那些你一直渴望却以为可怕的东西，防御就不再有效，你就能够体验到真实。尽管那种既要又怕的感觉会在一开始令你不安，但你再也不会觉得无意识是深不见底且需要拼命逃离的世界。你和自己的无意识已经相识，你知道它们怎样出现，怎样隐身，怎样影响自己。

　　这些变化会带来你和他人关系的改变，因为你会以新的方式表达自己。虽然你仍会激活那些令你不安的东西，但它们就在你能看到的地方，不再那么可怕和令你羞耻，你甚至可以告诉对方你的内在正在经历什么。对另一个人而言，这一切都是新的体验，虽然他不一定明白发生了什么，但在你不断谈及感受和需要，而不再用情绪和想法和他对话时，他也会学习你的感受性语言，试着体会自己的感受并告诉你。这时，共情式对话就发生了，你们将在体验中，离感觉越来越近。

尽管在进入共情式对话的过程中，你们仍然会反复听到彼此用防御性的话语应对那些不安的感受，但最终你们可以找到这些感受背后的意义——那些困扰你们多年的无意识主题。你们的关系会发生实质性的改变，因为这样的对话让你们一起明白了以往发生的一切，当那些不安的感受再次出现，你们就会识别出发生了什么。

对话不是让两个人再无矛盾和冲突，而是让两个人在人生的进程里不再无谓地纠缠，修复彼此都需要的情感连接，在关系里找回自己，也成全对方。

第一节

找到对话中的新思路

双向视角：走出纠缠

你是否发现，你以为可以放弃的一段关系仍让你难以割舍，你以为放下的情感在不经意间还会回来，而那个令你怨恨的人又是和你有最多牵绊的人。这是因为关系的背后一直有一份并没有真正断裂的情感，只是双方都陷入了各自的困境，触碰不到彼此，只好无奈地处在僵持之中。

你可能会有各种猜想，比如对方不在乎自己、不喜欢自己、不认可自己；或者你对关系的纠缠感到很累，认为两个人的关系只能那样了，不能指望彼此太多，甚至在彼此远离的时候反而感到些许轻松。无论怎样，都说明你们曾经走近，但无法再近，靠近反倒会打破相对的平衡。

但你是否想到，对方也有同样的期待和困惑，甚至疲倦，他也不知道你是否在乎他和认可他。这就是纠缠，如果有一方真的不在乎对方，就不会再有纠缠了。纠缠意味着这是一段打了结的关系，彼此在靠近的时候都激活了某些未知的无意识的主题，那些纠缠的结里缠绕着彼此的需要和不安，此时双方都觉得对方应该理解自己，希望对方做出自己需要的反应。但这个结首先在各自的心里，只要有一个人开始松劲，另一个人就会因多了一些空间而不再坚持较劲，这个结才可以慢慢打开。

这就是**双向视角**。"我做了什么让对方有如此的反应""他怎么会这样对我说话"……在情绪强烈的时候，人们很难有双向视角，每个人都处在想不通的状态，而且往往会越陷越深，总觉得是对方的问题。而一旦开始扩大视野，你就会发现另一个人同样处于某种困境之中，也就是说，两个人都会感到痛苦。一旦你开始关注对方的感受而不只是对他感到不满，彼此的对话就可以开始。对话意味着双方内心深处的某一个点开始建立连接。

你希望对方在乎自己，可你是否也在乎他呢？也许在情绪糟糕的时候你无法确认这一点，可能你还处在受伤的状态里，但如果对方告诉你他感到很难受，需要你的谅解或者帮助，你会怎样做呢？在真实的互动发生之前，你可能还不够了解自己和对方。

当然，你也可能经常保持沉默，看上去没有需求，但你的痛苦不见得就小，可能是你将其压抑得太深以至于感受不到它，就以为自己没有需求，但事实很可能是你很少体验到被真心在乎的感觉，并因此似乎放弃了需要。但你想过将你的不快乐告诉对方吗？若对方在此之前全然不知，猜想一下，他在听到的那一刻会有所触动吗？

解开纠缠不是要结束关系，而是让关系得到改善，因为有很多真实的想法我们自己也不清楚，我们能做的往往是重复自己熟悉的方式。共情式对话是一种新的尝试，意在走近彼此且不再重蹈覆辙。我们可以试试倾听自己内心的声音，倾听别人从未表达过的声音，也许它们会令我们感到紧张和有压力，但这种紧张和压力正是因为不认识它们才产生的。

情境思维：更大的视角

每个人都带着过往与现在的体验，既是背景中鲜活的个体，又与背景形成一个整体，喜怒哀乐、行为方式以及选择都与背景相关。背景不是静态的，更不是独立存在于某处的，而是与这个人有着嵌入式的关联。嵌入是一种类似骨与肉的关联，即密不可分，理解一个人要进入他的情境才能做到。

情境里有很多"剧情"，在充满了某种氛围和空间感的"舞台"上，你"上演"过一幕幕的悲喜剧。这些"剧情"带来的体验生动而具体，总是和重要的人生主题相关，从而构成某种意义。有时是某个具体事件，有时是漫长岁月中一种持续的状态，情境中的体验塑造了一个人对自己的感受和认知，他又在这种感受和认知下与他人相处。

情境中的体验一旦被调动，人就会变得立体而生动，就像看电影一样，你可以穿越时间，瞬间看见他的过往。他不再是眼下这个人，而是一个将重要的人生瞬间与当下的感受、行为重叠在一起的人，你将看到一个"浓缩"的人——他是蹦蹦跳跳的、无忧无虑的、找不到妈妈的、犯错挨批评的、独自啜泣的、愤怒和委屈的、孤独的、茫然的、寻找出路的、战胜自己的、满足的、带着幻想的……这些有意义的生活节点并非指向过去，它们在精神世界里穿透时间的限制，它们就是现在。

情境里的核心是体验——那些与人互动所留下的强烈感受，这些感受构成了每个人的自我认知。在未经反思的时候，它们是以一种无意识的方式影响你的，既存在又模糊。但在你试图回看自己或他人的时候，你会发现许多理解的线索，那些感受及其应对策略都来自过往的经历，比如，一个过于独立的人，童年曾经是依恋父母的，而在经历分离时，他的祈求与呼喊都无济于事，独立是减少痛苦不得已的策略。当你在情境中看一个人时，你看到的不再是问题，而是各种必然的人生境况，这便是理解。你原来一直较劲的是一段你还未能解读的人生，看到更多才会懂得更多。

如果你开始好奇这样的问题：我/他是怎么变成如今这样的？这说明你在扩大视野，当你看见了过往的一幕幕时，你会产生一种新的体验——逐渐"看透"一个人，一个由他的过去和现在构成的完整的人。

共情：在体验中靠近自己

面对痛苦时，每个人都会启动各种策略，这意味着我们正在设法逃离痛苦，然而痛苦总是重复出现。久而久之，我们就会看到自己的内在发生的一切。最初，你总是和自己的防御相遇，觉察到自己似乎在用某种策略抵御什么。这时，你将体会到站在门口，很难进入的艰难感。记住不要难为自己，而只需要先停在这里，体会这种感觉，并承认它的存在。

尽管此刻理解还没有发生，但共情已经开始；共情意味着和自己的感觉在一起，而不是抗拒和逃离。一旦有一些空间，无意识就有机会显露，尽管你对它们感到陌生和排斥，但请相信，它们并非那么难以面对——不是因为我们变得更有勇气了，而是它们随着被理解不再像从前那样影响我们。

体验是一个在感觉里待久了逐渐获得领悟的过程，虽然你会在感觉里进进出出，但你最终会发现那些感觉里包含着某些重要的人生主题。你可能还无法描述体验，但当你发觉自己的不快乐总是以类似的方式反复出现时，你离理解自己就近了一步。

体验的加深会让你发现痛苦的背后是你的渴望，以及阻碍渴望的恐惧与羞耻，这个过程往往很难靠自己完成，你需要一段不一样的关系，即有人愿意靠近你的内在，不是去改变你，而是陪着你靠近恐惧和羞耻，并穿透它们看见你的渴望。

主体间：走进互动的新世界

一旦你开始尝试和一个人深度互动，你就进入了一个新的精神领域——**主体间，这是由两个人共同创造的一块新领地**。深度互动意味着你们会更多地用感受的语言对话，并一起靠近这些感受。这些感受有时是你的，有时是对方的；它们最初只是一个个微小、模糊又难以捕捉的点，在不断触碰它们的过程中，它们被不断地描述，这些描述中有理解，也有误解和不解，但两个人的互动会让你们从远处和近处、从自己的视角和对方的视角不断地看见它们，渐渐地，这些点变得清晰可见——你们将一起发现它们的意义。

主体间发生的是一种新的互动，它会在出现问题的时候仍保持可延续的交流，正是这种延续带来了新的体验和新的机会。延续意味着彼此可以真实地表达，可以因害怕而不表达，也可以将害怕的感觉告诉对方，这些都是和以往不同的新体验，以前你只能无意识地处理自己的感受，防御挡住了感觉，更挡住了自己的需要。而当你们的关系可以延续时，你们在碰撞和冲突中就可以保留彼此的感觉，这些感觉是彼此沟通的桥梁，它们将逐渐替换以往各自的想法和相互的指责。

当互动的双方逐渐开放时，彼此都会频繁地在意识与无意识里穿梭，因此**主体间互动是一个不断地相互叠加的过程**，每个人都会同时感受到对方和自己，既在回应也在表达，有时会加深理解，有时又会因触碰未解的无意识主题，让理解的过程被某一方或者双方的防御打断，使互动卡住，但它恰恰意味着某些未被理解的主题出现了，这时就需要彼此停下来，回溯互动中彼此的表达带给对方什么感觉，并在感觉的体验中获知其背后的意义。

第二节

共情式对话中的典型问题和解决方案

识别情绪和感受

很多时候，两个人看上去在平静地交流，但某些情绪早已暗流涌动：一个人可能突然提高了音量，也可能突然陷入沉默；前一刻还在愤怒地呼喊，下一刻又默默流泪；有时莫名地烦躁，有时愤然地离去。情绪是不易掩饰的，它们会通过各种语言和非语言的方式流露出来。

情绪的出现似乎干扰了交流，让看上去稳定的关系被打破。但它们是一些通往精神内在的线索，因此识别情绪很重要；它们是互动中防御失效的信号，意味着人们在其中体验到了什么。

情绪的识别是通过体会进行的，体会需要时间和空间来容纳情绪的存在，有时需要进行很多次体会才能识别出情绪，有时则需要你另找时间进行体会才能做到。虽然你不一定知道这些情绪的名字，但你已经体会过它们很多次了，当你可以命名它们时，它们再次出现你就可以认出来。

情绪通常源于某些难以消化的感觉，很可能是以往互动中曾经表达感受但未获得理解性回应的结果；情绪也可能来自某些近期的体验在当下的互动中被激活。通常关注这些情绪就会感受到它们的存在，你需要做的并不是消除它们，而是识别和承认它们的存在。承认是理解的一部分，因此对彼此情绪的"看见"并不是一种指责，而是理解的开始。我们来看一看下面的例子。

一对夫妻总是因为孩子的教育问题发生争吵。丈夫觉得孩子还小，可以多些时间玩耍，而妻子则认为学习更重要，因此，他们就孩子回家是先写作业还是先玩的事产生了矛盾。两人都坚持自己的观点，认为自己的想法更有道理，妻子认为应该设立规则，不能让孩子太任性，不然对孩子没好处；而丈夫则觉得没必要勉强孩子做不开心的事，有些不以为然地说："玩一会儿怎么了？"这让妻子感到很气愤。丈夫认为妻子太情绪化，妻子也指责丈夫对于孩子的成长责任心不强。

停止指责：互相指责是难免的，但强调对方有问题往往无法让对方意识到他需要调整，而是会激起对方的自我保护，一旦对方开始还击，问题就会变得复杂，双方就会陷入谁更有理的无意义论战中。指责通常不是表达的本意，它们来自无法直接表达的需要以及无法处理的情绪，但受到指责的人可不会这样理解，他们直接的反应都是不舒服，进而对指责加以否认或反击。只有停止指责，对话才可以继续。

识别情绪：这时，停下来去"看"一下彼此，就会意识到两个人的言语、表情和动作，以及语气语调里传递着某些情绪。

承认情绪：当你发现自己的情绪时，很可能会产生新的反应，即对自己不满甚至自我贬低。你看见了自己的样子，可能会觉得自己发火的样子很难看，或者沉默不语的样子看起来很无能。这些自责于事无补，你现在要做的是理解自己的情绪。情绪的存在很正常，它们是内在不舒服的自然反应。与以往不同的是，我们要开始去了解它们，承认它们。**对话可以从承认自己的情绪开始。**

妻子："我很生气，我知道我很着急。"

此刻，丈夫听到的不再是指责，而是妻子的情绪，他可以体会这种情绪，同时也可以体会自己的状态：自己似乎很不喜欢妻子催促孩子，对此是有些烦躁的。他发现在和妻子的争执中他会"有意"拉慢孩子的节奏。

丈夫："看见你着急的时候，我感到很烦躁。"

体会感受：体会可以从询问开始——“我为什么会有这么大的反应？”这个问题会把自己拉回到情绪反应最强烈的瞬间。当你回到那一刻，就能够开始体会听到了什么，感受到了什么，想到了什么。

妻子

找到时间点：当丈夫说让孩子先玩的时候。

回想场景：孩子不写作业而是先玩，而且丈夫看上去也是无所谓的态度。

体会情绪：又急又气。

继续体会：急什么？气什么？

找到感受：急的是孩子的任性，气的是丈夫的态度，觉得自己没有得到支持，这加重了自己对孩子未来的担心。

丈夫

找到时间点：看到妻子催促孩子先写作业的时候。

回想场景：看到孩子渴望的眼神和妻子严厉的态度。

体会情绪：烦躁，甚至有些气愤。

继续体会：烦什么？气什么？

找到感受：不喜欢被催促、被控制的感觉。

反馈感受：反馈感受是一种新的尝试，也许需要花费你一定的时间。作为一种真实的表达，它来自你通过体会听到的内心深处的声音。你也许一面理解自己，一面担心自己不被理解，因为以往你很少将自己的感受反馈给对方。但随着这种表达的增加，很多无效且消耗彼此的争执会减少，理解将变得越来越容易。**表达感受是共情式对话的重要内容。**

当最初听到自己和对方的感受时，你们可能都有些不知所措，也可能会习惯性地否认，为自己辩解。但有时，你可能会被这个意外的声音击中，发现某种感受的确是存在的，只是在言语对话中很少触及。感受会牵动彼此的内心，当你唤起类似的感受时，你就能体会到对方在经历什么，这就是共情。这个过程的难点在于一方仍在抵御自己的感受，这会让愿意表达的一方感到挫败。但如果不表达感受，真正的对话就永远无法开始，因此我们需要多些耐心，即使对方暂时没有回应也不要灰心，而是给他更多的时间去学习，去熟悉自己的感受。也可能他在成长过程中从没有过分享感受或被人读懂感受的经历。

在你发现情绪及其背后的感受后，你仍然会不自觉地产生情绪反应，但你能够开始识别它们并告诉对方，允许它们的存在并开启体验，而不是急于处理它们。沿着情绪的踪迹，你会渐渐找到其背后的感受，并通过体验让它们变得清晰。但是有些糟糕的感受会让人难以靠近，因为它们还隐藏在无意识当中。

走进无意识，找到意义

无意识本就是精神存在的重要部分，只是我们不熟悉才难以确认它们的存在。"走进"意味着这是一个过程，从等待、隐约看见、远离、再次遭遇，到体会、认识、熟悉，我们会通过不断地靠近无意识，了解它的内容和运作规律，来理解自己和他人。

发现防御

走进无意识的途径是体验。体验会随着逐渐深入而越发困难，我们首先触碰的无意识部分就是防御本身，它们的存在有着重要的意义，因此我们不应该以"拆解"的意图来面对它们，而是应该尊重它们的存在。尊重意味着承认、允许、理解，甚至认可和鼓励自己或他人在必要时使用防御。**理解一个人的过程中很重要的一步就是尊重他的防御**，这种尊重指的是你自己体验和了解过人在什么情况下会使用防御，并接纳防御的存在。

体验意味着在内心浮现的东西不清晰时停下来，全身心地沉浸其中，等待一些感受的清晰呈现。但有时，你可能没有停下来，而是选择了绕开。一旦你发现自己绕开了什么，就能够体会到防御的存在。绕开意味着你并未让体验深入，而是开始说别的或想别的，以免产生什么糟糕的感受。如果你发现有些感受自己跑了出来，你躲也躲不开，那就说明防御失效了，这时防御下面的东西就会显露出来，比如恐惧和羞耻，让你非常难受，以至于很可能再次启动某种对策。一旦你成功逃离难受的感觉，就说明某种防御生效了。

每个人都有适合自己的防御方式，这和感受的糟糕程度有关，也和早年经历创伤时的脆弱程度有关，防御的意义就是减少糟糕体验对自体的破坏，让自己可以尽可能地修复基本的稳定感。无论采用的是什么样的防御方式，你**需要做的都不只是识别防御本身，更重要的是了解需要防御的感受有多糟糕**。理智化、投射性认同、合理化、隔离等方式，通常可以防御中等程度的糟糕感受；而使用否认、投射、分裂、解离等方式，往往意味着那些糟糕的感受是难以承受的。

这种关注感受的糟糕程度的思路很有意义，它会让你和防御建立一种良性的关系，即在触碰防御时，通过这种思路来判断自己应该做什么。这种看待防御的方式蕴含着对人的深刻理解——你一定是在体验过无法应付的糟糕感受之后，才更能接受防御的存在。这种接受本身就提供了一个放松的环境，让那些糟糕的感受可以"溜"出来；如果并未带来更糟的感觉，防御就会自动松懈，然后我们才有机会确认那些感觉的存在。

在对话中，防御随处可见，因为只要真实地对话，人们就会越来越多地触碰感受。当面对一个人时，你不知道他会怎样看待你，尤其在你表达了更多自我的内心活动后，你的不安会被这种自我暴露激活，你担心自己会像以往的关系里那样被看待。你期待回应，期待理解，也会因得不到理解而愤怒或退缩。这时，防御就会发生。**对防御本身的共情式理解是完成对话的关键。**

防御会让彼此的关系暂时远离，有时也会让关系陷入僵局，这意味着对话触碰了一些暂时很难面对的感受，但有些不同的是，彼此或其中一方可以感知到某些东西在若隐若现，它们让人不舒服，但人们还不清楚它们是什么，也暂时无力弄清楚。这是一种半防御的状态，就像一扇半掩的门，你站在门口，但暂时还进不去。

回到前面的案例。

妻子和丈夫一开始都坚持自己的想法，在还不了解内在的感受时，他们都在使用理智化的防御方式，觉得自己有理。当丈夫说妻子太情绪化时，妻子的感受变得糟糕，于是她反击丈夫，将自身的糟糕感受投射到丈夫身上。而当彼此可以体验并表达了各自的感受时，妻子的内心是不安的，她很不确定丈夫是否理解自己，看上去有些担心被他嘲笑，怕他觉得自己小题大做；而丈夫同样感到不安，因为他从来没和妻子说过他讨厌被催促和控制的感觉，他也担心自己的需要会让对方不高兴，从而有些自责。

我们可以看到防御就是这样因需要而存在的，它们在压制内心世界的起伏，从而让内心世界尽可能地保持基本的稳定。当熟悉和允许防御的存在时，我们就有可能直接谈论它们的存在，但谈论的前提不是责备，而是承认其存在的必要性。比如，有时我们会说："我知道我在防御。"这句话是想告诉对方"我知道自己在保护自己，我不想觉得是自己不好或者自己错了"。

发现防御背后的东西

有时，防御的目的是呈现一个**令人满意**的样子或**减少冲突**；有时，防御的出现是因为**不能直接表达需要**。我们可以通过体验来靠近防御背后的东西。"令人满意"是什么意思呢？如果不令人满意会怎么样呢？会被责备？被贬低？被嘲笑？被排斥？被抛弃？这些感觉实在是太糟糕了，也许在看到这些词之前，你已经基本防御掉它们了。再来看看"减少冲突"，你可以试试用上面的方法来体会一下发生冲突会怎样，会有对抗吗？会令关系紧张吗？对方会不高兴吗？如果关系紧张或对方不高兴又会怎么样呢？还可以再看看"不能直接表达需要"这一动因，如果直接表达会怎么样呢？你可以用上面的方法继续尝试体会。

这种方式就是体验，即设法进入某种场景，体会可能发生什么，发生了又会怎么样，直到找到感觉。我们在上面的体验中分别体会到了羞耻和恐惧：不令人满意的感觉是羞耻，而冲突带来的感觉是恐惧。如果体验"不能直接表达需要"，你可能会体会到被拒绝的羞耻，从而觉得自己"不配"。

正是这些可能被激活的糟糕感觉让人不得不启动防御，但重要的是，你需要找到线索弄清楚这些糟糕的感觉是如何形成的，唯有理解才能揭开无意识之谜，我们才可能不再受控于无意识。在恐惧和羞耻的背后，是对关系连接的渴望，但在怕和不配的感受里，一个人很难相信自己可以表达需要并获得自己想要的东西。

在前面的案例中，妻子通过让孩子遵守规则来减少自己的焦虑感，焦虑的背后是她对任性的孩子可能被他人否定和在未来遭遇挫折的预期。这些糟糕的体验很可能会启动她的防御，比如合理化：我是为了孩子好。而丈夫难以面对的可能是无法坚持自己的胆怯和表达需要引发的不安，他用隔离情感的防御方式让自己感受不到这些不好的感觉。

找到无意识形成的来源

每个人都有不同程度的恐惧和羞耻，那些在过去的经历中发生断裂的情感未必有机会得到及时的修复。由于以往一直处在防御的状态，因此恐惧和羞耻通常不会被触及。当我们不断地体验自己的情感，相关主题的创伤就会被激活。激活意味着曾经的渴望与恐惧、羞耻都会浮现——它们曾经就是以相互冲突又无法化解的形式一起潜藏在无意识之中的。那些成长中的重要主题因父母的无法理解和缺少回应以无意识的形式被保存起来，而在当下的关系中，它们时常会再次浮现。

在前面的例子中，可以让妻子体验那种必须坚守规则，不能任性的感觉：这是一种熟悉的感觉吗？从什么时候开始出现的？还记得是因为什么事情吗？当时发生了什么？爸爸妈妈是怎么说的？还记得当时的感觉吗？爸爸妈妈知道你的感觉吗？现在谈起这些你可以体会到什么？

这种体验的方式会让我们回到情境当中。情境唤醒的往往是整个身心的记忆，这种记忆更靠近无意识，而以往我们头脑中的记忆多半是经过意识筛选后可以调用的信息。比如，如果有人问你"你的妈妈是个什么样的人"，除非你和妈妈的关系真的很糟糕，否则你说出来的通常都是相对正面的评价；但如果让你回忆和妈妈在一起的往事以及其中的感受，情况就可能变得复杂起来，你对妈妈的期待、失望、亲近、害怕都会随着往事渐渐浮现。

一直以来，你可能已经习惯合理化你和父母的关系，因为你需要和他们的情感连接，这份连接对你而言很重要。因此，在触碰无意识的过程中，一开始你很可能会因这种惯性思维而更多地防御，但在了解无意识之后，你就会发现原来自己的渴望并不过分，你需要得到父母的理解，需要他们看见、承认你在过往经历中的期待和害怕，你并不会因此而失去他们。

发现自己的主题和经验组织原则

在互动中你会发现规律，即每个人都有某些类似的主题。这些主题往往涉及人的重要意义，因此总是会在各种关系中反映出来。除此之外，每个人的内在都有一套通过早年和养育者的互动而形成的感知自我和应对痛苦的策略，即所谓的"经验组织原则"。

在互动中，这些主题会反复地出现，你会听到自己或对方在使用一些别有深意的词。这些词会让人觉得似乎有所指，需要展开解释才能被理解；它们有时是一些有象征意义的词，有时是一些蕴含情感的词，尽管你们都知道它们的含义，但为什么你们会在此刻使用它们，而不是别的词呢？有趣的是，我们不经意使用的言语里通常携带了无意识的信息，当你停下来慢慢体会，就会逐渐找到其中蕴含的重要主题。

在前面的案例中，你可以关注一些词，比如妻子说的"规则""任性"，仍然用体验的方式去感受它们："规则"两个字让你感受到了什么？不能乱动？要听话？有压力？紧张？怕犯错？担心受惩罚？……你可以用同样的方法再试试"任性"带来的感觉，是否渐渐体会到了背后的一些主题？夫妻二人的内在冲突都涉及类似的主题，即"我可以怎样做自己"。一旦发现了这个主题，他们就会发现冲突的根源不是双方不一致的观点和做法，而是自己的需要，这些需要一直没得到理解和满足，并一直影响着自己的想法和行为。

在"我可以怎样做自己"这个主题中，如果一个人在早年和父母的互动中经常被要求甚至被责备，就会很难坚持自己，或者在坚持自己时感到很不安，为此，他们的内在就会生成各种无意识的应对策略，即经验组织原则。但这些策略并未真正消除不安，而只是一些权宜之计。

回到前面的例子。对于妻子而言，"我可以怎样做自己"的主题涉及生存焦虑，她担心孩子不遵守规则、太过任性会被他人讨厌和排斥，在未来的工作中失去机会或被淘汰。如果让妻子继续体验，她就会"看到"孩子的未来存在一系列可怕的东西，这让她感到深深的不安，这种不安背后的逻辑是"人要服从，要努力让他人满意，否则就会被淘汰"，这就是妻子的经验组织原则。在她的经验里，只有听话的人才能拥有幸福，否则就会过得很惨。而丈夫的"我可以怎样做自己"的主题涉及能否自由选择，他看见孩子被催促和控制，感觉很糟糕。如果让丈夫继续体验，他可能会感到紧迫与窒息，这种感觉的背后是对失去自我的悲伤。他的经验组织原则可能是"按照自己的想法工作和生活是不可能的"。

发现自己的需要

所有重要的主题都是那些没有得到理解和满足的需要，它们总是让人对于拥有好的关系没有足够的信心，觉得自己不会在关系中被喜欢和认可、被在意和支持。当无意识里的恐惧与羞耻逐渐减弱时，这些需要就会浮现。

需要蕴含在每时每刻的感受里，当你离自己的感受很近时，你就会发现自己的需要。感受是一种非常真实的体验，无论是什么样的感受，都来自你的内心，没有好坏对错之分，只有被理解和不被理解的区别。当你感觉累了，你需要的就是被允许休息而不是必须坚持；当你感到紧张，你需要的就是有人懂你在经历什么，是什么让你紧张，怎样可以让你放松些。

一旦发现自己的需要，你就会有期待；而期待有时会落空，你就会产生一个相应的感觉，比如失望、难过或委屈。这时，你需要做的是继续表达感受，让对方了解当下在彼此之间发生了什么，而不是通过情绪和行为来进行宣泄。如果你发现自己在发脾气，而且并未说清自己的需要，那你可以再次回到最开始的一步，体会情绪背后的感觉，进而找到自己的需要。

需要是由一些具体的感受组成的，比如被关注、关心、陪伴、支持、帮助、承认、喜欢、认可，它们对于每个人都很重要。尽管对被拒绝和嘲笑的担心会一直存在，但在互动的尝试中，两个人会越来越靠近并熟悉彼此的需要，会逐渐发现那些需要是彼此共同的期待。当双方能够听见和回应彼此的需要时，几乎从未有过的理解就会发生。

妻子的需要是被丈夫支持，理解她失去秩序感的恐慌，以及顺从背后对于被喜欢和认可的渴望。而丈夫的需要是希望生活里少些紧张感和压迫感，多些自在的空间。尽管他们的需要仍然存在冲突，但他们已经了解了自己和对方的感受，以及感受代表的意义。他们需要在互动中更多地表达和体验，理解彼此，并找到一起面对和改变的信心与力量。

怎样表达自己

表达会遇到哪些问题

表达不是一个人的事情，它需要倾听者的配合。作为一个表达者，你总是带着期待，尤其是在这个阶段，你的表达会更多地触及感受和需要，而不像以往那样带着防御。现在的你会变得更敏感，因此即使情绪变得激动也不要意外。即使你的大声讲话有可能"吓到"自己和对方，也不必自责和试图调整，先把它当成一个机会，看看你的情绪下面是什么。

如果倾听者的状态倾向于防御，那他有可能暂时延续以往的反应方式或反应得比较慢，这可能会让你感到受挫，认为对方没有听见或听懂。但此时需要做的不是让互动完美地完成，而是从当下的感觉里暂时离开。你可以再去体会一下当下受挫的感觉意味着什么，你从对方的语气、眼神、话语里感受到了什么，然后在体会中等待，也许什么都没有出现，也许你会在受挫的背后发现羞耻，而它因以往的防御从未被感受到。这是什么样的感觉呢？是觉得自己过分了吗？是感到被忽略了吗？还是感觉自己不配？

这时你可能选择撤回，也可能选择把你的感受告诉对方。撤回是受挫的正常反应，而告诉对方则更具挑战性，你需要承受对方被你引发的感受，比如委屈，你也需要对认可自己多一份表达的坚持。当对方听到的都是有关你的感受的表达时，他可能仍会解释，但很可能不再躲避、拒绝、否认。不管对方怎样回应，这种持续表达感受和需要的互动是与以往完全不同的，对你们来说还不熟悉，你们需要给彼此时间。

表达会混杂许多想法和情绪，你很可能自己都没有听见和听懂自己的表达，因此需要在表达的同时进行自我觉察。自我觉察并不容易发生，它很像和自己的对话："我在说什么？我为什么这样说？这是我想表达的吗？我在担心什么吗？"包含觉察的表达意味着你能够在无意识浮现时发现它们，尽管它们一开始还有些模糊，但渐渐地你可以识别并捕捉它们。

表达里充斥着防御很正常，尽管以往我们不知道这一点，而现在你可以做到既防御又能觉察到防御的存在，并且清楚自己在防御什么；一旦明白，你的意识就没有那么排斥它们了。如果你能够向对方承认自己的防御，对方很可能也会放下纠缠，和你一起留意防御背后的东西。

相信有一天，你可以像这样表达："我知道我过度控制，但我没办法，只有感到一切尽在掌握，我心里才踏实。"能够承认这一点，说明你不再被自责过度纠缠，不再那么担心自己在别人眼里很糟糕；你开始更多地深入无意识，体会自己的渴望和不安，对自己有了一定的理解，也开始渴望对方能够帮助自己了解过度控制背后那些让自己不踏实的东西。

表达什么

表达感受：表达感受不是一个刻意的过程，而是一个自然而然的过程。你需要在互动中渐进地表达更真实的东西，因此你可能先表达遭遇和想法，但随着表达的继续，你会渐渐感受到自己的情绪以及引发情绪的感受。以往感受更多地存在于你的内在，即使你感受到了什么，也不会直接说出来。但感受是互动中的一条黄金线索，有时大段的表达都是想法和情绪，而一旦体会到感受，混杂的言语中就会显现这条线索。

即使你了解了自己的感受，也仍然需要一定的时间来组织语言。你可能需要花些时间和防御周旋，也可能一时找不到合适的词来描述感受，也许有些感受你无法体验，或者感觉从未有过，它们对你而言有些糟糕，你需要更多的时间去慢慢体会它们。这没有问题，很多人都是如此，我们有了解自己的需要，也有保护自己的需要。

描述感受：表达感受的词汇是抽象的，因此我们不是先想到某个词，而是先去描述感受，然后脑海里可能会渐渐浮现一个词。这个描述的过程很重要，你描述得越具体，说明你越靠近自己的感觉。描述会让你的表达更生动、更丰富，从而更容易让对方听懂。听懂意味着产生了同频共振的感觉，要想实现这一点，你需要带领对方进入你的体验世界。

比如"委屈"这个感受，尽管你了解它的含义，但你是通过描述发现的这个词特别能代表你的内在感受："我和你讲了那么多，我告诉了你我付出了哪些努力，你应该知道这并不容易做到，但你完全没有看见我的付出，而只看到我还没有做到的部分。"这时，你的内在有一种情绪开始涌动，你需要问问自己："这是什么感觉？"一开始冒出来的词可能是"不公平""生气"，再多体会一下，可能还有一些难过；当继续体会"难过什么"，内心可能会浮现这样一句话："为什么你很少鼓励我？"这时无论是你还是对方，都可能会发现你想表达的感受是"委屈"。

最难靠近和体验的感受就是恐惧和羞耻，我们总是在一定程度上防御它们，更习惯和它们保持距离，因此需要花些时间才能体验和表达它们。这个过程仍然是可以逐步完成的，因为在互动中你会发现，彼此都深受其扰，却都在绕开它们，而一旦两个人中有一个人可以体验它们，另一个人要做到就会容易得多。当彼此可以谈论羞耻，就会更少地嘲笑自己和对方，同时更佩服表达者的勇气；双方共同体验恐惧，就会发现逃走也不是办法，如果可以一起面对，就不会再感到那么害怕。

表达需要：作为理解的桥梁，表达感受会让对方调用他自己对此种感受的经验，从而了解你正在经历什么。在感受的背后就是那些对我们至关重要的需要。例如通过前文中对"委屈"的表达和体验，对方可以了解到你对被认可和被安抚的需要。至关重要意味着这些需要或是有助于我们保持基本的稳定，或是可以推动我们前行，让我们获得更多的价值感。如果缺乏对这些需要的了解和认可，我们就会因孤独、无助、自卑而陷入痛苦之中。

通常，每个人都会在一定程度上缺乏关注和认可，而我们并不会经常意识到自己的需要，因此我们可以问问自己"我有什么需要"。这个问题的答案通常需要从体验中获得，换句话说，你需要靠自己的身心感受来找到线索。比如身体的感受：呼吸状态、肌肉的紧张或松弛度；以及心理感受：烦躁、焦虑及其背后的担心甚至恐惧。如果你没有急于处理掉这些体验，而是将其表达出来，你就会感受到自己的需要，比如："我最近感到肩膀的肌肉很痛，似乎很难放松下来，有时会莫名地烦躁，心里发慌。"这些对情绪和感受的表达会传递出内在的不安，它们已经很接近对需要的表达了，你如果意识到这一点，就可以直接说"我想请你帮帮我"，告诉对方你希望获得安抚和支持。当你越来越习惯于体验时，你就会越来越容易直接表达需要。

可以说，每种感受的背后都连接着对应的需要。我们现在已经发现了表达需要的过程（见图8-1），其中的线索是感受，获得感受的方式是体验，也就是共情。

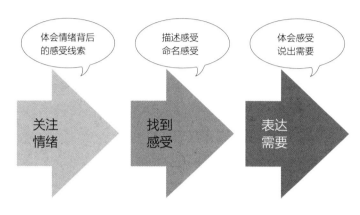

图 8-1　表达需要的过程

在表达需要的过程中，两难的困境会频繁地出现，即你会在需要和不安中往复穿梭。当你很需要对方理解时，表达就会增加；而一旦没有获得理解，恐惧和羞耻就会被激活。不过你会发现，当你越来越熟悉恐惧和羞耻时，你会更多地去感受它们，而感受会让你更有机会明白它们是怎样形成的，怎样影响自己的，直到你不再嘲笑自己而是理解自己，也不再担心未来，明白恐惧的背后是渴望与人保持情感连接，从而获得理解和支持。从此，表达需要的过程就会持续下去，即使不能得到理解，你也不再否定自己的需要，因为此时你是最懂你自己的人，你会保留这份需要并在以后恰当的时候表达出来。

如何去体验对方的内在世界

做一个促进对方表达的倾听者

只要一个人和你讲话，即使只有他自己在说，互动也已经开始了，他在和你的非语言部分沟通，比如观察你的眼神和表情。当他觉得你在专注地听和感受时，他就会有更多的期待。作为倾听者，你提供的是一个可以展开无意识的场，这需要你全身心地参与。

走进对方的无意识是为了理解他，而不是满足自己的好奇心。无意识的存在是为了抵御互动带来的不好的体验，因此走进无意识恰好是一个相反的过程，即主动去理解那些体验。如果说防御是一道道无意识的门锁，那么打开它们的钥匙就是理解。

我们已经知道，理解是一个深度体验的过程，深度意味着需要不断深入，而体验又是千变万化的，因此需要随时随地去理解，即保持沉入体验的状态，尽可能地让自己的身心和对方的内在同频。因此首先是在场（being），而不是行动（doing）。

这里的行动是指过快地回应或解释，即把你想的立刻说出来。在你还没有进行太多体验的时候，这些想法可能带有理解的成分，但它们会比较浮泛，更多来自你的知识或其他经验，而不够靠近对方的内在。因为表达者在最初表达时，还处在与防御的"拉锯"状态中，这些较快的回应对他们而言可能是一种打断，甚至会将他们拉回意识当中。当两个人开始谈论想法而不再涉及感受时，就意味着他们在远离无意识。

而在场是一种一直和感受在一起的状态。感受是在体验中被激活的，只要进入情境就会浮现各种感受，有时你会难以分清这些感受来自对方还是自己。有时，你们的感受相同；有时，这些是你的感受，而对方的感受是完全不同的。在场是一种不断开放的状态，这并不是说出现什么感受都要进行体验和理解，而是保持对各种感受的好奇和耐心，不急于处理它们。你的接纳态度会让对方也减少对感受的防御。

例如，对方和你谈论自己在工作或学习中的焦虑感，而你对这些感受也不陌生，因而你很快开始分享自己处理焦虑的经验，并劝慰对方不必太紧张。这时，对方可能会感到你对他的在意，但你的回应很可能打断了他的体验，因为他的焦虑感有多么严重只有他自己知道，他很希望你能够先体会他的痛苦，通过了解焦虑背后的东西真正地帮助他。

事实上，倾听者的防御通常比表达者更多。你可能一直努力保持确定感和目标感，并不想去体会表达者那些会带来不确定、混乱与迷茫的感受；你也可能正在经历自己的某种困惑，正在努力抵御它带来的糟糕感觉。这时，你可能有两种做法：一种是尽快帮对方"走出来"——实际上是自己想从糟糕的感觉中逃出来；另一种是和对方一起体验，将你的感受反馈给对方，这种在困苦中的共鸣让你们有机会靠近彼此，理解会更容易发生。

有时，你比对方有更多的经验，因此你出的主意可能有效，但如果没有真正走进对方的体验并理解他的话，你的对策很可能只是一些加强防御的办法，也就是说对方仍然无法面对自己的无意识，无意识仍然会以未知的方式影响他的生活。当然，走进对方的无意识并不是为了解决掉他的无意识，而是充分了解对方如何感受那些恐惧和羞耻，并将自己的理解反馈给他，和他一起去体会和面对。

一起进入体验

通常每个人都有各自的表达方式，无论是滔滔不绝、欲言又止，还是少言寡语，最终的差别都在于言语中所呈现的感受的多少。在了解共情式对话后，我们就会更多地留意感受，比如，这个人讲话的时候是什么感受？他是否在表达感受？我听的时候浮现了什么感受？这种感受是我的还是他的？我能够或愿意体会这种感受吗，还是感到发蒙或者无感，甚至想推远这种感受？

一旦进入体验，你就不会置身事外，而对方也能感受到你的参与。听到对方的表达，你可以先感受他在以怎样的方式表达：是放松的还是紧张的？是期待的还是谨慎的？你也需要留意自己的状态：我在他眼里是什么样子，会让他有这些感觉？我现在想听他讲话吗？我的样子看上去是对他感兴趣，还是有些厌烦呢？

无论怎样，你们开始了交流。一切感受的出现不就是等待被理解吗？它们不正是当下互动中必然呈现的东西吗？主体间的互动一定更有挑战性，因为它更像在迎接感受的到来；感受不管来自谁，都是当下互动的结果，而想要理解表达背后的东西只能通过对这些感受的体验，感受的意义会出现在互动中相遇或错位的瞬间，当你确认"我想被怎样对待"和"我不想被这样对待"时，对意义的表达和理解就完成了。

怎样才意味着你正在前往对方体验的世界呢？你会询问很多有关情境的问题。这些问题意味着你正在想象对方经历了什么，会让对方为你提供更多的信息。这些信息源自你对感受的好奇，而不是对结果或原因的好奇，因此你通常不会问"为什么"这类需要思考的问题。你的问题会让对方感受到你在靠近他，而不是远远地看着他，在一个足够丰富的体验情境中，你才会真实地体验到一个人到底在经历什么，理解才能自然且真实地发生。

例如，对方告诉你他和某人发生了冲突，感到特别气愤，你要想理解他的气愤及其意义，就要先听他"讲故事"，但有趣的是，你的参与会带来一个不一样的故事——无意识在场的完整版本，才能让这次交流不只是吐槽或宣泄。你需要感受对方的气愤，并被带动产生一些体验——好像他很不舒服，有些很不好的感觉，发生了什么？这些体验让你好奇，于是你开始询问一些以往可能不会问的问题："你再说说，他的哪句话让你这么生气？""是什么时候发生的事？""在什么地方？还有谁？"这些都是有关情境的问题，之后你在情境中就会更容易体会他的感受，理解他为什么如此生气以及气愤的意义是什么。

在互动中会有很多错位的地方，比如双方怎么都说不清楚、听不明白，或者你以为在理解对方，而对方却感到完全没有被理解。有时，也会因为你还没准备好体会某些感受，让对方感到你靠近他又把他一个人扔在那里；但如果能回到感受中，这样的过程反而让彼此可以体会到一种新的互动，即暂停。暂停允许彼此出现各种感受，也允许彼此做不到理解对方，但可以保留时间和空间，以及对理解和被理解的期待。要想体验和理解那些糟糕的感觉，这个过程几乎是必然经历的，你知道以往那些感觉有多么难以穿透。

如何询问

在体验的过程中，询问比回应更重要。通过询问，对方可以感受到你在靠近他，甚至是理解他。为什么会这样呢？除了上面讲的展开情境还有一个原因，那就是询问并不是单纯地等待答案，还意味着你产生了一些理解的视角——因为你的体验正在发挥作用，你感受到了什么或者意识到了什么，因此你的问题会让对方朝着自己的内在去反思或体验。也许他还不能马上获得答案，但这个问题会让他的体验更加深入，甚至让他发现一些很重要的、以往没有意识到的东西。

即使你感觉对方很信任你，也很期待你的理解，你也不需要为了迎合他而急于回应；有时，你也可以先回应，但仍然需要通过询问延续体验和理解的过程。通常对方在说了一段话之后停下来，似乎是在等待你的回答，但有效的回答来自理解，因此这时回答总是为时尚早。你听到的叙述里有很多内容，它们就像一扇扇半开的门，你似乎看到了门内的什么，但更重要的是你发现了这些门的存在，即捕捉到那些带来感受的、通向意义的点，而且愿意走进门内并帮助对方一起看见和理解里面的世界。询问就像敲了一下门，然后看那扇门是否又打开了一些；或者一起走进去；或者发现门并不容易打开——遇到了什么问题？这时需要你通过体会感受来找到答案。

你可以将询问更多地集中在对感受的体验上，比如询问下面的问题。

"你当时感受到了什么？"
"你在担心什么，对吗？"
"你觉得委屈，能再多说说吗？"

你可以通过询问让对方更靠近他自己的需要，以及由需要带来的冲突，比如询问下面的问题。

"假设真的可以……你会怎样？"

"我好奇，为什么你一直没有告诉过我？"

如何回应对方

对话中的一个黄金法则就是，你觉得懂了就要告诉对方，不要担心说错，也不要懂了但不说出来。在共情式对话中，尝试去理解本身就很打动人，说出来意味着你在和对方一起体验，甚至走到了更深的位置，他以往被忽略的表达终于有了回应，而且回应里还有他传递出去的信息——他的情感与渴望。虽然你还不能完全理解他，甚至说得也不够准确，但仅仅是试着理解他这件事本身就足以打动他，你不是在评判他或者无端地猜测他，而是在体会他。

一个有趣的现象是，回应错了反而常常带来加深理解的机会。感受及其意义都是非常细腻的，来自非常具体的情境，又和对方过往的经历有着深刻的联系——即以往某种情境中的某些要素被激活，因而想准确地理解感受非常不容易。但你的回应非常重要，有助于对方更多地靠近自己的感受，展开更多的情境，在更清晰地描述感受的过程中逐渐了解感受的意义。在下面的对话中，你可以看到这个过程。

A："你哭了？"

B："没有吧。"

A："我看到你流泪了，你很伤心吗？"

B："没有，就是有些感慨吧。"

A："感慨什么？"

B："我觉得你以前很少关注我，我也以为自己是不被在乎的。"

A："是啊，以前我从未意识到你的需要。"

流泪的感受是很细腻的，通常我们从中体会到的是伤心、委屈、孤独，但对于某个具体的人来说，情况可能会复杂得多。在对话中，A看到B的眼泪后将自己体验到的感受回应给了B，这就给了B一个机会去体会自己的感受——他觉得自己的感受不是伤心，而是比伤心更复杂。他意识到自己在以往的关系中似乎从未体会过被在意的感觉，而最近他们在交流中开始谈及各自的感受，这让他多年来压抑的需要被突然释放，在他还没有用言语表达时就从眼泪中喷薄出来。

回应真实的感受。在谈论感受的时候也会引发新的感受，有时很可能是不好的感受，此时选择真实地回应会促进交流，因为感受的存在总是有理由的，问题出在还不理解为什么会有这些感受上。保留它们的存在，你们才会在以后的互动中有机会再次体会和理解它们。**当你听不懂时也可以告诉对方**，承认自己没有听懂也会促进彼此的对话，让你们有机会回溯彼此交流了什么，以什么样的方式，在哪里发生了错位。

你可以体会一下，给出下面的回应会有什么不同。

> "我没听明白。"
>
> "可能我没有理解你。"
>
> "虽然我没有理解，但你可以有你的想法。"
>
> "我当然希望你告诉我，这比藏在心里要好得多。"
>
> "我的确感到不舒服。"
>
> "我的确不想说，我现在感到很难受。"

坚持表达感受，你就会拥有一种新体验，即真实的互动并不会破坏关系，反而会让你们越来越容易容纳羞耻和恐惧，并让无意识里的最终意义——每个人的需要，可以显现。实际上，你需要的是每种感受和想法都可以被理解、被允许：我可以这样，也可以那样，你明白我而不是责备我，信任我而不是质疑我，陪伴我而不是嫌弃我。在这样的互动关系中，感受可以更自然地流露，你不再那么需要各种防御，更能接纳它们的出现，好奇它们意味着什么。一旦理解了它们，互动的深度就会增加，在后续的互动中，你们会因更了解彼此的感受及其意义而更加开放、更加包容。当一切变得不同的时候，你可以更自如地做自己。

怎样让互动延续

识别纠缠

互动本质上是两个人无意识的互动，这意味着两个人会在彼此的无意识中穿梭。也就是说，彼此的感受和重要主题会相互交错，我中有你，你中有我；每个人既是表达者，又是倾听者；既在表达自己的需要，又要关注对方的需要；既在表达，也在回应，彼此的每句话都需要以双向的视角看待，即"我这样讲话，我在表达什么，对方会感受到什么"以及"他为什么这样回应我，他在表达什么"。当两个人在关系中都激活各种感受和需要时，他们常常做不到在交错中同时保持双向视角，一旦双方都回到自我的单向视角，就会形成纠缠的关系。

我们来看看下面案例中的对话过程。

> A："我说了那么多，你为什么不回应我？"
> B："我说了，但你总觉得不满意，我很怕说错。"
> A："你并不是真的在乎我，否则你肯定知道我想要什么。"
> B："我想让你开心，但你一着急我就莫名地紧张，我觉得我做不到。"
> A："我是着急了，但为什么在我需要你的时候，你却那么冷漠？"
> B："你看，我在你眼里竟然成了这样的人，我所做的一切都没有意义！"

这样的对话一旦发生，就意味着彼此都处在维护自己需要的位置上，都希望对方做出调整。这说明两个人都陷入了情绪当中，没有办法去体会自己和对方的感受。一个人越表达不满，另一个人就越用力否认；越否认，对方就越失望，进而产生更多糟糕的情绪，比如愤怒、委屈、悲伤，这些情绪的表露又会让另一方感到烦躁、不安、厌烦。

一旦发生纠缠，就意味着要回到双向视角，你不能停在自己的位置上表达和等待回应，而是要和对方一起看看他那里到底发生了什么，为什么互动会陷入僵局。

觉察互动中的无意识

理解还是要回到感受当中的，这个过程不能太心急，既要保持感受，又要创造空间去体会感受。启动防御也很正常，这意味着有些感受太糟糕，你需要和它保持一些距离。

体会与反思自己

A：我在做什么？为什么发火？我感到很烦躁，我在烦什么？我好像压力很大，是什么带来的压力？我好像没有直接向他表达。

B：我感到很恼火，她对我的不满激怒了我，我好像很在意她怎么看我。我的确没有去体会她怎么了。

体会与反思对方

A：我说他冷漠，他就发火了。他的确不是冷漠的人，那我为什么这样说他？对，因为他没有问我怎么了。他说感到紧张，我让他有压力了？

B：她说了很多，但我并未听懂，她到底怎么了？为什么发火？

回溯并承认发生了什么

体会与反思会让情绪缓和，这样你们就有空间一起体会彼此在对话中表达了什么，感觉到了什么。你们可以回到对话中那些交错、纠缠的地方，再去体会自己的内心感受，承认自己在发泄情绪，在防御和逃避，同时也承认自己的表达带给了对方不好的感受。这个过程并不容易，勇于承认需要对自己的无意识相当了解，尤其是理解责备和否定带来的羞耻是怎样影响自己的。不过，承认的过程会让你对自己的认知有所改观，甚至会让你觉得自己挺了不起的。

A："我承认我很烦躁，很想和你聊聊来缓解我的情绪。在发现你没什么反应的时候，我感到很恼火。我体会了一下，好像我也不太清楚自己怎么突然闹这么大情绪。"

B："我也想安抚你，但你对我的指责让我有些委屈，说实话，每次你发火都让我感到有些厌烦。"

A："是吗？我发火的样子很丑吧？"

B："不是这个意思，但我很希望你可以好好说话，我觉得有种被你训斥的感觉，这让我觉得自己很糟糕。"

A："我才糟糕呢，我一个人在那儿说话，没有回应，我觉得自己很令你厌烦。"

B："我们都太在乎对方怎样看自己了，我本来是想问你的，但你一指责我，我就只顾自保了。"

A："我发现，我现在也不想和你说我烦什么，好像我在推远什么感觉……也许是不胜任感吧，最近的工作遇到了瓶颈。"

B："我们聊聊呗，也许我能帮到你。"

在这段对话中，A 和 B 的感受和需要仍然频繁地交错，但他们在体会和反思自己的感受后，可以切换到对方的位置，既有回应又有表达。他们在更多地表达感受和需要，无论这些感受和需要是什么，而较少地使用防御。他们选择向对方表达自己对自尊的需要，对被忽略的担心，以及被责备和嘲笑的羞耻感，这种真实的体验让他们的关系越来越通透，防御也就没有那么必要了。

全书到这里就结束了，希望你在阅读的时候也能开启你的感受，靠近你的无意识，逐渐体会和理解自己的需要和不安；更希望你已经开始尝试这种共情式对话的方式，在一段关系里更多地表达，更多地听懂他人的表达，更多地交流彼此的感受，在交流中打破以往的对话僵局，在更深的位置找到彼此痛苦的原因，用"理解"这把钥匙开启更多的人生主题。

致谢

  《共情式对话》的写作过程让我不断地回到和来访者对话的一个个瞬间，是和他们的情感碰撞与相遇时刻构成了这本书的生动画面，是他们在咨询中的真诚和信任让我确信通过共情式对话最终可以实现对他人的真正理解。

  十分感谢黄文娇老师对本书构思和前期策划的鼎力支持，她对于本书的写作风格提出了宝贵的意见。也非常感谢资深设计师赵涛对本书插图的设计和制作，相信他的图示一定会为读者理解内容带来帮助。

  感谢我的老师 Peter Buirski 对我写作的鼓励，也十分感谢我的学生，是他们的问题和思考让我得以不断加深对理论的理解，并提升实践工作的能力，他们的信任和期待让我有信心完成此书。

曲丽

2022 年 9 月

于北京

［1］ Heinz Kohut. The Search for the Self: Selected Writings of Heinz Kohut: 1978-1981 volume 4 ［M］. London:International Universities Press, 1991.

［2］ Robert D Stolorow, George E Atwood. Contexts of Being: The Intersubjective Foundations of Psychological Life ［M］. New York: Routledge Taylor and Francis Group, 1992.

［3］ Joseph D Lichtenberg, Frank M Lachmann, James L Fosshage. Self and Motivational Systems: Toward a Theory of Psychoanalytic Technique ［M］. New York: Routledge Taylor and Francis Group, 2016.

［4］ Robert D Stolorow, Bernard Brandchaft, George E Atwood. Psychoanalytic Treatment: An Intersubjective Approach ［M］. New York: The Analytic Press, 2016.

［5］ Robert D Stolorow, George E Atwood. The Power of Phenomenology: Psychoanalytic and Philosophical Perspectives ［M］. New York: Routledge Taylor and Francis Group, 2019.

［6］ Peter Buirski, Pamela Haglund. Making Sense Together:

The Intersubjective Approach to Psychotherapy [M]. Lanham: Rowman & Littlefield Publishers, Inc., 2001.

[7] Jule P Miller. How Kohut Actually Worked [J]. Progress in Self Psychology, 1985(1): 13-30.

[8] Bruce Herzog. Kohut's Reluctance to Pathologize: Replacing Objective Authority with Innovative Compassion [J]. Psychoanalysis, Self and Context, 2018(2): 99-118.

[9] Joshua Burg. A Therapist's Fallibilism and the Hermeneutics of Trust [J]. Psychoanalysis, Self and Context, 2018(3): 272-287.